国家社科基金青年项目"新时期我国农民集中居住区公共产品有效供给机制与政策研究"（批准号：13CJY116）

农民集中居住区
公共产品有效供给研究

Research on Well Supply of Public Goods in New Rural Residential Centers

张鸣鸣 著

中国社会科学出版社

图书在版编目（CIP）数据

农民集中居住区公共产品有效供给研究 / 张鸣鸣著 . —北京：中国
社会科学出版社，2020.11

ISBN 978 - 7 - 5203 - 7238 - 1

Ⅰ.①农…　Ⅱ.①张…　Ⅲ.①乡村—公共物品—供给制—研究—中
国　Ⅳ.① F299.241

中国版本图书馆 CIP 数据核字（2020）第 175035 号

出 版 人	赵剑英
责任编辑	刘晓红
责任校对	周晓东
责任印制	戴　宽

出　　版	中国社会科学出版社
社　　址	北京鼓楼西大街甲 158 号
邮　　编	100720
网　　址	http://www.csspw.cn
发 行 部	010 - 84083685
门 市 部	010 - 84029450
经　　销	新华书店及其他书店

印刷装订	北京市十月印刷有限公司
版　　次	2020 年 11 月第 1 版
印　　次	2020 年 11 月第 1 次印刷

开　　本	710 × 1000　1/16
印　　张	15.75
字　　数	258 千字
定　　价	96.00 元

不问收获　但问耕耘

　　张鸣鸣女士，祖籍河南，21 世纪初负笈入川读研，师从著名农业经济学家、四川省社会科学院郭晓鸣研究员，攻读农业经济管理专业。研究生毕业后，留在四川省社会科学院工作，成为郭晓鸣老师麾下一员干将。也是由于晓鸣老师的关系，我得以与鸣鸣相知、相识以至相熟。2019 年，鸣鸣来了一个华丽转身，从纯学术单位转到政府部门的研究单位，现为农业农村部沼气科学研究所农村生物质能源和人居环境战略创新团队的首席专家。

　　鸣鸣聪慧，性格欢快，富有团队精神，且在学术上不断有新的追求。2010 年 10 月到 2011 年 3 月，她来中国社会科学院农村发展研究所做访问学者。在这半年期间，她完善和细化了自己所承担的国家社科基金课题"城乡一体化过程中农村公共产品供给机制与政策研究"的报告提纲，完成了国家社科基金青年项目"成渝经济区农村公共产品供给机制和政策研究"，于 2011 年 6 月提交了结项报告。

　　此后，她于 2011 年 10 月进驻中国社会科学院农村发展研究所博士后工作站，从事农村公共产品供给与乡村治理相关关系的研究。我作为她的博士后合作导师，与她的接触更多了一些。

　　记得一次她与我及所内几个同事谈起她参与的郭晓鸣老师的一个课题，重点是成都郊区一个农民安置区的社会治理问题研究。这个农民安置区始建于 2003 年，是因为城市化征地而形成的，安置区现在有 8000 多名农民和 5000 多外来人口。有意思的是，这个社区为了化解农民的"怨气"做了很多工作：配合网格化管理建了一个动态数据库，所有居民的基本信息都能在数据库中查到，而且动态变化。政府就根据这些数据和变化及时调整工作方式，提供公共服务。社区还进行了大量的购买服务项目，引入了不少社会组织，服务项目包括老年人、儿童、青少年、妇女在家就业以及居民互助等方面。还有一个值得一提的方面是，这里的社区是以居住地为标准进行管理，成立了联合议事会，外来人口都可以参加议事会，讨论社区的公共产品供给问题，比如用村里的公用专项资金进行社区绿化、修车棚什么的。这么多工作都是建立在庞大的开支基础上的，这个社区基础设施建设的投入大概是 2400 万元，维持运转一年的日常开支要 400 多万元，基本是由财政负担。当地干部的说法是："这是拆农民房子该有的补偿。"鸣鸣觉得这个社区的一些做法有值得圈点的地方。

我们讨论后认为，从乡村治理视角看村级公共产品供给的研究较少，关于协调不同层级政府、村社、农民、社会资本各方的利益，采取共同行动的研究尤为少见。讨论时大家的兴致很高，建议她把这么多年理论积累与这次参与式的实践相结合，把宏观的政策举措与基层的制度创新相结合，写出一部力作。也许是本来就有这方面的想法，也许是被我们"忽悠"的，鸣鸣情绪颇为亢奋，当时信心满满地表态，要写出一部像陈忠实的《白鹿原》那样能放在棺材里当枕头来垫的扛鼎之作。

在从事博士后研究期间，2015 年，鸣鸣以"城镇化背景下农民集中居住区农民财产权研究"为题获得中国博士后科学基金资助。2016 年 4 月 7 日，农发所举办张鸣鸣博士后出站评审会，她的出站报告是"城镇化过程中集中居住前后农民财产权变迁研究"。经过专家评审，顺利出站。

此后几年，见到鸣鸣的机会比以前少了。她极具亲和力，干活又不惜力，于是她接的活儿就多，几年间屡有成果问世。但她的精力不免有所分散，可能抽不出时间来潜心钻研，她那本打算在棺材里当枕头垫的专著一直没有写出来。但每次会面，都感到她的研究一直在一步一个脚印地往前走。一次她对我讲，当年一开始跟着郭晓鸣老师做课题，老师为人温良敦厚，即使对学生，也很少责备。她给郭老师交作业，老师看完报告后，只是看看她，长叹一口气，无奈亦无语。她心里当然也不好受。但现在给郭老师交来作业，老师看完报告后脸上能绽出笑纹，有时还会夸奖她几句。鸣鸣说到这里，欣然之情溢于言表，我也由衷地为她高兴。

2019 年底，鸣鸣给我发来邮件，说完成了一个国家社科基金项目的结题报告，想出本专著，嘱我帮忙看看，给写个序言。但她也强调："这本报告不是之前跟您说过的能放在棺材板里的那本，那本还在努力中。"鸣鸣之托，我自当从命。于是我认真拜读了鸣鸣这份题为"农民集中居住区公共产品有效供给"的结题报告，获益良多。

鸣鸣的书稿提出了以农民集中居住区公共产品有效供给为选题的时代背景和重要意义。她认为，我国进入以"人的城镇化"为重点的城镇发展新时期，农民向城镇转移居住的规模持续扩大，速度不断提升，无论是自发流动还是被动安置，传统村庄持续、快速消亡，新的以农民集中居住为特点的社区不断涌现，是这一时期中国城镇化重要的空间特征之一，由此引致公共产品需求呈现出新变化、新特征。作为我国城镇化过程中出现的一类特殊居住形态，农民集中居住区是指位于农村地区内部或城市地区，具有较为齐全的基础设施，相对封闭的、独立的，且有一定规模农户聚居的住宅空间。从传统村落到现代社区，农民生活商品化、居民结构异质化、利益关系复杂化、组织方式社会化、行为规范和价值观公共化等深刻变化，使集中居住区农民对公共产品的需求，在规模、质量和内容上，与传统农村截然不同。

她指出，构建适合农民集中居住区的公共产品有效供给制度框架，既是新时期的时代要求，也是对农村公共产品理论的丰富和完善。

鸣鸣的研究以制度经济学、福利经济学、发展经济学等相关学科的理论等为基础，分析新时期农民集中居住区公共产品有效供给机制和政策。在重点进行经济分析的基础上，广泛运用社会学和政治学的相关研究方法，以四川省、江苏省、河南省、山东省等不同发展阶段地区在农民集中居住区公共产品供给方面的探索和经验进行实证性研究，从多个视角剖析问题产生的制度根源和政策选择。

我在回复鸣鸣关于写序言之托时说道："我新年之前杂务繁多，还要还欠债，真要仔细阅读报告，进入角色，恐怕要 2020 年了。"她马上回复我："2020 是个好年份，真期待！"言犹在耳，一场突如其来的新冠肺炎疫情悄然而至，使全球遭遇百年未有的大灾变，对我国经济社会发展也带来前所未有的冲击。在疫情冲击的背景下，再来看基层公共产品的供给，就有了更加深刻的思考，鸣鸣这本书的主题也就有了更强的现实意义。而她在书中的一些观点在疫情防控这一特殊时期也得到了印证。

1. 新时期农村公共产品有效供给与农村基层治理体系的改革与完善密切相关，并最终是国家治理体系、治理能力现代化的重要组成部分。

鸣鸣在书中写道："新时期农村公共产品有效供给不仅是宏观利益分配格局调整的结果，而且是制度和机制创新的过程，面临政府职能转换、乡村治理结构变革等深层次问题。因此，从共享的价值体系、规则和规范、权力和权威、社会组织、社会网络、利益共同体等层面构建有利于农民集中居住区公共产品有效供给的社区治理机制"。

2. 农村公共产品的供给能否落实最终要靠农村基层社区。

新冠肺炎疫情使我们了解到：老百姓最需要的公共产品是什么？是安全。一是人身安全和家庭财产的安全，防偷盗，防抢劫，有一个良好的社会秩序；二是健康安全，当新冠肺炎疫情肆虐时，老百姓最需要的公共产品，是通过有效的制度安排和组织形式来控制疫情的传播，保护每个人及每个家庭的健康乃至生命安全。由谁来提供？离老百姓最近的基层社区组织。

武汉疫情期间，社区防控人员冒着雨雪，用着最简单的防护用品，却站在疫情防控的最前线，逐户排查，努力找出每一例疑似病例和密切接触者，深夜仍坚守在社区出入口，通过封闭式管控和实施网格化管理，把好社区居民的健康大门。

在疫情面前，许多农村地区采取"封路""封村""大喇叭广播"等应急防疫措施，村干部挨家挨户发口罩、消毒、监测体温、为居民代购物资，确保本村居民的身体健康和生命安全，体现出农村基层强有力的组织力、动员力和执行力。但有些农村基层工作的缺陷也反映出基层较为单一的治理手段和较低的治理水平。疫情也暴露出乡村基层的公共卫生设施和服务体系存在的短板。

鸣鸣敏锐地指出："随着社会治理重心下移，健全基层综合服务管理平台，解决基层治理最后一千米的问题已成为当务之急。社区和街道承担了更多的责任，需要进一步提升服务群众的能力，更新管理理念，创新管理方式，拓宽服务领域，在预防和化解社会矛盾中起到积极作用。"

3. 农村公共产品能否有效供给取决于公共产品供给的多元化。

一个地区或一个层级的公共产品能否有效供给，反映了这一地区或层级的治理能力和治理水平。鸣鸣指出了行政性公共产品供给存在的弊端，提出用公共产品供给多元化来提高供给效率。她指出："在居民异质化、需求多元化的现实面前，行政性"自上而下"供给公共产品存在供需脱节、效率缺失、规模偏小、专业化水平不足等问题，政府向第三方社会组织或企业购买服务成为一些专业化、针对性较强的公共产品供给方式的重要选择。"

还应指出，农村基层公共产品供给的多元化还能保证供给的清廉和透明度，这同样是供给效率的改善。这次新冠肺炎疫情突袭，湖北省英山县在疫情防控方面表现突出。英山重要的经验是县乡政府、村民自治组织、青年志愿者组织和各类媒体通力协作，较有效地保障了老百姓的健康和生命安全。这个县2015年就成立了青年志愿者组织。疫情初起，志愿者组织就开始和县政府联合办公，而办公的重要场所就是微信群。各类组织提供的公共产品通过微信这个平台与老百姓的需求相对接。同时这个县的所有媒体（电台、电视台、自媒体）都发动起来了，24小时播报疫情进展，而所有的媒体，都在监督善款和物资的分配。英山的政府网站上，从30元人民币到两箱泡面都列出了捐赠明细，连捐赠的一颗鸡蛋都入账，而且公示了去向①。英山的经验说明，农村基层公共产品供给的多元化可能是提高供给效率，进而提升基层治理能力的一条可行的途径。

鸣鸣的专著，重点谈的农民集中居住区公共产品的供给虽然有其特殊性，但也有与广大农村社区相通的地方。她提及的问题，对于其他农村社区以至城镇社区也具有重要的参考价值和借鉴意义。

多年来，鸣鸣"咬定青山不放松"，一直在关注农村公共产品的供给，她的研究主线和轨迹是清晰的。衷心希望未来她在国家治理体制改革及治理能力提升的大框架内，继续注意把村级公共产品供给及农村基层社会事业的发展与农村基层治理体系的改革与完善结合起来研究。以小见大，以大视小。我相信，她今后的研究路子将越来越宽广。

细算起来，我和鸣鸣相识也有十多年了。十年时间一瞬而过。记得当年看经典影片《巴顿将军》，影片的末尾，战后的巴顿走在荒原上，随着他渐渐远去的落寞背影，影片的旁白响起："一千多年以前，罗马征服者

———
① 参见微博"投喂一下孤独的岚女拳文化"《湖北终于有个考满分的县了》，2020年2月13日。

打了胜仗，率领军队浩浩荡荡凯旋而归。在行列里，有吹鼓手、乐队，还有被征服国家里的各种珍禽异兽，满载着一车又一车的珍宝和缴获的武器。征服者站在凯旋的战车里，前面走着戴镣铐的俘虏，他的儿女身穿白袍，跟他一起站在战车里，或者骑在马上。一个奴隶站在征服者的身后，手捧一顶金冠，在他耳边低语警示：'盛衰荣辱只不过是过眼烟云（All glory is fleeting）。'"

当年我看到这段影像时，一股历史的苍凉之感扑面而来。时间对于伟人和凡夫俗子都是公平的，我们每个人都要变老，都要最终离开这个世界。中国历史上贵如齐桓公，春秋五霸之首，何等威风。但晚年重用奸佞小人，被禁锢在深宫之中，在寂寞凄凉中活活饿死，"尸在床上六十七日，尸虫出于户"。而我们作为普通人如何度过自己的一生呢？罗曼·罗兰的名著中，少年约翰·克里斯多夫在面临人生困惑时，他的舅舅高脱弗烈特对他讲："英雄！我可不大弄得清什么叫做英雄；可是照我想，英雄就是做他能做的事，而平常人就做不到这一点。"

鸣鸣正值盛年，未来的学术之路还很长。"取法乎上，得乎其中"，不问收获，但问耕耘。只要将职业当成事业，尽心竭力，找准方向，做你能做的事，锲而不舍地做下去，做到问心无愧。即使一辈子写不出一部"垫棺做枕的书"，又有何妨？

鸣鸣，脚下有路，头顶有光，你就大胆地向前走吧！

张晓山
写于庚子年初夏时节

2011 年 12 月，我刚刚进入中国社会科学院农村发展研究所博士后流动站，正在北京的寒冬里苦思冥想研究主题，接到时任四川省社会科学院副院长郭晓鸣研究员的电话，说成都郊县有一个"农转非"社区，在社区发展和社会治理方面做了不少事，希望我们能去看看，给一些专业的建议。我抱着"看看无妨"的想法飞回成都，到了瑞泉馨城，由此一发而不可收，陷入了农民集中居住的"大宝藏"，至今刚好 8 年，仍意犹未尽。

作为我国大规模高速度城镇化的产物，农民集中居住社区的建设、管理以及经济、社会、文化等，呈现出空间上的独特性和交融性、时间上的连续性和断裂性，烙刻着独特中国传统文化和普遍现代发展文明的各种印记，就像"华容道"一样，从看似简单的现象中开局、判断，找到最优解，然后再次发现新的领域，再次开局、判断，找到最优解……不断拓宽和深挖，并且总能得到正向反馈，成了我乐此不疲的工作。从瑞泉馨城开始，在之后的数年中，我先后在河南、山东、浙江、四川等地的近百个村或社区走访、调研，其中既有建成已逾 10 年的老社区，也有热热闹闹在建的社区，大量的是建成不久的新社区；既有一般的农村社区，也有城郊和工业区附近的新型城市社区；小到几十户的新型乡村聚落，大到上万人的现代化小区，我们看到的是农民、集体、政府等主体为着不同目标的各种努力。1996 年山东省齐河县柳杭店村从每人出 100 斤小麦硬化道路开始，几年后完成了村庄重建；2005 年四川省郫县战旗村开始自主规划、自行建设农民集中居住区，以"愚公移山"的精神完成了一个偏远小村的现代化改造；2006 年河南省郏县前王庄村被评为新农村建设示范村，村干部和村民们从零开始，到 5 个全国先进村参观学习，历时 6 年全村 95% 的农户搬入新社区；2008 年 "5·20" 特大地震后一批新型农村社区集中出现，四川省都江堰市棋盘社区自我管理，从清洁卫生到规范群宴再到猕猴桃生产 "志愿服务队"，真正提高了居民的社区认同感；2010 年四川省蒲江县米锅村将结余的土地指标上市交易，自主议价，从第一宗 15.2 万元／亩的价格到后来约 23 万元／亩的价格，农户 "虚拟" 财产变成了真金白银……一个个社区的变化集中反映了农民对美好生活的向往，是国家百年未有之巨变的缩影。

不同的社区外形各有千秋，优点显而易见，面临的问题和矛盾复杂多变。在几年的调研中，我们遇到过被居民层层围住 "要说法" 的情况，也遇到过搬入新家即 "返贫" 的农户，目睹过不同群体为使用社区一块公共用地 "剑拔弩张"，也感受过为集中居住连续多年上访未果的愤怒……所幸的是，我们越来越感受到，从决策层到基层政府，再到各类群团组织、社会组织，更重要的是农民自身，无论是常年外出者还是居家经营者，甚至大量未被纳入集中居住项目区的农民，都对集中居住给予了大量的关注，开展了各种努力，尤其是在涉及大多数农户利益的公共产品供给上，进行了大量有益探索和实践。除基本公共服务和基础设施建设外，我们看到，在一些农民集中居住社区，基层政府安装监控系统以提高社区安全，村委会和居委会探索 "公益银行" "时间银行" 鼓励服务互换，妇联为妇女和老人进行形象指导，老人协会为留守儿童开展课后教育和暑期夏令营，社会组织为老年人提供丰富多彩的社区活动，电商从业者提供一站式的农村电子商务解决方案……在几年的调研工作中，我感受更多的是越新的社区越漂亮、越符合农户的期待，是农户对新社区既熟悉又陌生的复杂情绪，是他们对传统生活的留恋和对新生活的向往，所以，越来越多的未搬进新社区的百姓热切地咨询："什么时候还有新社区项目？"

在走访、调研了几十个农民集中居住区后，我有一个越来越清晰的想法，就是有必要对这样一个几乎发生在全中国范围内，中国城镇化道路的另一面，进行系统化、整体性的描述，并从多个视角剖析问题产生的制度根源和政策选择，因此形成了本书。本书的主要思路和观点如下。

第一，不同类型的农民集中居住区建设目标存在差异，城郊和工业园区农民集中居住区的主要成因是扩大城市规模或新建工业园区，主动选择型农村新型社区的主要目标是改善自身居住环境，被动推进型农村新型社区的主要驱动力是获得建设用地指标。值得注意的是，无论哪种类型的农民集中居住区，不论何种目标，相对于传统农村，农民所享受的基础设施和公共服务均有不同程度的改善；而且，在城市化和工业化加速发展的历史阶段，土地要素通过用途转变得以在城市和农村、工业和农业之间以及农业内部重新配置，单位土地上投入的要素密度得以提高，全社会产出整体上增加，这是农民集中居住得以实现的核心所在。

第二，公共产品有效供给，包括投入产出经济效率和农民福利增进两个维度，这取决于供给过程中合理的经济利益关系的建立以及供给机制的完善。在回顾、梳理我国改革开放以来城乡公共产品供给政策的历史变迁，以及描述和分析供给主体和其建立的治理方式基础上，研究发现，城郊农民集中安置区和农村新型社区公共产品供给所依赖的经济利益关系和供给路径不同，由此导致集中居住区公共产品供给内容和质量存在较大差异，成为部分公共产品供给低效或浪费的重要影响因素。

第三，农民集中居住区公共产品有效供给问题已经引起决策层和社会各界的关注，出现了一些创新性探索实践。自贡市妇联以长期留守在家的妇女和儿童为对象，提供一类特殊公共产品——集中居住后农民适应、融入城市所需的生活习惯方面的"微公共产品"，具有低成本、造血式、普适性和长期性的现实价值。宜宾市戎和行动聚焦于社会组织供给城郊农民集中安置区公共产品，基于利益关系的复杂性和居民结构的异质性，社会组织供给公共产品具有专业程度高、对象瞄准精、问题发现及时等优势，但需要加强引导和外部支持，以规避新利益关系失衡的风险。成都市瑞泉馨城社区治理案例表明，构建党建引领、政府负责、社区自治、社会参与的规范化、制度化的社区治理格局，是城郊农民集中安置区社会秩序重建以至推动社区价值共同体的重要选择。磨盘山农村新型社区的试验表明，加强社区"造血"功能、创建有效率的组织形态、完善自治、丰富社区活动以及加强外部支持，形成可持续的集中居住治理模式，是社区公共产品有效供给的程序保障。

第四，从需求层面看，集中居住后农民对公共产品的需求表现出规模化、多样化以及个性化特征。由谁表达、向谁表达、是否能够通畅和准确地表达是农民集中居住后公共产品需求能否有效满足的三个先置条件。其原因在于，相对于分散居住，集中居住后农户之间空间距离缩小，取而代之的是公共空间（如道路、广场、茶馆等活动空间）增多。更重要的是，集中居住往往伴随农户生产方式的变化，如庭院经济消失，无耕地或耕地规模化经营，农民闲暇时间增多，对公共产品需求的内容和数量产生重要影响。另外，政府在集中居住项目中的深度介入，在一定程度上强化了集中居住后农户对政府的期待，相对于传统农村社区农户对政府供给的无表达和弱表达，集中居住后农户更倾向于将需求意愿表达出来。

第五，影响农民集中居住区公共产品需求的因素是多方面的，深入剖析后发现，三个方面的整体性、根本性变化，是影响公共产品需求的深层次原因。一是集中居住前后农民财产权利发生深刻变化，以房屋为重点的物权、以土地为重点的用益物权和以集体经济组织成员身份为重点的相关财产权利发生转移和变化，导致农民财富积累能力呈现总体下降、未来发展预期趋弱的情况；二是农民就业渠道和个人价值实现路径的变化，对缺乏城市非农就业能力和机会的农民，其就业福利受到严重影响；三是新型社区治理基础的变化，原有的以血缘和地缘为联系纽带的治理网络向适应"半熟人"社会结构的治理方式转变。

第六，整体上分析，新时期农民集中居住区公共产品的有效供给存在三个层面的难题：一是投入和供给方式不能满足集中居住后农民日益增长的公共产品需求，这一问题首先是源于公共产品在数量、内容和质量上的需求呈现爆发式增长而导致的时序性滞后，更深刻的原因在于，供给主体与受益主体是紧密的利益联结体，但难以形成价值共同体，由此导致公共产品供给过程中，筹资渠道较为单一、投入绝对量不足和结构性过剩同时存在。二是需求表达机制不健全导致过度表达和无表达现象同时存在，前者表现为一些集中居住农户对于大多数公共产品的需求均倾向于表达出来，其原因在于，政府主导的征地拆迁和农村新型社区建设，使得集中居住农民表达需求而不需为此支付成本；后者更为突出的表现在于集中居住区建设过程中对于公共决策需求的无表达，由此导致社区建成后或多或少存在难以满足农民公共需求的层面。三是评价体系建设滞后于集中居住区可持续发展的现实需求，主要原因在于缺乏科学的目标设定，缺乏权威的评价主体，以及缺乏可靠的评价方法。

第七，在新型城镇化和乡村振兴两大发展战略实施的背景下，农民集中居住区面临公共产品新需求和新发展的转型，政府"兜底"、领导魅力型治理、社区凝聚力不足等都使社区发展面临不可持续的风险，农民集中居住区续航需要运行机制创新。要实现农民集中居住区公共产品有效供给的目标，客观上要求进一步完善筹资机制、治理机制、评价机制，构建起适应新时期目标要求的运行机制。应从调整利益关系切入，加强"政府顶层设计、农户主动参与、社会协同推进"的相关机制建设；从现代社会组织体制着手，推动"依法自治、党建引领、贤智引导、情谊共融"的相关机制建设。

在重点从整体上分析农民集中居住区公共产品供给机制和政策选择的前提下，为更加客观、准确反映农民集中居住区公共产品供需现状并剖析根源，本书对前述集中居住区农民财产权、就业福利以及新型农村社区建设和治理三个问题进行了更有深度的专题研究。

专题研究一聚焦集中居住前后农民财产权变化及其对公共产品需求的影响。通过对城郊型和农村型集中居住农民入户问卷调查的统计分析，研究发现，不同类型集中居住区农民财产权变化的内容、程度、方向存在十分显著的差异，结合宏观层面的分析，集中居住前后农民的物权和用益物权等财产权的巨大差异，正是中国城镇化发展过程中收入分配和机会分配不公平的表现。被动集中居住和分配不公平的双重背景对集中居住后农民公共产品供给主体和投入方式产生关键影响。

专题研究二重点关注城郊型农民集中安置区的就业福利问题。报告以对自贡市自流井区舒坪镇某小区的入户问卷调查为基础，分析了在看似完善的公共就业服务体系以及非农就业机会大幅增加的环境中，部分城郊型集中安置后农民存在就业不适应和收入能力偏低的制度性和非制度性根源，并提出相关思考和建议。

专题研究三以成都为例，研究了高度城镇化的大都市圈农村型集中居住区建设和管理的现实需求、主要做法、矛盾和潜在风险。研究发现，新型农民集中居住区是高度城镇化的大都市圈城乡融合发展的现实需求，通过优化村庄规模和空间布局、完善运行机制，在提高农业投入产出效率和优化资源配置组合方面具有十分显著的效益。成都实践表明，保护农民财产权利和民主权利，通过构建农村建设和管理过程中合理经济利益关系和实现政治参与，能够有效提升社区公共产品供给水平。

本书对新时期农民集中居住区公共产品有效供给的一般性和特殊性给予了较多关注，从历史的和空间的视角对农民集中居住区公共产品需求的类型、内容、水平以及影响因素进行分析，自我评价基本实现了本书的初衷。但本书仍存在较大改进之处，一是未能对同一个社区进行"解剖麻雀"式的研究，一个社区从建房子到建社会，其间不仅体现了不同利益主体的博弈妥协和共同进步的过程，更体现了不同时期、不同环节"领头人"的智慧和付出，从小树到枝繁叶茂的大树，其成长过程值得记录，受限于时间和精力，未能完成这项工作是本人的遗憾之一。二是新的宏观环境下，农民对社区公共产品的需求呈现出越来越多的对生态、文化等非经济项目（例如对垃圾、污水等人居环境治理）的需求，这一部分既涉及宏观政策和治理手段，也与技术模式密不可分，由于受学科知识所限，我对此未能开展研究，是遗憾之二。我于2019年从四川省社会科学院调入农业农村部沼气科学研究所，专门从事农村人居环境发展问题研究，借助沼气科学研究所在农村污染治理方面的技术和工程领域的长期积累，我相信这第二个遗憾有望在短期内得到弥补。

本书的研究过程并不复杂曲折，但涉及面广、延续时间长、研究对象和内容多，由此历经多年方得成稿。在此期间，我很幸运地得到了来自各方面的大力支持。中国社会科学院农村发展研究所张晓山研究员、朱钢研究员、崔红志研究员、李人庆研究员，四川省社会科学院郭晓鸣研究员、侯水平研究员、张克俊研究员，四川乐澄统筹城乡改革发展研究中心刘礼老师等对本书以及课题研究技术路线、思路以及调研给予了无私指导和大力支持，河南省财政厅及国土资源厅、四川省农业农村厅、成都市农业农村局、自贡市自流井区、自贡市妇联、蒲江县农业农村局、温江区涌泉街道办事处等地方政府和职能部门对本书的实地调研工作给予了大力协助，社区伙伴（PCD）成都办公室、成都蜀光社区发展能力建设中心、社区行动等社会组织是本书得以丰富和延伸的重要支持，我的同事和好朋友高杰、曾旭晖、丁延武、谭明芬、李越等共同参与研究，贡献了十分重要的思想和行动，在此一并表示感谢。

虽得以付梓，但仍存缺憾和不足，期待同业同志者提出宝贵意见。

张鸣鸣
2019 年 12 月于成都

目 录

contents

第一章 总括 / 1

    第一节 问题的提出 // 1

    第二节 概念界定 // 2

    第三节 主要研究方法 // 7

第二章 文献综述 / 8

    第一节 关于城镇化过程中城乡资源关系的研究 // 8

    第二节 关于农民集中居住的研究 // 9

    第三节 关于农民集中居住区公共产品的研究 // 13

    第四节 研究述评 // 14

第三章 农民集中居住的演变和现状 / 16

    第一节 缘起：资源配置在城乡间的结构性扭曲 // 16

    第二节 发展：江苏"两区"和成都"三个集中" // 19

    第三节 新变："增减挂钩" // 21

    第四节 农民集中居住是土地要素配置的结果 // 22

第四章 农民集中居住区公共产品供给的投入与治理 / 25

    第一节 改革开放以来中国城乡公共产品投入制度变迁 // 25

    第二节 城郊农民集中安置区公共产品供给主体及方式 // 35

    第三节 农村新型社区公共产品供给主体及方式 // 40

第五章 农民集中居住区公共产品供给的创新探索 / 46

    第一节 "微公共产品"供给的"三新"项目 // 46

第二节　社会组织供给公共产品的"戎和行动" // 61

第三节　社区良治的"瑞泉馨城实践" // 71

第四节　社区可持续发展的"磨盘山试验" // 78

第六章　农民集中居住后公共产品的需求类别和表达 / 84

第一节　需求的主要内容 // 84

第二节　需求表达方式和路径 // 93

第七章　影响农民集中居住区公共产品需求的深层次原因 / 99

第一节　农民集中居住后财产权利的变化 // 99

第二节　农民集中居住后就业福利的变化 // 105

第三节　农民集中居住后治理基础的变化 // 109

第八章　农民集中居住区公共产品有效供给的三大难题 / 115

第一节　投入和供给方式不能满足集中居住后
农民的公共产品需求 // 115

第二节　需求表达机制不健全导致过度表达和
无表达现象同时存在 // 116

第三节　评价体系建设滞后于新时期集中居住区
可持续发展的现实需求 // 118

第九章　构建农民集中居住区公共产品有效供给机制 / 120

第一节　构建以共建共享为核心的投入机制 // 120

第二节　探索以三方协作为基本格局的现代治理机制 // 122

第三节　创建以提升经济效益和配置效率为标准的评价机制 // 125

专题研究一　集中居住前后农民财产权变化研究 / 127

第一节　引言 // 127

第二节　文献综述 // 133

第三节　城郊集中居住农民财产权变化

　　——基于 466 份问卷的分析 // 137

第四节　农村集中居住农民财产权变化

　　——基于 365 份问卷的分析 // 145

第五节　集中居住过程中土地财产权变化的宏观分析 // 154

第六节　集中居住农民财产权不可持续的深层次原因 // 164

第七节　保护集中居住农民财产权的机制建设 // 174

第八节　结论和思考 // 180

专题研究二　城郊型农民集中安置区就业福利研究

　　——以自贡市自流井区舒坪镇为例 / 182

第一节　引言 // 182

第二节　选点概述 // 183

第三节　集中居住区就业环境及政策 // 185

第四节　基于问卷调查的集中居住区就业状况 // 187

第五节　思考和建议 // 193

专题研究三　农村新型社区建设的"成都实践" / 195

第一节　引言 // 195

第二节　大都市圈农村新型社区发展的新认识 // 200

第三节　成都农村新型社区的发展现状、经验和问题 // 211

第四节　相关对策建议 // 223

参考文献 / 228

后　记 / 234

第一节　问题的提出

在全面建成小康社会战略背景下，我国城乡关系进入新时期：一方面，经济建设取得巨大成就，但城乡发展差距和居民生活水平差距依然较大，大幅增加农村公共投入、有效改善农村民生，是全面建成小康社会的重要环节，我国进入以社会建设为重点的新时期；另一方面，我国进入以"人的城镇化"为重点的城镇发展新时期，农民向城镇转移居住的规模持续扩大，速度不断提升，无论是自发流动还是被动安置，传统村庄持续、快速消亡，新的以农民集中居住为特点的社区不断涌现，是这一时期中国城镇化重要的空间特征之一，由此引致公共产品需求呈现出新变化、新特征。作为我国城镇化过程中出现的一类特殊居住形态，农民集中居住区是指位于农村地区内部或城市地区，具有较为齐全的基础设施，相对封闭的、独立的，且有一定规模农户聚居的住宅空间。从传统村落到现代社区，农民生活商品化、居民结构异质化、利益关系复杂化、组织方式社会化、行为规范和价值观公共化等深刻变化，使集中居住区农民对公共产品的需求，在规模、质量和内容上，与传统农村截然不同。

在推动集中居住区建设时，各地不同程度上加大了农村公共产品投入，农民享受到的公共资源得到了增量调整，基础设施、公共事业等对农村覆盖的深度和广度显著增强。由于缺乏较为成熟的理论和可借鉴的模板，农民集中居住区公共产品的供给模式和供给机制依旧延续传统方式，难以适应农民集中居住区的特殊需求，结果是尽管政府或农民支付了大量的基础设施和社会管理资金，但在社区层面使用的有效性是不确定的。原因在于，旧有矛盾尚未根本解决，而人口集中居住规模扩大后，基础设施、公共服务、社会管理等供给模式介于城市社区与分散居住农村之间，与需求呈现出显著的不适应。构建适合农民集中居住区的公共产品有效供给制度框架，既是新时期的时代要求，也是农村公共产品理论的丰富和完善。

第二节　概念界定

一　农民集中居住区

农民集中居住区是我国城镇化过程中出现的一类特殊居住形态。一般地讲，农民集中居住区是指位于农村地区内部或城市地区，具有较为齐全的基础设施，相对封闭的、独立的，且一定规模农户聚居的住宅空间。农民集中居住区是中国特殊的城镇化道路的产物。一方面，我国城镇化和工业化道路并未遵循"农场—乡村—城镇—城市—大都市"的渐进过程，而是以一种跨越式的、超常规的方式发生，传统村庄直接向城镇、城市甚至大都市转变，其范围、规模均是前所未有；另一方面，在中国特殊的制度安排下，绝大多数农民不具备自由迁徙的条件和能力，即便经历长距离的劳务输出，但最终仍然选择短距离的居住，这一趋势随着劳动者的年龄增长更为显著。在这种城镇化和农民能力的双重约束下，在我国各地普遍出现了农民集中居住这一特殊形态。

生活方式上，农民集中居住区是介于传统村落共同体和现代社会生活共同体之间的空间场域。费孝通认为，中国传统村落是建立在血缘和地缘基础上的熟人社会，通过家族关系结合起来的群体，具有封闭性、同质性特点[①]。现代社会的标志是权利原则的确立，现代社会生活共同体是建立在相互独立和平等交换基础上的公共社会，依靠人的理性利益权衡建立起来的机械合成体，具有开放性、多元性的特点[②]。农民集中居住区的生活方式介于二者之间，城市城郊型农民集中居住区接近于现代社会生活共同体，而农村型农民集中居住区更接近传统村落共同体。

[①]　费孝通：《江村经济——中国农民的生活》，商务印书馆 2001 年版。

[②]　[德] 斐迪南·滕尼斯：《共同体与社会》，林荣远译，商务印书馆 1999 年版。

从空间特征看，农民集中居住主要有城市城郊型和农村型两种形式。

城市城郊型农民集中居住区可称为农民安置社区、回迁社区，位于城市规划区范围内，往往由数栋多层和高层单元楼组成，有围墙、大门等明显边界，聚居人口规模大、居住密度高，基础设施和公共服务设施完善，交通条件便利。大都市/城市的空间规模扩张，在城郊产生大量失地农民，由于大多采取实物方式安置，形成了农转非集中居住区。这类社区主要有五个特点：一是居住密度高和规模大，社区以多层和高层楼房为主，集聚人口大多在3000人以上，甚至有万人以上大社区；二是基础设施和公共服务设施完善，社会保障（失地农民社保）体系较为健全，农转非居民基本生活有保障，困难群体可享受公益性岗位等社会帮扶；三是居民生活完全商品化，生活成本较乡村大幅提高；四是社会结构异质化，社会关系复杂化，这类社区多为几个或数个村社合并而成，"熟人社会"被"公共社会"取代，个人在家族中的继承责任被契约和有限责任替代；五是居民心理和行为出现断崖式变化，不再依附于家族和土地，而不得不加强个人自治以及与他人的分工协作。生活环境商品化、居民结构异质化、利益关系复杂化、组织方式社会化、行为规范和价值观公共化等农民生产生活的巨变，与社区形成过程中的行政意志主导性、搬迁集体性和人口结构延续性等特征叠加，使城市城郊型农民集中安置区成为矛盾冲突的集聚点、居民诉求满足的薄弱环节。如何加快农转非居民的城市适应和融入、重塑集中安置区的社会秩序、全面增进居民福祉，使社区不仅具备城市形态，更具备"城市融入"的内核，是发展中亟待破解的难题。

农村型农民集中居住区又称为农村新型社区、拆村并居社区、农村综合体、幸福美丽新村、生态移民社区等，位于城市规划区以外的农村或小城镇周边，相对于传统村落，这类社区往往由数栋独立或低矮多层、风格统一的房屋组成，无围墙、大门等明显边界，聚居规模从几十户到数百户不等，道路交通等基础设施较为完善，具有村委会、图书室、卫生室等公益性用房。受益于各类支农惠农政策或增减挂钩项目，近年来，在村庄或村庄内部形成了一批农村新型社区，这类社区的主要特点有：一是整村或多村农民集中居住，基础设施和公共服务大幅改善；二是农民居住空间以短距离迁移为主，农村社会结构、资源占有和利用方式、治理网络等基本延续；三是以农民主动选择为主，搬迁成本承受力和心理适应性较强；四是农民生产生活方式未发生根本变化，土地经营和外出务工依然是主要生活来源。相对于传统农村，农村新型社区居住空间和生活环境等硬件建设上具备一定的城市特征，在中国特殊的城乡制度和城镇化背景下，可以被视为一种乡村到城镇的过渡形态，具有城市化的潜在需求和显著取向。然而，空间距离使农村新型社区难以受到城市功能的有效辐射，同时留守儿童、留守妇女和留守老人构成居民主体，"人的城镇化"发展阶段，除一般性的社会帮扶外，亟须补足"城市对接"短板。

移民新村是农村新型社区的一类特殊形态，除前述特征外，还具有两个重要特征：一是经济上需要重新开始，在社会秩序上则需要同时适应和融入"城市对接"和另一个村庄"熟人社会"，会出现更为严重和普遍的心理不适应，是影响社会稳定的潜在风险；二是大多数移民新村是以农民和集体的发展为代价建成的，补偿政策和方式、实施过程和效果会对农民新村的重塑和长远发展产生深刻影响。因此，在移民新村提供层次化、针对性、有效率的公共产品显得尤为重要。

二　公共产品

一般认为公共产品的产生源于"市场失灵"。

公共产品的明确概念可以追溯到1739年。苏格兰著名哲学家休谟（D. Hume）认为，公共产品虽然不会对任何个体产生特殊的利益，但对整个社会是必需的，因此其生产需要通过联合行动（Collective Action）实现[1]。

现代经济学对公共产品的主流定义是从消费的经济特征出发，起点是萨缪尔森于1954年提出的，在他的定义下，公共产品（Public Goods）指能够为整个社会每一名成员带来效益而不论个体是否愿意购买的物品；相反，私人产品（Private Goods）指的是可分割、可供不同个体消费同时对他人不产生外部收益或成本的物品。公共产品通常由政府或公共部门提供效率更高，私人产品则可由市场进行更高效的分配。[2] 在其著作 *The Pure*

---

[1]　Hume, D., *A Treatise of Human Nature*, London: J. Noon, 1739, 转引自 Sandmo, A. *Public Goods The New Palgrave a Dictionary of Economics*, 1987, p.1061; 李军：《中国公共经济初论》，陕西人民出版社1993年版，第25页。

[2]　作为补充，萨缪尔森认为还有一种公共"劣品"（Public Bad），是通过消费或生产行为产生的副产品，是一种向一个群体强加成本的公共品，例如某些生产会造成温室效应。

Theory of Public Expenditure 中，萨缪尔森通过建立数学公式对公共产品的定义作了进一步的更为精确的阐述：

$$X_J = \sum x_j \ (\text{j=0, } \cdots\text{, } J) \tag{1-1}$$
$$X_K = x_k \ (\text{k=J+1, } \cdots\text{, } J+K) \tag{1-2}$$

X_J 指 J 个人消费品投入总量，x_j 指个人消费品投入量，X_K 指公共产品个人消费量。上述两个公式很直观地体现了公共产品与私人产品的本质不同，即私人消费品最终投入量等于全体消费者（在既定范围内）的投入量之和，公共产品的最终消费量等于任何私人的消费量。也就是说，私人产品总量随消费者的增加而增加，公共产品在一定范围内保持消费总量不变。上述定义更像是纯公共产品的定义[①]，现实生活中完全符合这种定义的公共产品少之又少，更多的是所谓的"俱乐部产品"[②]，也就是介于纯公共产品与私人消费品之间的产品。

大多数的国内学者是在萨缪尔森的理论基础上理解公共产品的[③]。袁义才另辟蹊径，认为公共产品不是由三大特征（效用不可分割性、受益无排他性以及消费无竞争性）决定的，而是由后天的制度安排决定的[④]。李军将公共产品定义为，凡是公共消费的物品都具有公共物品的特征，完全公共消费而无私人消费的物品就是纯粹公共物品，否则，就是不纯的公共物品。[⑤]杨志勇、张馨提出公共产品是指具有共同消费性质的产品和服务[⑥]。卢锋认为，同时满足非竞争性和非排他性的产品为公共产品，其以零

---

① ［美］斯蒂格利茨著：《公共部门经济学》（第三版），郭庆旺等译，中国人民大学出版社 2005 年版。

② Buchanan, J. M., *The Demand and Supply of Public Goods*, Chicago: Rand McNally, 1968.

③ 参考包括但不仅限于以下几篇文献：孙开：《由公共产品引出的思考》，《财经问题研究》1996 第 6 期；马芝蓓：《公共产品特性及定价有关问题的探讨》，《价格月刊》1996 年第 6 期；黄志冲：《农村公共产品供给机制创新的经济学研究》，《中国农村观察》2000 年第 6 期。

④ 袁义才：《公共产品的产权经济学分析》，《江汉论坛》2003 第 6 期。

⑤ 李军认为，公共物品是 public goods 更加确切的中文译法，因为 public goods 首先是一种使用价值，应当涵盖自然资源和人类的劳动产品，而称为公共产品"显然就将公共消费的一部分内容舍弃掉了"。同时，李军还认为公共物品在不同的经济体制中所涵盖的范围和领域是不同的，在中国这一公有制为主体的体制中显然具有更大的范围。李军：《中国公共经济初论》，陕西人民出版社 1993 年版，第 24—41 页。

⑥ 杨志勇、张馨编著：《公共经济学》，清华大学出版社 2005 年版。

边际成本提供给人们消费，并且没有人被排除在消费范围之外。[①]陈东采取了宽泛的公共产品概念，即收益外溢特征明显的产品或服务就可称之为公共产品[②]。

公共产品与私人产品的现实界限很难像理论阐述得那么明晰，在一定条件下可能发生转换。这种条件可能是以下几种情况。第一，当集体组织难以提供服务或者效率低下时，农户就会逐步进入并成为供给主体[③]。第二，一些产品难以由私人提供或者由私人提供的成本极高，一些产品要排除他人消费很困难，但在技术或者制度进步后，会变得比较容易，从而有可能转换为私人产品。例如以信息为表现形式的农业技术，在实施专利法或者知识产权法后容易转变成私人产品，当然，法的实施是有成本的，且在大多数发展中国家是无效的[④]。此外，随着农户积累的增加，农户投资能力大大增强，很多原来被视为公共品或公共服务的项目，实际上对农户来说已经成为可以投资并回收成本的私人物品。第三，新产品和新技术的发明或生产能够替代原有方式，大大提高生产力水平，但这种新产品或新技术由私人提供成本过高，且难以排除他人消费，原有的产品和技术就会转化为公共产品，这种转换在农业领域表现尤为突出。另一些极端的情况，如在重大灾难后，政府为私人提供住房、交通工具甚至牙刷、衣服等私人物品，在此时会视为公共物品。

根据公共产品的性质，可分为纯公共产品和准公共产品；按照受益范围，可分为全国性公共产品和地方性公共产品。

---

① 卢锋对公共产品的定义是建立在对私人物品界定的基础上。他认为，私人物品的消费过程具有竞争性和排他性，一些产品具有竞争性和排他性的其中之一特征，只有那些同时满足非竞争性和非排他性的产品才是公共产品。卢锋，《经济学原理》（中国版），北京大学出版社2002年版。

② 陈东的理由是：现实生活中同时兼具非竞争性和非排他性的公共产品少之又少，而且在技术上无法排除他人享用的公共产品也越来越少，此外在不同场合和制度下产品或服务的属性会发生变化。陈东：《我国农村公共品的供给效率研究——基于制度比较和行为分析的视角》，经济科学出版社2008年版。

③ 宋洪远等：《中国乡村财政与公共管理研究》，中国财政经济出版社2004年版。转引自李燕凌：《农村公共产品供给效率论》，中国社会科学出版社2007年版，第50页。

④ 林毅夫：《制度、技术与中国农业发展》，上海人民出版社1994年版，第183页。

第三节　主要研究方法

本书注重理论分析与实证研究结合，突出实证研究特色，以制度经济学、福利经济学、发展经济学等相关学科的理论等为基础，分析新时期农民集中居住区公共产品有效供给机制和政策。在重点进行经济分析的基础上，本书广泛运用社会学和政治学的相关研究方法，从多个视角剖析问题产生的制度根源和政策选择。除注重多学科的综合性理论研究外，研究还以四川省、江苏省、河南省、山东省等不同发展阶段地区在农民集中居住区公共产品供给方面的探索和经验进行实证性研究，完成具有针对性的案例研究报告，使本书的理论和政策研究建立在更切合现实实践的基础之上。主要运用的研究方法有以下四个。

一是归纳与演绎方法。在总结我国农民集中居住区发展的一般特征和共性问题，以及城乡公共产品供给机制现状及原因剖析时，运用归纳方法。在把对农民集中居住区公共产品需求分析运用到构建有效供给机制建设时，立足实际进行创新则属于演绎方法。

二是实证研究方法。对我国城镇化发展逻辑、农民集中居住区形成机理、集中居住公共产品供给和需求等方面的研究均属于实证研究的范畴。

三是整体研究和个案分析。分析我国新时期不同类别农民集中居住区的各类公共产品需求特点、供给投入主体、治理方式等属于整体研究的部分；对不同地区、典型案例的研究则属于个案分析。

四是理论研究和实地调研。在对城镇化发展逻辑、土地市场的一般规律进行理论梳理和探索的同时，强调以发展阶段不同、发展模式各异的农民集中居住区进行实地调研，完成更具针对性的案例研究报告。

值得特别说明的是，城市城郊型和农村型农民集中居住区的成因、现状、前景具有截然不同的特点，本书在关注社区共性基础上，更加注重二者对公共产品需求和供给的深层次差别和本质规律。与此同时，公共产品包含类目繁多，层级复杂，加上对这些产品的实施行为，就在两类相互独立的农民集中居住区的空间上形成了一个复杂的矩阵。因此，本书在整体性调研的基础上，针对若干有价值的新发现制定并组织实施了相应的调查分析方案。

第一节　关于城镇化过程中城乡资源关系的研究

中国城镇化具有不同于西方的独特运行机理。温铁军和温厉认为，中国城镇化本身不是目的，而是合理缓解"三农"问题的手段，城镇化发展的关键在于改革农村社区土地和乡镇企业产权关系，优先发展中心镇，同时改革地方治理结构，理顺建制镇与村自治的关系。[①] 孙林秀、周飞舟认为分税制集中财权使地方政府逐渐走向以土地征用、开发和出让为主的发展模式，从而形成了土地财政，而以土地为中心的城市扩张模式是分税制改革的意外后果[②]。谭明智发现近年来土地、财政、金融"三位一体"的发展模式愈演愈烈，以耕地保护为核心土地严控管理的中央政府和"以地谋发展"的地方政府之间的关系错综复杂，增减挂钩等政策的出台既是中央政府顺应当下工业化、城镇化进程的必然选择，也是为地方政府保有发展积极性和发展空间的无奈之举，随着城镇化运行逻辑的不断演变，利益主体相互激发、影响甚至形成矛盾，使下一轮城镇化变革进程充满机遇和挑战[③]。

资本、土地、权力等多位一体地推进城镇化，大量的非公共利益性质

[①]　温铁军、温厉：《中国的"城镇化"与发展中国家城市化的教训》，《中国软科学》2007年第7期。

[②]　孙林秀、周飞舟：《土地财政与分税制：一个实证解释》，《中国社会科学》2013年第4期。

[③]　谭明智：《严控与激励并存：土地增减挂钩的政策脉络及地方实施》，《中国社会科学》2014年第7期。

征地行为对农民土地发展权造成侵害，还产生更为严重的后果：损失土地配置效率、延迟土地开发实际、降低征地效率[①]。当前，征地冲突层出不穷且有愈演愈烈的态势，祝天智认为征地冲突的显著特征是利益边界、是非边界和行动边界都模糊不清。在这种情况下，作为最主要主体的基层政府和农民都倾向于采用灰色和的博弈策略，最终导致征地冲突治理的严重困境：缺少实现利益均衡的公平公正标准、导致征地冲突中的恶性循环与恶人得势、导致征地冲突极易演化成暴力事件。[②] 李海梅研究发现城镇化过程中现有征地行动系统已经不适应社会情境变迁的需要，正功能弱化，负功能增强，应构建出激励与约束相容、权利与义务一致的征地行动体系。[③]

第二节　关于农民集中居住的研究

一　农民集中居住的现状和模式

从 20 世纪 90 年代至今，学术界对农民集中问题展开了持续研究。毛如柏和姜永荣两位学者关于江苏省"两区"（村镇建设规划区与基本农田保护区）划定及实施工作的梳理和总结，是可以查到最早正式出版的文献材料的。[④] 他们研究发现，江苏"两区"工作在引导提高土地使用效率、农民建房逐步集中、农村劳动力逐步向小城镇有序转移等方面成效显著，其经验可复制，对农村经济发展快且人多地少的地区尤为适用。农民集中居住的驱动机制方面，陈晓华、张小林研究发现，土地开发驱动型、乡村旅游发展型、市场开发带动型、现代农业园区型、移民建镇建村型、城镇发展带动型等是主要的动力模式[⑤]。同时，吴建瓴调研发现，成都市在推进

① 黄祖辉、汪晖：《非公共利益性质的征地行为与土地发展权补偿》，《经济研究》2002年第5期。

② 祝天智：《边界模糊的灰色博弈与征地冲突的治理困境》，《经济社会体制比较》2014年第2期。

③ 李海梅：《城镇化进程中征地运行机制分析与重构——基于结构功能主义的视角》，《经济体制改革》2013年第4期。

④ 毛如柏：《关于江苏省"两区"划定工作情况的调查报告》，《城市发展研究》1997年第3期。姜永荣：《科学划定"两区"与江苏省可持续发展》，《中国土地科学》1997年第4期。

⑤ 陈晓华、张小林：《城市化进程中农民居住集中的途径与驱动机制》，《特区经济》2006年第1期。

农民集中居住过程中，基于不同发展水平和条件的差异，主要有征地、土地出租、土地资源就地集中开发等三种实践类型，而农民意愿则由农民与土地资源之间的依赖程度和土地资源本身产生收益的方式及水平决定[①]。周沛认为，农村居住集中是 1978 年改革开放以来农民的第三次建房热潮，一方面是由于农民缺乏住房福利和住房保障，另一方面是农村城镇化和现代化的必然趋势[②]。在总结江苏省昆山市农民集中居住的做法和模式基础上，赵海研究发现，昆山农民集中居住政府推动下的制度变迁，需要高地价的支撑和产业发展的带动，对东部发达地区和大城市周边有一定借鉴意义[③]。周飞舟、王绍琛从社会学领域对农民集中居住的逻辑进行了观察，研究发现，正在中国高速城镇化过程中，农民集中居住是一个农民被动参与城镇化的结果，其过程是政府、资本和农民三方利益关系的博弈的，成都市以政府主导、资本介入的方式推动了农民集中居住，同时实现了农业规模经营，客观上形成了农业的现代化和农村的社区化[④]。

二　农民集中居住的评价

农民集中居住有其内在形成逻辑，学术界从不同角度对其积极影响进行分析。黄小虎认为城市化最终有利于节约土地，但在一个相当长的时期内，土地利用关系会十分紧张，出路是城市土地集约利用，而农民居民点的潜力更大，如果农民自愿，政府应允许农民适当集中居住[⑤]。吴业苗认为农村城镇化、农民居住集中化与农民非农化既是居村农民市民化的强大动力源，又是居村农民市民化的承受载体[⑥]。于水、孙金华认为乡村社区发展的内源动力往往处于潜伏状态，需要政府的主动挖掘，而 Y 村的案例表

---

① 吴建瓴：《土地资源特征决定模式选择——关于成都市"推进农民向城镇集中"的调查与分析》，《经济体制改革》2007 年第 3 期。

② 周沛：《农村居住集中化过程中农民住房保障与福利研究》，《社会科学研究》2007 年第 4 期。

③ 赵海：《农民集中居住模式调查——对江苏省昆山市的调查分析》，《调研世界》2012 年第 11 期。

④ 周飞舟、王绍琛：《农民上楼与资本下乡：城镇化的社会学研究》，《中国社会科学》2015 年第 1 期。

⑤ 黄小虎：《房地产、城市化与土地集约利用》，《中国土地》2007 年第 1 期。

⑥ 吴业苗：《农村城镇化、农民居住集中化与农民非农化——居村农民市民化路径探析》，《中州学刊》2010 年第 4 期。

明，农民集中居住成为欠发达地区社区发展的最初内源动力诱因，通过一系列积极变化又逐渐凝聚成乡村法治的内源动力，形成了良性循环[①]。赵海也认为昆山的农民集中居住形成了农民、村集体、地方政府"多方共赢"的局面[②]。

针对政府主导下农民集中居住暴露出的越来越多的问题，学术界出现了"叫停"的声音。郑风田、傅晋华认为，农民集中居住从自发试验变成了地方政府强制推动的"政府工程"，由于没有处理好国家、地方政府以及被拆迁农户的利益，带来了很多严重问题，应该立即"叫停"这种由地方政府强制推进的农民集中居住[③]。

三　集中居住农民意愿的研究

农民集中居住的意愿及影响因素方面，钱忠好、肖屹、曲福田研究表明，在现行条件下，绝大部分农民不愿意土地被征用，他们普遍反映现行征地补偿费过低、征地补偿费分配操作缺乏规范，而且现行征地制度安排与农民土地产权认知不一致，土地所有权、土地增值收益权、土地征用谈判权是影响农民土地征用意愿的关键因素[④]。李明月、胡竹枝的实证研究表明，农民个人特征、农户家庭特征和土地位置是影响广州失地农民安置意愿的主要因素[⑤]。白莹、蒋青在成都郫县以及杜云素、钟涨宝、李飞在江苏扬州和湖北荆州的调查结果均印证了前述判断[⑥]。刘桂峰、王丽红、赵阳用Logit模型对北京郊区农户问卷调查进行分析，发现愿意集中居住的农户比例高，且群体性特征明显，农户关注拆迁补偿和集中居住后与亲朋交流的

① 于水、孙金华：《乡村社会发展之动力：乡村集中居住》，《甘肃理论学刊》2012年第6期。

② 赵海：《农民集中居住模式调查——对江苏昆山市的调查分析》，《调研世界》2012年第11期。

③ 郑风田、傅晋华：《农民集中居住：现状、问题与对策》，《农业经济问题》2007年第9期。

④ 钱忠好、肖屹、曲福田：《农民土地产权认知、土地征用意愿与征地制度改革——基于江西省鹰潭市的实证研究》，《中国农村经济》2007年第1期。

⑤ 李明月、胡竹枝：《失地农民安置意愿及其影响因素：广州个案》，《改革》2008年第5期。

⑥ 白莹、蒋青：《农民集中居住方式的意愿调查与分析——以成都市郫县为例》，《农村经济》2011年第7期；杜云素、钟涨宝、李飞：《城乡一体化进程中农民家庭集中居住意愿研究——基于江苏扬州和湖北荆州的调查》，《农业经济问题》2013年第11期。

方便程度[①]。

四 农民集中居住的路径选择

陈波翀、郝寿义从经济学角度出发，认为征地补偿应包括土地持续性收益、失地农民规避风险的成本和人力资本提升的成本三个方面，此外，失地农民还应分享因土地用途变更而产生的增值收益[②]。赵海林对苏北王村的经验研究发现，其采取的紧扣农民需求、亮点建设的示范效应、市场化取向、抓闸、地基供给小于需求等策略，抓住了农民心理，形成中心村建设的内在驱动力，并建立了良好的制度环境，降低了集中居住过程的交易成本，减少了内耗，保障了中心村建设顺利进行[③]。杨继瑞、周晓蓉以四川为例，认为农民适度集中居住是一个系统工程，必须设计一系列的政策导向与制度安排，包括规划、建设、公共基础设施配套、社区管理与物业管理、就业服务、社会保障、土地运作、房屋产权、居住区安全与避险、环保综合整治等十个方面[④]。魏程琳、史源渊研究发现农民集中居住建设更为宏观和根本的制约因素是地方经济发展水平、农民半工半耕的生计模式和庭院的多重功能，因此应采取"政府引导、农民参与、成本共担、因地制宜"的"政府＋村社"集中居住建设模式[⑤]。杨成认为，财产权是公民自治的源泉，赋予农民完整的土地财产权，让其在农村城镇化过程中有效抵制地方政府及其公职人员、村干部从土地征用中渔利，并限制地方政府或村委会随意征用或收回农民的土地，才能确保农民集中居住的良性推进[⑥]。

---

　　① 　刘桂峰、王丽红、赵阳：《经济发达地区农户集中居住意愿实证研究——基于北京郊区 703 个农户的调查》，《农业经济问题》2015 年第 4 期。
　　② 　陈波翀、郝寿义：《征地补偿标准的经济学分析》，《中国农村观察》2004 年第 6 期。
　　③ 　赵海林：《农民集中居住的策略分析——基于王村的经验研究》，《中国农村观察》2009 年第 6 期。
　　④ 　杨继瑞、周晓蓉：《统筹城乡背景的农民集中居住及其制度重构：以四川为例》，《改革》2010 年第 8 期。
　　⑤ 　魏程琳、史源渊：《农民集中居住的实践类型、困境与对策——基于江苏 P 县的实证分析》，《华中农业大学学报》（社会科学版）2015 年第 1 期。
　　⑥ 　杨成：《农民土地财产权与农民集中居住的良性推进》，《河北法学》2014 年第 4 期。

第三节　关于农民集中居住区公共产品的研究

一　集中居住农民福利的研究

　　贾燕等使用模糊评判方法对江苏省江都市集中居住前后农民福利变化进行了测算，结果显示农民总体福利水平少有提高，功能指标中，农民的经济状况、居住条件、发展空间、心理指标都有不同程度的改善，社会保障、社区生活和环境进一步恶化[①]。马贤磊、孙晓中在阿马蒂亚·森的"可行能力"框架下构建指标体系，对江苏省高淳县和盱眙县集中居住农民福利进行分析发现，集中居住改善了农户的居住条件和居住环境，但并没有显著改善农户的家庭经济状况、社会保障状况、社会资本状况和参与决策自由等功能，经济发展水平较低的盱眙县农民集中居住后福利改善水平显著高于经济发展水平较高的高淳县[②]。伽红凯、王树进对问卷调查采取模糊综合评价法发现，农户福利水平在集中居住后有一定程度的提高，但地区间经济发展与农户福利增进水平正相关，此外，最高受教育年限、劳动力非农就业比重、集中居住时间、地区经济发展水平等对农户福利变化有显著的正向影响，而抚养人口比重、劳动力平均年龄对农户福利变化具有显著的负向影响[③]。王伟、马超比较了不同的征地补偿模式对农民福利水平的影响，结论是土地换社保的补偿模式在保障失地农民收入水平方面不如土地换货币模式，但前者给予农民更健全的社会保障制度，从而使农民获得更高的福利水平[④]。

---

　　① 贾燕、李钢、朱新华、王静、李妍：《农民集中居住前后福利状况变化研究——基于森的"可行能力"视角》，《农业经济问题》2009 年第 2 期。

　　② 马贤磊、孙晓中：《不同经济发展水平下农民集中居住后的福利变化研究——基于江苏省高淳县和盱眙县的比较分析》，《南京农业大学学报》（社会科学版）2012 年第 2 期。

　　③ 伽红凯、王树进：《集中居住前后农户的福利变化及其影响因素分析——基于对江苏省农户的调查》，《中国农村观察》2014 年第 1 期。

　　④ 王伟、马超：《不同征地补偿模式下失地农民福利变化研究——来自准自然实验模糊评价的证据》，《经济与管理研究》2013 年第 4 期。

二　农民集中居住的社会治理

农民集中居住以后应进一步完善社会治理。孙远东研究发现，农民集中居住区的善治之道应是诉诸国家重建，单一的"社区重建"难以担当社区善治的重任，实现善治应着重于培养公民意识和公共生活习惯，同时建立基本的市场制度和公共服务体系，以强化社会资本的建设[①]。通过对江苏集中居住农民开展抽样调查，叶继红发现农民参与率总体上偏低，主要受社会网络和邻里关系、社区关注与社区认同、意见征收与政策公平度、参与途径与参与方式等因素的综合影响[②]。通过对河南省 23 个农民集中居住区的典型案例调查，郭晓鸣、张鸣鸣发现，政府—集体联合治理型、社区自治型和政府—社会共治型是当前农民集中居住区主要采取的治理模式，大多数社区治理体系过渡型特征显著，组织不健全且效率偏低，缺乏完善的管理服务平台，社区资源管理的随意性较大，缺乏治理机制建设，社会组织数量较少且作用极为有限[③]。

第四节　研究述评

近年来，随着城乡关系的深刻变化，学术界对城镇化过程中农民集中居住以及农民财产权相关问题给予了大量的关注，并开展了卓有成效的理论研究和实证研究，主要集中在四个方面。第一，学术界的一致认识是城镇化过程中城乡资源发生了更多的交换，在当前制度框架下，土地与资本紧密结合，形成了与市场自由交换环境下截然不同的征地模式。但是对于征地模式的影响存在不同看法。大多数研究认为，利益主体在这一过程中矛盾日趋尖锐，处于弱势的农民权利受到侵害，征地模式亟待改变，也有研究认为，正是这种分配不对等的征地模式促成了"地利归公"，有利于资源的高效配置。第二，学术界对于农民集中居住的现状和模式做了较

① 孙远东：《社区重建抑或国家重建：快速城镇化进程中农民集中居住区的公共治理》，《苏州大学学报》（哲学社会科学版）2011 年第 5 期。
② 叶继红：《城市新移民社区参与的影响因素与推进策略——基于城郊农民集中居住区的问卷调查》，《中州学刊》2012 年第 1 期。
③ 郭晓鸣、张鸣鸣：《治理视角下的新型农村社区：现状、挑战和展望——基于河南省农民集中居住区的调查》，《东岳论丛》2014 年第 8 期。

多阐述，形成了截然不同的观点：集中居住因对资源利用更有效而正当其时、集中居住违背农村农业发展规律而应"叫停"。第三，对于农民集中居住区公共产品的研究主要以农民福利和社会治理两个方面为对象，重点关注集中居住后农民的社会保障和决策表达等方面。第四，对于农民财产权（主要是土地财产权）的看法上，无论是法学还是经济学、社会学的研究，都认为当前农民土地财产权存在不清晰和不确定性，导致了大量的纠纷和矛盾，在城镇化过程中，赋予农民更多的财产权显得尤为重要。无论哪种观点，对于农民集中居住是一项系统工程且其重要性和变革性的认识是一致的，因此对集中居住的农民意愿、财产权利、福利、社会治理、发展方向等多个领域进行了较为广泛、深入的研究。在研究方法上，已有文献主要从实证角度开展，特别强调地方实践总结和农户问卷调查，由此演绎出针对某一地区或更广泛地区完善农民集中居住机制和方式的建议。

整体评价，当前对城镇化农民集中居住过程中财产权还存在一些需要进一步深入研究的问题。一是农民集中居住的形成过程和机理不完全清晰，这将直接影响对农民集中居住所达到的效果与现实需求之间的判断。二是由于理论滞后于实践的特征显著，大多数研究从实践出发，对典型案例的观察和分析虽然达到了一定的深度，但也存在较大的局限性。三是农民财产权既与农业产业、农村建设、农民发展紧密相连，又因集中居住而与城镇化密不可分，是集中居住的核心问题，也是最为复杂的问题之一，已有研究大多未能区分不同财产权在内容上、属性上的差异性，也未见对农民财产权变化水平做较为具体的分析，所得的结论和判断与现实观察和体验存在一定偏差。四是对农民集中居住区公共产品供给和需求的深层次原因剖析上有待深入，鲜见以财产权、治理模式、权力博弈等方面的论述和分析，由此得出的制度或模式完善的建议还有进一步探讨的空间。

第三章
农民集中居住的演变和现状

第一节　缘起：资源配置在城乡间的结构性扭曲

在肯定了"一九五五年是在生产关系的所有制方面取得基本胜利的一年"①的基础上，1978 年底召开的党的十一届三中全会决定"全党工作的着重点应该从一九七九年转移到社会主义现代化建设上来"②，首先从改变不适应生产力发展的生产关系着手。生产要素领域的两个重大变化影响深远，成为生产力跨越式增长的源泉。

一是土地使用制度的重大突破。尽管 1954 年《中华人民共和国宪法》（以下简称《宪法》）第八条规定"国家依照法律保护农民的土地所有权和其他生产资料所有权"，但实际上城乡土地及各项权利的转让在之后的 30 余年被严格禁止，1982 年修订的《宪法》仍然沿用了"任何组织或者个人不得侵占、买卖、出租或者以其他形式非法转让土地"这一表述。③伴随着改革开放，城乡土地使用制度在实践中发生了历史性巨变。在农村，1978 年，全国第一家来料加工企业——太平手袋厂，租用广东省东莞市虎门镇村集体建设用地上的祠堂建厂房，④揭开了农村工业化的大幕，开了村

---

① 本报特约评论员《实践是检验真理的唯一标准》，《光明日报》1978 年 5 月 11 日。

② 《中国共产党第十一届中央委员会第三次全体会议公报》（一九七八年十二月二十二日通过）（全文）。

③ 《中华人民共和国宪法（1982 年）》第十条："农村和城市郊区的土地，除由法律规定属于国家所有的以外，属于集体所有；宅基地和自留地、自留山，也属于集体所有。国家为了公共利益的需要，可以依照法律规定对土地实行征用。任何组织或者个人不得侵占、买卖或者以其他形式非法转让土地。"

④ 《中国首家合资企业太平手袋厂落成》，《南方日报》2008 年 9 月 4 日，A04 版。

集体建设用地资本化的先河。在城市，1979 年 12 月 31 日，深圳市签订了第一个以土地入股外资开发经营的房地产项目，至 1981 年 12 月的两年间，深圳房地产公司单在罗湖小区就"引进外商独资经营房地产项目 10 个，订租（出租）土地 4.54 万平方米，土地使用费 21360 万港元；另有 8.1 万平方米土地作为 4 亿多港元的物化资本，在 10 个项目中与外商 6 亿多港元的投资合作建造商品楼宇"；1987 年 12 月 1 日，深圳市敲响土地拍卖"第一槌"，首次以公开拍卖方式向一家房地产公司出让一宗地块 50 年土地使用权。[①] 1986 年《中华人民共和国土地管理法》（以下简称《土地管理法》）建立了以建设用地为核心的土地管理审批制度，1988 年修订《宪法》使土地使用权转让合法化[②]。城市土地市场化和农村土地征用制之间产生了巨大的利差，作为唯一合法的国有土地出让主体和对农村土地实行征收或者征用的主体——国家的代表，地方政府得了"土地饥渴症"——掌控更多的国有土地，就意味着更多的融资机会和更强的财政实力，这是扩大城市规模的巨大动力[③]。1996—2012 年和 2010—2012 年，全国城镇建设用地年均分别增加 357 万亩和 515 万亩，2000—2011 年城镇建成区面积增长 76.4%，远高于城镇人口 50.5% 的增长速度。[④]

　　二是劳动力从固化向自由流动的重大转变。从 1952 年《政务院关于劳动就业问题的决定》到 1959 年中共中央、国务院联合发出的《关于制止农村劳动力盲目外流的紧急通知》[⑤]，一系列文件筑起了农村劳动力流动的铜墙铁壁；与此几乎同一时期，为消灭"三大差别"[⑥] 和解决粮食问题，

---

　　① 《攀登新的高度——我国土地有偿使用制度改革 30 年历程》，《中国国土资源报》2008 年 12 月 19 日。
　　② 1988 年《宪法》修正案第十条第四款"任何组织或者个人不得侵占、买卖、出租或者以其他形式非法转让土地。"修改为："任何组织或者个人不得侵占、买卖或者以其他形式非法转让土地。土地的使用权可以依照法律的规定转让。"
　　③ 周其仁：《城乡中国（上）》，中信出版社 2013 年版，第 152 页。
　　④ 《国家新型城镇化规划（2014—2020 年）》。中华人民共和国中央人民政府网站，http://www.gov.cn/zhengce/2014-03/16/content_2640075.thm
　　⑤ 《关于就业的决定》（1952）、《关于劝阻农民盲目流入城市的指示》（1953）、《关于继续贯彻〈劝阻农民盲目流入城市〉的指示》（1954）、《关于防止农村人口盲目外流的指示》（1956）、《关于防止农村人口盲目外流的补充指示》（1957）、《关于防止农民盲目流入城市的通知》（1957）、《关于各单位从农村中招收临时工的暂行规定》（1957）、《关于制止农村人口盲目外流的指示》（1957）、《关于制止农村劳动力盲目外流的紧急通知》（1959）。
　　⑥ "三大差别"：工农差别、城乡差别、体力劳动与脑力劳动的差别。

1955 年到 1978 年期间约 2000 万[①]城市劳动力被遣送到农村。这一期间，无论是农村还是城市的劳动力，都不具有自由迁徙和自主择业的权利，成为生产力发展的严重束缚。1980 年，伴随着大批知识青年返城，在严格指标控制基础上，"少数专业技术骨干的配偶……可采取分批、分期的办法，……迁往城镇"[②]；同时，在"解放思想、实事求是"的大环境下，农民进城出现了政策真空，"越来越多的农民转向集镇务工、经商"，为适应集镇建设和经济发展的需要，1984 年国务院出台文件，允许农民"自理口粮到集镇落户"[③]，农村劳动力进城务工的各项约束被迅速消除，加上农村家庭联产承包责任制的实施，农民收入呈现了爆发式快速增长。与 1978 年相比，1982 年农村居民家庭人均纯收入翻了一番，1988 年再翻一番，到 1994 年翻了三番。农民收入增长最为直接的结果是掀起了农民建房热潮，农村居民人均住房面积在改革开放之初为 8.1 平方米，到 1987 年达到 16 平方米，2012 年这一数字攀升到 37.1 平方米。[④]如图 3-1 所示，在 20 世纪 80 年代中期和 2010 年前后分别有一次建房高潮。

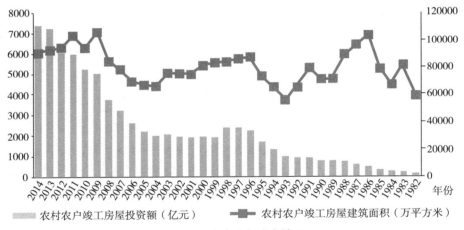

图 3-1　农户历年建房情况

---

　　①　根据刘晓萌《中国知青史·大潮》、潘鸣啸《失落的一代》、金大陆、金光耀主编《中国知识青年上山下乡研究文集》、顾洪章《中国知识青年上山下乡大事记》等。
　　②　1980 年 9 月公安部等部门《关于解决部分专业技术干部的农村家属迁往城镇由国家供应粮食问题的规定》。
　　③　《国务院关于农民进入集镇落户问题的通知》，1984 年 10 月。
　　④　数据来源：《中国统计年鉴》，中国统计出版社 2015 年版。

　　土地使用权和劳动力管理制度的变革，导致了要素配置的结构性扭曲。一方面，城市要素化不断加强。与发达国家不同，中国的城市化表现出更为显著的要素主义倾向，即更加强调对生产要素——土地、劳动力和资本——的吸纳和利用，城市成为生产要素的集聚体，而不是由生态、经济和文化三种基本过程综合产生的有机体[①]。在这种情况下，作为稀缺资源的土地要素效益十分显著，同时，城市非经济资源（生态、文化等）集聚显著滞后于经济发展水平，社会发育不足导致城市化过程中大量的成本由公共部门承担，作为土地垄断性供给的公共部门具有"土地财政"的强大动力和巨大压力。另一方面，农村资本大量沉淀。农村农户的房屋中沉淀了农民收入积累中的大部分，却又无法进行市场交易，导致农民难以积累起足够的"进城"费用，加上"进城"的制度障碍，使农民更倾向于将收入用于农村建房以"养老"。城市要素化和农村资本沉淀实质上是资源配置的扭曲——在城市生活的劳动力缺乏房屋（因土地稀缺导致的房价过高），建在农村的房屋缺乏居住的人——稀缺资源的利用效率低下。

第二节　发展：江苏"两区"和成都"三个集中"

　　为妥善解决稳定发展农业和加快经济建设在用地方面存在的日益尖锐的矛盾，从1995年开始，江苏省全面开展了基本农田保护区和村镇建设规划区（简称"两区"）的划定工作，要在"一次规划，逐步实施"的过程中，"缩并零散的自然村落，逐步建成相对集中、设施配套的现代化村落，引导乡镇工业向工业区集中，并适当留有发展余地"[②]。到1997年，"两区"规划工作基本结束，共划定一级基本农田7050万亩，二级基本农田1276万亩，完成乡镇域规划1905个，自然村落从1997年的28.9万个缩并为2.03万个中心村和3.11万个基层村，人均建设用地面积从172.2平方米下降到

----

　　① ［美］R.E.帕克、E.N.伯吉斯、R.D.麦肯齐著：《城市社会学——芝加哥学派城市研究》，宋俊岭、郑也夫译，商务印书馆2012年版。芝加哥学派对城市的核心观点是：城市，包括地域、人口、相应的机构和管理部门是一个有机体，是一种心理物理过程（psychophysical mechanism），是生态、经济和文化三种基本过程的综合产物，是文明人类的自然生息地。
　　② 1993年12月和1994年6月，江苏省人大常委会分别审议通过了《江苏省基本农田保护条例》和《江苏省村镇规划建设管理条例》两个地方性法规。

98.3 平方米，村镇规划全部实施后可复垦耕地约 300 万亩。①2001 年前后，在苏南的苏州、无锡等地的富裕乡镇，出现了一些小规模的"农民集中居住"试验。2003 年 7 月，在"两个率先"（率先全面建成小康社会、率先基本实现现代化）要求下，为破解工业用地难题，江阴市新桥镇开展"农村三集中"，把全镇 19.3 平方千米分为三大功能区——7 平方千米的工业园区，7 平方千米的生态农业区，5.3 平方千米的居住商贸区；工业全部集中到园区，农民集中到镇区居住，农地由当地企业搞规模经营。这一模式迅速被全省各地效仿，为"避免外界误解"，江苏省将"农村三集中"改为"工业向园区集中，农民向城市集中，居住向社区集中"。2006 年，江苏省召开大型全省城乡建设工作会，要求三年内实现"城乡规划全覆盖"，并把"农民居住集中"当作村庄建设的"重要导向"，"积极稳步推进农村三集中"，至此"农村三集中"在全省已成主旋律之势。②

也是在 2003 年，成都到江浙地区考察后提出城乡一体化和"三个集中"的要求，即工业向集中发展区集中、农民向城镇集中、农地向规模经营集中，将中心城区和所有乡村统一规划。从 2004 年开始，成都就正式启动"新居"建设，在本轮规划的城市建设用地区内，按统一规划、统一供地、统一标准、统一配套、统一建设、统一管理的"六统一"的方式建设的用以集中安置农村居民的城市化居住小区和都市村落式的农民居住点，到 2006 年底，近 27 万农民住进了城镇和农村新型社区。③ 2008 年"5·12"地震后，集中居住与灾后重建相结合，在年初成都市一号文件精神下，以"还权赋能"为主线，成都震区农民集中居住加快推进。④

除了苏南和成都以外，20 世纪 90 年代中期到 21 世纪初，全国其他一些地方也开展了零星的农民集中居住实践。这一时期的农民集中居住有四

---

① 毛如柏：《关于江苏省"两区"划定工作情况的调查报告》，《城市发展研究》1997 年第 3 期。
② 常红晓：《江苏农民集中居住得失》，《财经》2006 年第 12 期。
③ 俞可平：《统筹城乡的成都经验》，四川大学成都科学发展研究院、中共成都市委统筹城乡工作委员会编：《成都统筹城乡发展年度报告（2009）》，四川大学出版社 2010 年版。
④ 2008 年初，成都市颁布一号文件《关于加强耕地保护进一步改革完善农村土地和房屋产权制度的意见（试行）》（成委发〔2008〕1 号），要求"深化农村土地和房屋产权制度改革，建立健全归属清晰、权责明确、保护严格、流转顺畅的农村产权制度"，改革重点是：开展农村集体土地和房屋确权登记、创新耕地保护机制、推动土地承包经营权流转、推动农村集体建设用地使用权流转、开展农村房屋产权流转试点。

个显著特点：① 大多在"有条件的"地区实施，如苏南是在农村工业化高度发展的基础上，成都大多是在高度城市化的中心城区；② 主要目标是破解资源利用低效问题；③ 实施重点是资源要素的空间集聚；④ 实施结果是土地利用效率显著提高，劳动力、资金等要素配置较好。典型的是成都锦江区红砂村和幸福梅林模式，在"拆院并院"节约土地的同时，由政府完善基础设施和公共服务配置，在产业上推动花卉苗木和"农家乐"互动融合，建立新型集体经济组织，农民参股分红。

第三节 新变："增减挂钩"

江苏等地的实践，引导农民逐步向较大居民点集中，提高土地的使用效率、推动乡村城市化进程，"吃饭"与"建设"的矛盾得到了较好控制，卓有成效[①]。2000 年以来，这一土地使用方式得到了中央的肯定。2000年 6 月，《中共中央国务院关于促进小城镇健康发展的若干意见》（中发〔2000〕11 号）提出，"对以迁村并点和土地整理等方式进行小城镇建设的，可在建设用地计划中予以适当支持"，"鼓励农民进镇购房或按规划集中建房，节约的宅基地可用于小城镇建设用地"。[②] 2000 年 11 月，《国土资源部关于加强土地管理促进小城镇健康发展的通知》（国土资发〔2000〕337 号）提出，小城镇"用地指标主要通过农村居民点向中心村和集镇集中、乡镇企业向工业小区集中和村庄整理等途径解决"，"要鼓励农民进镇购房或按规划集中建房，节约的宅基地指标可用作小城镇发展的建设用地指标"。2004 年 10 月，国务院下发了《国务院关于深化改革严格土地管理的决定》（国发〔2004〕28 号），"鼓励农村建设用地整理，城镇建设用地增加要与农村建设用地减少相挂钩"，首次提出"土地增减挂钩"的概念，并由国土资源部批准和指导、管理试点工作。2008 年国土资源部出台《城乡建设用地增减挂钩试点管理办法》（国土资发〔2008〕138 号），提出"将若干拟整理复垦为耕地的农村建设用地地块（即拆旧地块）和拟用于城镇建设的地块（即建新地块）等面积共同组成建新拆旧项目区

---

① 毛如柏：《关于江苏省"两区"划定工作情况的调查报告》，《城市发展研究》1997 年第 3 期；姜永荣：《科学划定"两区"与江苏省可持续发展》，《中国土地科学》1997 年第 4 期。

② 《中共中央国务院关于促进小城镇健康发展的若干意见》（中发〔2000〕11 号）。

（以下简称项目区）"，以"优化用地结构和节约集约用地"。从 2009 年起，挂钩周转指标被纳入年度土地利用计划管理，国土资源部负责确定挂钩周转指标总规模及指标的分解下达，有关省区市负责试点项目区的批准和管理。

"增减挂钩"政策打开了城乡土地利用的大门，一时间试点省份的所有农村都因有建设用地而变成了"有条件"的地区。农民集中居住、撤村并居、农民"上楼"、农村社区化、"两分两换"、"宅基地换房"、"地票"等名目繁多的实践在广袤的中华大地上普遍开花。有学者形象地将这一席卷全国 20 多个省区市的集中居住政策实践称为"灭村运动"。[①] 例如，河南省到 2013 年末已经初步建设农村新型社区近 300 个，在建 1400 多个，全省各地不同类型、不同建设方式的农村新型社区不断涌现。

第四节　农民集中居住是土地要素配置的结果

从图 3-2 可以更为清晰地了解农民集中居住的脉络及类型。从形成原因看，有因城市规模扩大形成的农民集中安置区、有因工业园区建设形成的农民集中安置区、有因村庄整理主动形成的农民集中居住区、有因增减挂钩被动形成的农民集中居住区；从空间分布看，可分为城市规划区内农民集中居住区和农村农民集中居住区；从农民是否保有耕地看，可分为失地农民集中居住区和有地农民集中居住区；从主导力量看，可分为政府主导和农民自发两类；从筹资渠道看，可分为政府主体型、企业主体型、农民（集体）主体型以及混合型。

---

①　李越：《农民集中居住研究综述》，《农业经济》2014 年第 1 期。

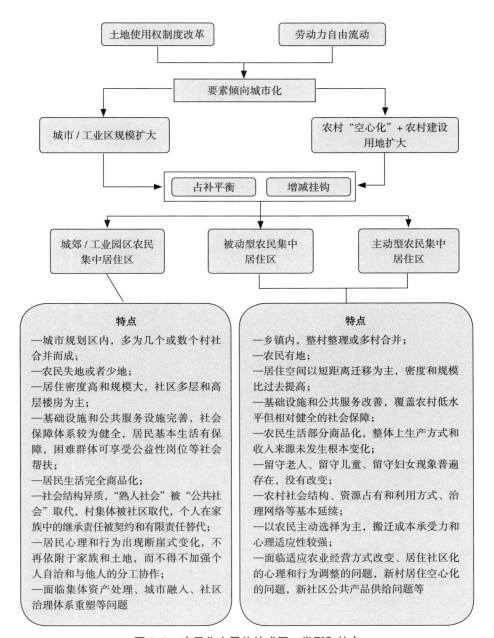

图3-2　农民集中居住的成因、类型和特点

不同类型的农民集中居住区建设目标存在差异，城郊和工业园区农民集中居住区的主要目标是扩大城市规模或新建工业园区，主动型农民集中居住区的主要目标往往是改善自身居住环境，被动型农民集中居住区的

主要目标是获得建设用地指标。值得注意的是，无论哪种类型的农民集中居住区，也不管何种目标，相对于传统农村，农民所享受的基础设施和公共服务有了不同程度的改善，而且，在城市化和工业化加速发展的历史阶段，土地要素通过转变用途得以在城市和农村、工业和农业之间以及农业内部重新配置，单位土地上投入的要素密度得以提高，全社会产出整体上增加，是农民集中居住得以实现的核心。

第四章

农民集中居住区公共产品供给的投入与治理

公共产品的有效供给，包括两个维度：投入产出的经济效率和农民福利在时间上的增进。这取决于供给过程中合理的经济利益关系的建立以及供给政策的完善。因此，城乡公共产品有效供给的本质在于，通过有效供给过程实现结果的有效率。本章首先回顾、梳理中国改革开放以来城乡公共产品供给政策历史变迁，通过对供给主体及其建立的治理方式的描述和分析，评价不同发展阶段城乡公共产品供给的有效性，研究其所依赖的经济利益关系和供给路径。

第一节 改革开放以来中国城乡公共产品投入制度变迁

一 城市公共产品

中国是世界城市发源地之一，上下五千年历史造就了成百上千、各具特色的城市，成为中国发展史上璀璨的明珠，也是中华文明传承发扬的重要载体。汉代有 100 多个郡、1200 多个县，唐玄宗时全国州、县数量分别增至 358 个和 1573 个，唐长安（今西安）人口超百万，是当时的国际商业、文化中心，洛阳、扬州、益州、广州等大城市繁荣发达，唐末草市和墟等农村集市也开始向镇市发展。及至北宋，一幅《清明上河图》将东京汴梁（今开封）的宏伟壮丽推到了极致。明清时期资本主义从萌芽到发展，城市无论是等级规模还是功能水平都大幅提升，各类城市及镇达到 2000 多个，农村集市超过 4000 个。近代以来，伴随人口增多、工业化水平提升，城市规模迅速扩大，商埠和贸易口岸、交通枢纽、矿业和工业等城市类型不断涌现，到 1949 年底我国共设 136 个市，1977 年设市 188 个，截至 2017 年底，我国地级、县级和小城镇数量分别达到 294 个、363 个和 21116 个。从封建社会至今的历朝历代无一不将城市作为国家行政管理的对象，中华人民共和国成立以后，这一特征更为显著，中国城市不仅是非农产业和非农人口集聚点，而且是行政管辖区域，政府天然的是城市公共产品的供给主体。

改革开放以来，中国城市进入史上发展最快、规模最大的阶段。这与有中国特色的城市公共产品供给模式密不可分。"行政主导城镇化"[①] 是中国城镇发展的典型特征，改革开放以来，中国实施市管县体制，大中城市周围的农村地区划归城市统一领导，作为城市生活范畴的城市主要指建成区范围，政府是主要的投资主体，承担着主要责任和义务。例如，上海市在 1990 年至 2017 年间，全市用于城市基础设施建设的投资为 23319 亿元，占全社会固定资产投资的 25.6%。又如成都市，2016 年市级财政投入 202.85 亿元用于城市基础设施配套及市域交通建设、新型城镇化建设等重点项目实施，其中，地铁等轨道交通建设投入 78.32 亿元，公交运营补贴资金 20.45 亿元、公交场站建设资金 2 亿元，城市更新投入 85.92 亿元，城中村改造、棚户区改造、公租房建设、老旧院落改造等投入 16.66 亿元。[②] 表 4-1 展示了 20 世纪 90 年代以来中国城市基础设施和市政设施建设增长情况。

表 4-1　　　　1990—2015 年中国城市主要基础设施和市政设施建设情况

项　目 ＼ 年份	1990	1995	2000	2010	2015
城市建设					
建成区面积　　　（平方千米）	12856	19264	22439	40058	52102
城市供水、燃气及集中供热					
全年供水总量　　（亿立方米）	382.3	481.6	469.0	507.9	560.5

---

① 周其仁：《城乡中国（上）》，中信出版社 2013 年版。在该书中，周其仁教授提出，"我国城镇化的制度基础，包括三大支柱（城市土地属于国家所有、经由行政审批设立城市，以及唯有国有土地才可合法出让）和一把利器（征地权），总的特征是高度的行政主导或政府主导"。

② 成都市地方志编纂委员会：《成都年鉴（2017 卷）》，成都年鉴社 2017 年版。

续表

项　目　　　　　　　　年份		1990	1995	2000	2010	2015
生活用水	（亿立方米）	100.1	158.1	200.0	238.8	287.3
人工煤气供气量	（亿立方米）	174.7	126.7	152.4	279.9	47.1
家庭用量	（亿立方米）	27.4	45.7	63.1	26.9	10.8
城市市政设施						
年末实有道路长度	（万千米）	9.5	13.0	16.0	29.4	36.5
年末实有道路面积	（亿平方米）	10.2	16.5	23.8	52.1	71.8
城市排水管道长度	（万千米）	5.8	11.0	14.2	37.0	54.0
城市公共交通						
年末公共交通车辆运营数（万辆）		6.2	13.7	22.6	38.3	50.3
城市绿化和园林						
城市绿地面积	（万公顷）	47.5	67.8	86.5	213.4	267.0
公园个数	（个）	1970	3619	4455	9955	13834
公园面积	（万公顷）	3.9	7.3	8.2	25.8	38.4
城市环境卫生						
生活垃圾清运量	（万吨）	6767	10671	11819	15805	19142
粪便清运量	（万吨）	2385	3066	2829	1951	1437

　　杜金华和陈治国对全国70个大中城市的实证分析表明，2003年到2014年间，土地财政、城市化明显促进了大中城市公共产品供给，大中城市通过土地财政改善地区整体公共服务环境，其中土地财政对教育和医疗服务供给水平影响尤为显著①。从地方国有土地使用权出让金收入安排的支出情况看，近年来城市建设支出始终保持在10%左右，远高于农村基础设施建设支出。

---

① 杜金华、陈治国：《城市化、土地财政与城市公共产品供给——基于全国70个大中城市的实证分析》，《经济问题探索》2017年第8期。

表4-2　2010—2014年地方国有土地使用权出让金收入安排的支出决算

（单位：亿元，%）

项　目	2010年		2011年		2012年		2013年		2014年	
	金额	占比	金额	占比	金额	占比	金额	占比	金额	占比
国有土地使用权出让金收入安排的支出	26622.1	100	31052.26	100	26663.87	100	38265.6	100	38700.72	100
征地和拆迁补偿支出	10207	38.34	14358.75	46.24	13828.92	51.86	20917.69	54.66	20281.78	52.41
土地开发支出	2479.57	9.31	5324.69	17.15	5116.04	19.19	8350.28	21.82	8952.01	23.13
城市建设支出	7621	28.63	5564.88	17.92	3049.2	11.44	3775.14	9.87	4076.29	10.53
农村基础设施建设支出	1076.53	4.04	760.45	2.45	486.19	1.82	516.5	1.35	458.5	1.18
补助被征地农民支出	457.11	1.72	689.72	2.22	520.75	1.95	852.21	2.23	856.97	2.21
土地出让业务支出	133.71	0.50	217.37	0.70	180.85	0.68	239.26	0.63	222.29	0.57
廉租住房支出	422.01	1.59	519.96	1.67	355.73	1.33	391.81	1.02	367.94	0.95
其他土地使用权出让收入安排的支出	4225.23	15.87	3616.44	11.65	2152.38	8.07	3222.71	8.42	3484.94	9.00
教育资金安排的支出					291.41	1.09				
支付破产或改制企业职工安置费					212.87	0.80				
棚户区改造支出					68.2	0.26				
公共租赁住房支出					170.27	0.64				
农田水利建设资金安排的支出					231.06	0.87				

数据来源：根据财政部官方网站历年决算表统计。

不同于农村社区，城市社区具有更强的开放性和公共性，城市居民所需的公共产品类别较多，内容庞杂。吴小建认为，除教育、卫生、社会保障等基本公共服务外，城市社区公共产品还包括水、电、气、排污、通信等市政基础设施，环卫、绿化、安保等公共服务项目。但是由于城市社区普遍缺乏"造血"所需的"公共资产"，由此使得城市社区的公共产品更多地依赖于政府供给。根据《中华人民共和国城市社区居民委员会组织法》（2018 年修订）第十七条："居民委员会的工作经费和来源，居民委员会成员的生活补贴费的范围、标准和来源，由不设区的市、市辖区的人民政府或者上级人民政府规定并拨付；经居民会议同意，可以从居民委员会的经济收入中给予适当补助。居民委员会的办公用房，由当地人民政府统筹解决。"[1]

我国城镇化发展路径的特殊性决定了城市社区类型的多样性，目前看来，城市社区中的院落主要有三类：一是现代运营模式的小区，主要形成于房地产商品化改革以后，这类小区有较为完善的物业管理，小区内部基础设施和公共服务由小区自组织解决；二是依托于单位的小区，包括但不限于机关单位和厂矿家属区，由所在单位提供大多数的居民所需的公共产品；三是原住民院落，既缺乏市场化的物业管理，又没有单位依托，居民所需公共产品往往由所在社区供给，如前所述，社区公共产品以政府行政为主导。

二 农村公共产品

党的十一届三中全会带来了农村经济社会结构的根本性转变。家庭联产承包责任制的实质是农村产权结构的变化，是一种宪法秩序层次的制度变革。因此家庭联产承包责任制的制度绩效深刻体现在：它为农村经济的发展提供了基本的制度保证，使得农村中多种制度安排和多样化经济活动的出现成为可能。家庭联产承包责任制后农村经济的巨大变化可以概括为：农村经济有了快速增长；经济活动趋于市场化；农村产业结构趋于多元化；农户收入大幅增长，收入来源多样化，收入差异拉大。农户收入大幅增长同时意味着农户财富的增加。[2] 人民公社时期超过 90% 的财产属于集体所

---

① 《中华人民共和国城市社区居民委员会组织法》（2018 年修订）。
② 林万龙：《中国农村社区公共产品供给制度变迁研究》，中国财政经济出版社 2003 版，第 62—69 页。

有，实行政社合一的组织制度，加上按工分分配的分配体制，能够确保农村公共产品的有效运行。实行家庭联产承包责任制以后，75% 的财产归农户家庭支配，乡镇及村组对农户的组织约束大为减弱，由此使得公社时期农村社区公共产品供给制度的制度依存不再存在，原有制度安排不再有效。[①] 筹资能力随着筹资主体的变化而快速降低。与家庭联产承包责任制时期的筹资主题相同，公社时期的农村公共产品的建设来源主要是农民自身，但这种资金筹措方式是隐性的和间接的，是以集体的再分配形式出现的。实行家庭联产承包责任制后，农民拥有自己的生产和生活资料，从集体中脱离出来，成为一个相对独立的经济利益体。公共产品筹资变成对农民的直接的、显性的以税收和税外收费为主。从本质上说，农村公共产品的筹资主体从一个变成两个。

首先是农村公共财政投入方式发生重大变革。改革开放以后，为改变人民公社时期的工农业交换不平等的状况，中央加大了财政支农资金投入[②]，以财政包干制替代了高度集中的统收统支管理体制，中央财政和地方财政在农业农村方面的支出侧重点也进一步明确。最为显著的变化是，原来由国家或集体承担的小型农田水利等农业基础设施建设资金转为包干给地方，农村教育、卫生等支出责任也主要由地方财政承担。20 世纪 90 年代中后期到税费改革前，我国农村"社会经济矛盾紧张，甚至在一定程度上出现了治理危机"[③]，财政体制改革逐步铺开，推动了与社会主义市场经济相适应的现代财税制度的逐步形成，促进了农村财政政策的转变。[④] 财政用于农业农村的支出逐步增加，加大了对农业农村基础设施、生态建设的投入力度，在支农资金结构上减少了对农产品生产领域的支持比重，加强了对农业农村基础设施建设、农业科技进步、农业抗灾减灾、农村扶贫开

---

① 林万龙：《中国农村社区公共产品供给制度变迁研究》，中国财政经济出版社 2003 年版，第 70 页。

② 林毅夫有不同看法，认为"随着生产组织的变革，公共部门对农业的投资，在绝对量和相对量上都下降了"。林毅夫：《制度、技术与中国农业发展》，上海人民出版社 1994 年版，第 108 页。

③ 林万龙等：《农村公共物品的私人供给：影响因素及政策选择》，中国发展出版社 2007 年版，序言。

④ 这些改革主要是：1994 年以分税制为核心的财政管理体制改革；1998 年起的积极的财政政策；2000 年起财政支出改革、税费改革、公共财政框架的构建。陈锡文主编：《中国农村公共财政制度：理论·政策·实证研究》，中国发展出版社 2005 年版，第 44 页。

发、生态建设和农村改革特别是农村税费改革的支持。特别地，1983 年正式废除人民公社，乡镇作为基层政府，逐步建立了乡级财政和相应的预决算制度，到 80 年代中后期，在经济基础较为薄弱的地区，大多数乡镇选择了"定收定支、收入上缴、超收分成（或增收分成）、支出下拨、超支不补、结余留用、一年一定"的形式，来稳定乡镇的收入来源，满足本地区经济发展和各项事业支出[①]。乡镇财政的工作任务、收支范围、管理体制和办法以及组织机构等被明确和完善，乡镇财政的实力迅速增强。1994 年分税制改革对地方财政尤其是基层财政具有极大的影响，乡镇财政不断发展壮大，据统计 1996 年全国乡镇财政决算总收入是改革前 1992 年的近三倍[②]，极大地促进了农村经济的发展，同时新的税收制度强化了税收杠杆的规范性、统一性和宏观调控功能，对建立社会主义市场经济体制是十分必要和有益的。

伴随着农村财政制度的改革，农民必须承担一定数量的税收和税外费用及劳务[③]，用于农田水利基本建设、植树造林、购置生产性固定资产、五保户供养、合作医疗保健、村干部报酬、乡村两级办学、计划生育、民兵训练、修建乡村公路等各种用途，几乎涵盖了农村公共产品的所有方面。从改革初期到税费改革前，农民负担的增长速度超过农民收入的增长速度，农民税外负担沉重。据统计，"七五"期间全国农民上缴的村提留和乡镇统筹年均增长 20.1%，从 1993 年到 1998 年，全国提留统筹费用由 380 亿元增至 729.7 亿元，按人均计算的提留统筹费由 44.6 元上升至 84 元，而"两工"以及"以资代劳"也不断攀升。且负担主体不平衡，地区经济发展水平越低、人均纯收入水平越低和产业结构层次越低的地区农民负担越重。[④]

---

① 陈锡文主编：《中国农村公共财政制度：理论·政策·实证研究》，中国发展出版社 2005 年版，第 59 页。

② 1996 年乡镇财政收入完成 1242 亿元（其中预算内收入达到 802 亿元，预算外收入达到 440 亿元），占县、乡两级收入比重为 48.3%。而 1992 年的数字是，乡镇财政总收入为 660 亿元，其中预算内收入 472 亿元，占县、两级财政比重为 45%。陈锡文主编：《中国农村公共财政制度：理论·政策·实证研究》，中国发展出版社 2005 年版，第 61 页。

③ 《农民承担费用和劳务管理条例（1991）》规定，"农民所承担的费用和劳务，是指农民除缴纳税金，完成国家农产品定购任务外，依照法律、法规所承担的村（包括村民小组）提留、乡（包括镇）统筹费、劳务（农村义务工和劳动积累工）以及其他费用"。

④ 陶勇：《农村公共产品供给与农民负担》，上海财经大学出版社 2005 年版，第 14—19 页。

从本质上说，农民负担的税费是农民为其消费的公共产品的支出。虽然这一时期乡镇财政大幅度增加，农民支付水平不断提高，然而，农村公共产品的质量和数量没能达到理想状态。以农业基础设施建设为例，人民公社时期农村集体是农村基础设施投资的主体，1978 年以前农村集体的投资约为 800 亿元，这主要来源于农村集体投入的"公积金"部分，同时发动大量的农村劳动力参与农业基础建设，使得农村基础设施供给水平持续上升，机耕面积占有效灌溉面积的比例不断提高，水利建设也卓有成效。[①]改革后农村基础设施建设投资总量长期不足、结构偏重于大江大河治理，全国大多数农村地区供水、供电条件差，水利设施年久失修，设备老化现象严重，新增项目不多，抗御自然灾害风险能力不强。农村卫生和社会保障供给水平低下更加剧了二元社会的矛盾。虽然农村"普九"教育取得了极大进展，小学的入学率超过 99.1%，初中入学率也达到了 85% 以上（截至 2000 年底）[②]，但这是建立在公共教育私人产品化的基础之上的。

更加尖锐的矛盾是农民负担与农户对农村公共产品的需求不匹配，许多税外费用并未成为从实际上最终形成农民所需要的公共产品服务[③]。一是根本就没有形成供给，二是所提供的公共产品供给与农民的需求不符，或者是超出了农民需求能力。例如村小学要求由学生每家支付 50 元订制校服，某乡不顾当地实际修建高等级公路等。

事实上，伴随着农民拥有的社会资源和经济资源的显著增加（或者说私人产品实现了"从无到有"的过程），农民对公共产品的需求也发生了显著变化。一是经历了"从无到有"的转变。公共产品是私人有效投入的现行条件[④]，良好的设施能扩展生产活动收益的边界，从而影响主体的投资行为，而公共教育、科研推广、农村居民卫生保健状况的改善，也越来越被证明为农村经济增长的源泉，日益成为农村持续发展的内生变量。当生

① 赖瑞华主编：《农业部财务司．中国农业资金问题研究》，中国人民大学出版社 1991 年版；《李先念 1979 年在全国农田基本建设会议上讲话的节录》；张军、何寒熙：《中国农村的公共产品供给：改革后的变迁》，《改革》1996 年第 5 期。转引自陶勇《农村公共产品供给与农民负担》，上海财经大学出版社 2005 年版，第 105 页。
② 陶勇：《农村公共产品供给与农民负担》，上海财经大学出版社 2005 年版。
③ 林万龙：《中国农村社区公共产品供给制度变迁研究》，中国财政经济出版社 2003 年版。
④ 张军、蒋维：《改革后中国农村公共产品的供给：理论与经验研究》，《社会科学战线》1998 年第 1 期。

产经营权和收益权归农户个人所有后，农户生产行为得到了前所未有的激励，对与个人经营有密切关联的公共产品热情也前所未有的高涨。二是农户收入水平提高和经济市场化诱发了对公共产品的新需求①。在解决温饱问题后，农民开始追求生活质量的提高，对健康、文化生活等方面的需求大量增加。随着农村经济与社会的发展，农民对一些新型基础设施（如通信、电力等）的需求也逐步增加。

进入 21 世纪，农村税费改革使中国几千年的"皇粮国税"得以免除，农村公共产品供给随之发生重大变化。从人民公社时期到家庭承包制后发生了农村公共产品供给制度的变迁，从筹资主体到筹资方式都发生了显著变化，但从本质上说，二者的筹资主体都是农民，筹资方式不过是从隐性转变为显性而已——农民为公共产品的支付数量并未发生根本变化，据林万龙统计，人民公社时期农民每年须为公共产品支付的成本平均占农民人均纯收入的 24.8%（不包括这一时期大量投入的、参加公共产品建设的免费劳动力），而家庭承包制下的这一数字为 22.6%②。显而易见的，人民公社时期的农民负担重于家庭承包制时期，但由于支付的显性化，家庭承包制下这一负担使得农民十分敏感，且"一事一费"制度下设立项目的部门缺乏缴费者的有效监督，具有强烈的收费动机，同时自上而下的强制性供给决策机制使得农村公共产品供给存在缺位、错位或者超前现象，公共产品的供给者与使用者之间的矛盾愈加凸显，由此引发了以减轻农民负担为主要目标的农村税费改革。

从 2000 年在安徽试点，农村税费改革经历了正税清费和减免征农业税两个阶段，到 2006 年 1 月 1 日宣布废除农业税条例，农民彻底告别了在中国持续 2600 多年的"皇粮国税"时代。这"第三次农村革命"的意义是间接的、长远的和传导的③，给农民带来了看得见的利益，提高了农民投资公共产品的积极性，一些公共产品供给主体实现上移（如农村义务教育、医疗卫生等由中央和省级部门承担主要责任）或外移（如引进社会资本进入公共产品领域），使农民得到更好的公共产品服务。但农村税费改革并未从根本上改变农村公共产品供给方式，自上而下的决策机制被延续

① 林万龙：《中国农村社区公共产品供给制度变迁研究》，中国财政经济出版社 2003 年版。
② 同上。
③ 樊宝洪：《乡镇财政与农村公共产品供给研究》，中国农业出版社 2007 年版。

下来。农村税费改革带来更多的是挑战[①]。一方面，税费改革后公共产品制度外筹资渠道更加狭窄，原有的各种行政事业收费、教育集资、各种摊派、罚款都被取消，乡镇财政缺口主要依靠财政转移支付填补，辅以"一事一议"的村民集资。在这种模式下绝大多数乡镇政府的公共产品供给能力和积极性受到打击，公共产品的 X− 效率现象更加突出。另一方面，税费改革并未显著提高制度内乡镇公共产品的供给能力。

在这种压力下，财政支农政策发生了重要转变。随着"三农"问题成为经济工作的重中之重，国家将财政支出方向作出战略性调整。一是实施公共财政覆盖农村政策，新增教育、卫生、文化支出主要用于农村，同时在基本建设投资包括国债资金方面加大了对农村公共基础设施建设的投入；二是改变财政支农方式，对农民实行直接补贴，农民从国家财政用于农业农村支出中得到的直接收益比重大幅度上升；三是改革农业税制，取消除烟草外的农业税。[②]

同时，农村公共产品供给决策机制也在进行尝试性转变，其中最重要的是推行"一事一议"制度。"一事一议、筹资筹劳"的适用范围是村内农田水利基本建设、道路修建、植树造林、农业综合开发有关的土地治理项目，以及村民认为需要兴办的集体生产生活等其他公益事业项目，对符合当地农田水利建设规划，政府给予补贴资金支持的相邻村共同直接受益的小型农田水利设施项目，在一定条件下也可纳入筹资筹劳的范围。范围内的项目应当经村民会议讨论通过，或者经村民会议授权由村民代表会议讨论通过，并特别规定在议事过程中要充分发扬民主，吸收村民合理意见，在民主协商的基础上进行表决。[③]

与农村税费改革相适应的是农民对公共产品的需求也在发生变化。从需求结构的角度出发，税费取消加上农业直接补贴在减轻农民负担的同时增加了可支配收入，城市化进程的加快也刺激了农民多渠道投资的热情，信息、技术等公共产品逐渐成为农民最紧迫和最主要的需求。"一事一议"

① 樊宝洪：《乡镇财政与农村公共产品供给研究》，中国农业出版社 2007 年版。
② 陈锡文《中国农村公共财政制度：理论·政策·实证研究》，中国发展出版社 2005 年版，第 45 页。
③ 《国务院办公厅关于转发农业部村民一事一议筹资筹劳管理办法的通知》（国办发〔2007〕4 号）。

使农民从原有的强制性支付转变为主动性支付，这一制度设计充分暴露了公共产品领域的"搭便车"心理，农民更加倾向于隐瞒自己的真实需求，这为实现公共产品效率增加了难度。

第二节 城郊农民集中安置区公共产品供给主体及方式

一 政府直接供给

作为城市规划区的一部分，城郊农民集中安置区居民具有身份和就业非农化、生活商品化和密集化的特点。作为城市社区公共产品的主要投入者，特别是作为农民集中安置区的主要建设者和推动者，政府天然地成为城郊型农民集中安置区公共产品的投入主体。在实践中，尽管不同农民集中安置区公共产品的政府投入水平、方式存在较大差异，但总体上主要公共产品的筹资和建设均由政府提供。政府供给的方式大致可以分为直接供给和购买社会服务两类。

进入 21 世纪以来，具有中国特色的城市建设用地出让制度催生了大量的城市商品房小区，一般内部为相对独立的居住环境，外部配有成套的生活服务设施。农民集中安置区建设参照商品房小区建设，安置区外部给排水、交通、电气网等市政基础设施，商业网点、教育、卫生等配套生活设施由地方政府供给。但与商品房小区不同的是，农民集中安置区的住宅楼和基础建设往往由政府及其国有投资平台公司提供。由于国有投资平台公司对政府负责，可视为与政府等同。

以成都市瑞泉馨城社区为例进一步说明。瑞泉馨城社区地处成都温江新城区，是成都市首个设立建制社区的农民集中居住区、成都市最大的新型集中居住区之一，也是成都西部新城核心区域的重要构成。社区辖区面积 2.3 平方千米，规划建设八个组团，截至 2012 年 9 月已建成安和苑、宁和苑、定和苑、富和苑 4 个组团，目前正在迁入第五个组团。上述组团房屋属于被征地农民安置房，主要安置来自花土、凤凰、明光、前锋、双堰、大田、共耕等 7 个社区（村）的失地农民。社区已入住约 1.2 万名居民，除了征地搬迁安置村民外，还有部分商住用户。

社区基础建设。瑞泉馨城社区由国有城市投资平台公司建设。已进住

4 个组团划分为 A、B、C、D 四区，A 区是统规自建房，B、C 区是街道出资统规统建，D 区是区城投公司统规统建。城投公司是国有公司，区划拨资产包括土地给公司作为公司资产，公司用资产贷款融资，集中后置换出的指标招拍挂，用这笔资金还贷款。城投公司提供负责被安置农民的拆迁、清理、安置房、社保以及小区内部全部公建配套项目。

农转非居民的社会保险。瑞泉馨城社区入住村民已经全部转成居民。按照人均耕地面积的不同，集中安置后居民可以被划分为失地农民（人均土地不足 0.3 亩）和一般农民（人均土地等于或超过 0.3 亩）。前者由城投公司负责购买失地农民保险，后者可自行购买成都市统筹城乡综合保险，这在社保待遇上与城市居民有一定差别。例如，农民综合医疗保险消费压力略小，但保障水平也较低。在就业方面，未就业失地农民可以领取累计不超过两年的失业保障金，保障标准 792 元 / 月（比城市失业保障金略低）。"4050" 人员可以办理灵活就业补助金，标准为 5000—7000 元 / 年。

社区运转的人员编制和资金保障。与一般的农民集中居住社区不同，瑞泉馨城是经政府批复的有建制的社区，因而无论是在人员编制、社区职能部门设立还是资金保障上，都被纳入了政府行政管理体系。从人员编制上看，瑞泉馨城入住的 9 个农村分社区各有约 9 名工作人员。其中，每村设 7 个财政供给干部，温江区还有下派的专项工作人员（如社保专员），再加上 1 名大学生助理，此外每个社区还会额外聘请 1—2 名工作人员。社区运转经费主要有四大来源：村级公共服务资金①、政府预算、政府购买服务、社区自筹。每年涌泉街道按社区人头数向社区拨付工作经费约合 5万元，此外还有村级公共服务资金约 30 万元。

社区公共配套设施及政务服务。社区内各项公共配套设施以不低于城市社区的标准打造，配套有社区活动中心、瑞泉馨城公共服务站、实验学校、幼儿园、卫生院、派出所、市场等服务处所。瑞泉馨城公共服务站，它是瑞泉馨城活动中心的政务服务机构，实行 "开放式零距离办公、一个窗口受理、一条龙服务、一站式办结" 的服务机制，集行政管理、便民服务、政策咨询和信息公开 "四大职能" 于一体的综合平台。服务站共开设

---

① 成都从 2008 年开始推行村级公共服务和社会管理改革，将经费纳入财政经济，保证每个村（含涉农社区）每年至少 20 万元的专项资金。2018 年起由 "城乡社会发展治理专项保障资金" 替代。

12 个便民服务窗口，可承担就业和劳动保障、社会事务、法律服务等六大类 69 项行政审批事项的办理、呈报和咨询，并承担在集中居住区组织开展爱国卫生、消防、安全、绿化、社会治安综合治理、流动人口管理工作等职责。又如，瑞泉馨城在全市率先建立法律援助示范窗口、网上政务大厅、"金点子"信箱、市民客厅，让居民来便民服务中心办事和咨询更便捷、更高效。瑞泉馨城还整合了政府、社会和市场资源，在全省率先建立了瑞泉馨城"24365"生活服务中心，中心通过无偿或低偿为群众提供政务咨询、家政服务、投诉建议三大类服务。居民只要拨打热线电话求助，中心就会按照"1+3"的服务承诺，在第一时间受理、梳理和分派，解决居民燃眉之急。瑞泉馨城还成立了"王大姐说事"纠纷调解工作站，帮助居民调解矛盾纠纷。在居民文化生活方面，社区成立了养鸟类、棋牌、篮球、乒乓球等协会，丰富群众业余生活。社区建有网络影院、标准化的艺体室、图书馆、电子阅览室等，平日都是免费向社区居民开放。

社区公共服务。社区公共设施管护、维修由所在街道负担，每年开支几万元到几十万元不等，例如污水管道每年都要通一次，每次约需 12 万元。社区的垃圾清理统一交给专门的物管公司管理，垃圾清运费由街道负担。费用按照垃圾桶数量支付，180 元 / 个·月，小区有 100 多个垃圾桶，费用约在 2 万元 / 月。本来社区打算向每户收取 6 元 / 月的垃圾清运费，但就像物业管理费一样，该笔费用收不起来。

社区数字管理信息库和信息化管理。政府组织开发了一套瑞泉馨城数字管理信息库，其中包括社区居民、管理人员、相关部门的基础信息。同时成立了"数字涌泉"社会管理指挥中心，旨在实现社区内数字化、网络化管理。社区公共服务站配有就业信息电子显示屏，后台与市、区就业与社会保障局平台联网，随时发布、更新相关就业信息，如企业用工和劳动保障信息等。此外，社区还建有金点子信箱、市民客厅、社区 QQ 群、社区官方微博、居民手机报等各类电子信息平台，社区居民的工作进入了网络信息服务时代。

成都市新都区肖林社区与瑞泉馨城社区情况类似，但由于土地性质的差异，肖林社区又有其特殊的方面。肖林社区由一个拆迁安置小区（川音小区）和 5 个商住小区（东骏湖景湾、叠香庄园、维也纳花园、川音嘉苑、水沐天城）构成，社区占地 1.6 平方千米，常住人口 4000 多人。农民安置小区于 2002 年划地自建，占地 130 亩，土地性质属集体建设用地，但不算农民宅基地，现有自然楼栋 29 栋，200 多户 800 多人，商铺约 2.9 万平方米，都没有确权。商住小区是国有土地，房屋颁有房产证。

入住肖林社区的居民从来源上看可以分为三部分：一是原肖林村的两个小组；二是安置在本社区的外村被征地农民（两个小组）；三是商住用户。农民自建房小区的农民已经全部转为非农户口。除了安置在本社区的两个小组外，原肖林村 7 个小组中的另外 5 个小组被安置在别处的统建房小区，所有 7 个组的经济关系都由本社区（即原肖林村）管理。

原肖林村土地已基本征用完，耕地和非耕地加起来有 2100 亩，还有 100 多亩耕地没征用，政府以租用的形式修路，支付青苗费。有 100 多户失地农民的拆迁安置工作由社区负责，由于征地时间不同，肖林村被征地农民被安置在不同小区，上级部门按 200 元 / 亩给社区下拨工作经费。

社区日常运转经费主要由政府财政负担。社区中有 7 个财政负担的工作人员，包括原村委会的 5 名干部、1 个大学生村官和 1 个劳动保障人员；其他人员工资由社区自行负担，如 3 名综治人员 800 元 / 月的工资。此外，镇上一年拨给社区 8000 元的工作经费，一些专项工作（如人口普查统计、法人单位普查、流动人口普查、经济数据普查等）会按比例给社区配套一部分钱，社区自己负担一部分，而像工商所、派出所的一些工作也需要社区协调，这部分则不支付费用。

社区许多基础设施的建设和管护都由政府埋单，真正需要社区自己负责的部分较少。以道路建设为例，村内主道以及组与组之间的道路都由交通局负责，村与村之间的道路由乡镇负责，社区只需负责户与户之间的道路连通。在基础设施维护方面，社区居委会也只需要负责农民自建房小区范围内的基础设施的维护、养护等。商住小区内的交通、市场、商贸等各项基础设施社区均不负责，而是由小区开发商配套，或是由政府相关职能部门负责（如交通局负责道路，电业局负责电力）。

农民安置小区（川音小区）的部分开支由成都市每年下拨到村社的村级公共服务和社会管理专项资金支付，主要用于垃圾清运费、保洁、拆牛皮癣等工作 4 万—5 万元 / 年，社区综治人员每人 800 元 / 月的工资（共 3 人），治安巡逻电瓶车，小区内部广场、公共车库等建设费用。

二　政府购买公共服务

在居民异质化、需求多元化的现实面前，行政性"自上而下"供给公共产品存在供需脱节、效率缺失、规模偏小、专业化水平不足等问题，政府向第三方社会组织或企业购买服务成为一些专业化、针对性较强的公共产品供给方式的重要选择。2009 年，成都市出台了《关于建立政府购买社会组织服务制度的意见》，大力推动公共服务市场化运作机制，重点在于将市场机制引入公共服务产品的生产领域，政府以招投标的方式面向社会采购，实行契约管理、验质付费，实行"三个脱钩"，即公共服务产品的生产职能与政府的服务职能脱钩，凡是社会化服务组织能够生产的产品全部交给市场；直接从事公共服务产品生产的单位与政府部门脱钩，全部退出事业单位管理序列，转为民办性质的服务组织进入市场；服务的监管机构与服务产品的生产机构脱钩，以增强监管组织的独立性。[①]

为了提高公共服务供给水平，瑞泉馨城社区积极尝试了政府购买服务模式。据介绍，瑞泉馨城所在的涌泉街道每年用于购买公共服务的资金达800 多万元，约占街道支出总额的 1/3。主要向社会组织或企业购买社区服务、文体活动、慈善救助等三类公共服务。如社区居家养老服务中心、"24365"生活服务中心、公益银行、青少年兴趣活动中心、绿芽新市民艺术团、第三方调查评估服务等。以社区居家养老服务中心为例，2011 年 8月，居委会与成都"心家园"社会工作服务中心达成协议，为居家养老服务中心提供服务，辖区老人今后便可以在自己所居住小区养老活动中心享受日间照料、康复保健、文化娱乐、老年餐桌、心理健康服务等免费、贴心的服务。又如，青少年兴趣活动中心，是社区采取"购买式"服务方式，将千紫艺术培训学校迁入此处，活动中心免费为学校提供场所，学校负责对辖区内的青少年进行艺术指导和文化学习指导。

---

① 陈伯君：《"体制机制主导型"：城乡公共服务均衡发展的成都方式》，《学习时报》2009 年 8 月 17 日。

第三节　农村新型社区公共产品供给主体及方式

一　多种类型投入主体

由于村庄整治的定位主要在于获取土地指标和完善农村公共设施，由政府主导的农村新型社区建设的时间点具有较大的同质性，但集中居住前乡村的经济基础、产业水平、社会资本、乡村权威等存在较大差异，不同农村新型社区的内在属性和运行机理存在较大差异。从治理主体关系的角度分类，农村新型社区大致有三种公共产品供给类型。

（一）政府—集体联合供给型

在社区管理组织体系中，原有村集体在集体资产管理和村民关系协调等功能被部分保留和延续，同时将政府管理和服务职能"下沉"到社区，实行"政府—集体"互动型组织结构。这种管理组织体系主要出现在大型农民集中居住区，例如龙王店社区、丰台社区等。

龙王店社区位于河南省商丘市睢县县城西北 20 千米的蓼堤镇，地处睢县、民权县、杞县三县四乡交界，自古以来就是当地的商贸中心。2010年 3 月开始新型社区建设，将 10 个行政村、26 个自然村的 3370 户 13870人合并至此，新社区规划占地面积 3301 亩，节约建设用地 1079 亩。龙王店社区成立了社区管理委员会，蓼堤镇副镇长任管委会主任，镇副书记任管委会党总支书记，10 个村委会书记任管委会副主任，联合办公。当前社区只入住很少农户，因此目前村委会都还存在，其职能也未发生变化。

丰台农村新型社区是河南省舞钢市所规划的 17 个中心社区中的一个，位于八台镇政府所在地。2011 年底，丰台社区一期完工，可以容纳 800 多户。目前，丰台社区二期正在建设之中，能容纳 890 户 3000 人。丰台社区新成立了社区管理委员会，八台镇的副书记兼任管委会主任，杨泉村的村支书兼任管委会的副主任，物业由乡镇水利站管理。

（二）社区自我供给型

农村新型社区建成后，设立社区居民管理委员会或社区党总支，实行社区自治。这种管理方式出现在社区规模居中，且原有村社权威得到普遍认同的社区，如董堂社区、上官岗社区、前王庄社区等。

董堂社区位于河南省开封市兰考县县城东北部的许河乡。董堂社区是一个自然村，改革开放后被分成董东、董西、董中、董南4个行政村，2010年开展新型社区建设又将4个村合并为一个新型社区。截至2011年末，董堂社区户籍登记有662户，加上未分家等情况，实际户数760户。按照规划，新社区将容纳800户，建成后村庄占地将从964亩减少为不足400亩，新增耕地约600亩地。新社区设立党总支，原有村委会保留，党总支书记由董西村书记赵合地担任，其余三个村书记兼任总支副书记。凡是各个村自己的事情（如邻里纠纷等问题）由原村书记负责解决，涉及社区的事务，则由4个原村书记共同商议解决。1998年以来在赵合地书记协调下村里出资78万元扩建4个村的路、支持4个村的教育等多项举措，赵书记在这四个村里都享有较高威信，加上这4个村是一个自然村，因此新社区治理的职权划分并不存在大的矛盾。

河南省上官岗社区和前王庄社区目前只完成了单村整治，二者的共同特点是村社主要领导（村书记）的能力和威信得到来自政府和村民的普遍认同，而且村社具有一定的产业发展能力。按照规划，这两个村在未来要通过合并其他村社形成新型社区，从目前的情况看，因具有较好基础实行自治的可能性较大。

（三）政府—社会共同供给型

在新型社区中设立正式的、具有行政级别的政府机构，原行政村委员会或村民小组成为机构分支，与此同时，成立社会组织或公司管理社区部分资源。典型案例是张庄社区。

河南省舞钢市尹集镇张庄社区位于当地著名旅游景区石漫滩龙凤湖南岸，定位是休闲度假型社区，是多村合并。张庄行政村是丘陵地区，全村共由8个自然村组成，目前已经完成村庄整治的是张庄自然村。新社区的管理组织分为四个层级。一是成立了社区管委会和党总支，管委会为副科级单位，由1个主任和2个副主任组成，3人均享受副科级待遇；总支书记由党委派出，各村支书任总支副书记。社区内公共服务和社会管理（如保洁、治安等）由社区管委会负责。二是原有村党支部、村委会、村民小组保留，但职能发生了一定变化，主要是村党支部和村委会不再负责集中居住区的公共服务和社会治理，村民小组的职能与集中居住前一致，集体资产、宅基地、耕地等相关权益由原小组负责。三是2011年11月乡政府成立了民富园城镇建设开发公司，公司董事长是乡常务乡长，公司主要负责社区账户，包括收取农户购房款、商业用房出租、土地开发等。四是成立了农家乐协会，负责农家乐经营户的管理协调工作。

二　公共资源的管理体制

管理价值取向是以价值观为基础的对社区资源的基本价值立场、价值态度以及所表现出来的基本价值倾向，表现为资源的占有和管理方式。因此，对农村新型社区管理的价值取向状况通过主要资源的占有和管理方式进行描述和分析。本文以河南省365份农户入户问卷调查为基础进行分析，样本构成及问卷分别见专题研究一第四章和附录。

（一）土地资源占有和管理状况

1. 宅基地

集中居住前，农户宅基地的来源主要有村上按照一定标准批、祖辈继承、购买其他农户宅基地以及违规占用耕地等方式。在353个有效回答中，农户家庭所拥有的宅基地面积从最小的30平方米到最大的1100平方米不等，户均宅基地面积293.32平方米（约0.44亩）。根据《河南省〈土地管理法〉实施办法》第五十一条规定[1]，调查发现，集中居住前农户宅基地面积远远超过这一规定标准，整体而言，集中居住前，村庄宅基地管理较为混乱，理论上宅基地应由村民向村委会申请、经村民大会讨论通过、村委会提出意见、报地方政府批准，对于违反规定的情况，特别是"未经批准或采取弄虚作假等手段骗取批准，非法占用土地建住宅的，由县级以上土地管理部门或乡级人民政府限期拆除或没收在非法占用的土地上新建的房屋，责令退还非法占用的土地。"[2]但在实际操作中并非如此，一户多宅、面积超

---

[1]　《河南省〈土地管理法〉实施办法》（1999年修订）第五十一条规定，"农村村民一户只能拥有一处宅基地，宅基地的面积按下列标准执行：（一）城镇郊区和人均耕地六百六十七平方米以下的平原地区每户用地不得超过一百三十四平方米；（二）人均耕地六百六十七平方米以上的平原地区，每户用地不得超过一百六十七平方米；（三）山区、丘陵区每户用地不得超过二百平方米，占用耕地的适用本款（一）、（二）项规定。"

[2]　《河南省农村宅基地用地管理办法》豫政文（1992）122号第十八条，1992年6月8日。

标、占用耕地（包括基本农田）等现象十分普遍，而村委会和地方政府土地管理部门对此无能为力。

地方政府是绝大多数多村合并的农村新型社区的组织者，社区建设的关键性问题（如宅基地面积、选址等）均由地方政府决定，村委会或村干部具有建议权，普通村民则往往只具有知情权。在300个有效回答中，只有27.5%的受访者参与了宅基地面积讨论，其中多数为单村整治。农户自家宅基地的选址由农民通过一定方式自行决定。如睢县龙王店社区的统规自建住房，农户按照报名先后顺序以抓阄方式确定建房位置，按照统一设计图纸自行修建二层180平方米的独栋住房。

2. 社区公共用地

与宅基地情况类似，多村合并的农村新型社区建设的公共用地面积和选址也往往由地方政府确定，但在用地的具体管理上，往往通过村委会和村民自行协商解决，村干部和村民在这一问题上具有较大主动权。如夏邑县包杨花园社区是在三包祠村的部分农户耕地上建新社区，采取以租代征方式进行，由村干部通过"做农户工作"推进，协商后，租金为每年每亩1000斤小麦，一次性预付5年；部分不愿租地出去的农户，由村干部把自家耕地调给这些农户；如仍无法做通工作，社区建设只有停滞。在征社区主路南侧的地时，有两户因为在老村里的房子新盖不久，不想让村里把这个事情做成，不愿意把地拿出来，结果社区只能建东边的一半，后来这两户见居住区初具规模，形势已经挡不住了，自己也觉得不好意思，又主动找到村里，把地租了出来。睢县龙王店社区占用龙王店村耕地进行，在拆旧区完成复垦前项目区10个行政村之间内部协商调地比例及方式，待社区建成后再统一进行土地权属调整。

建成社区的公共用地所有权仍归集体，但由于目前尚未完全建成社区，社区、村社之间的关系未能完全理顺，以后这部分建设用地权属究竟是归社区、各个村社共同所有还是分割到村，抑或是保留在原村集体，并没有明确。

3. 耕地

农民集中居住后节地效果显著，各个社区的耕地面积在不同程度上有所增加。由于河南省新型社区建设仍处于起步阶段，复垦耕地的管理和分配没有出台统一意见，各地有不同的做法。从调查情况看，村集体对复垦耕地的处理有较大支配权，农民有权提出意见并参与决策。

与集中居住相伴而生的往往有承包地规模经营，各个社区土地流转的组织和管理者各有不同。

光山县江湾村由村两委牵头成立了土地合作社。合作社成立之初，为了促进土地流转，全村对承包地进行了一次组内调整，将愿意分散经营农户的耕地调至一处，将愿意进行土地流转农户的承包地集中到另一处。现在由土地承包者以每年平均 300 元 / 亩的价格将土地存入合作社，合作社将土地以 350 元 / 亩贷给种粮大户。2012 年全村 95% 的承包地规模经营。

光山县上官岗村村两委推动建设现代农业园区，通过流转土地 3000 亩，引进了北大未名集团、台湾鸿恩种子公司等优质企业开展水稻育种、蔬菜种子基地等项目建设。

滑县锦和新城一期项目区由地方政府推动成立了新鑫田园开发公司，以每年 1000 斤 / 亩小麦的价格实现土地流转，目前项目区所有农用地均实现流转后规模经营，共流转 20000 余亩。

浚县中鹤新城社区由中鹤集团依托鹤飞农机专业合作社，将整理后的土地从农民手中流转出来集中经营，作为自己的粮食基地。截至调查时，已流转耕地 1.5 万亩，并将继续流转镇内余下的耕地。

（二）公共资源占有和管理状况

1. 建设用地指标

调查显示，河南省农村新型社区建设节地效果明显，13 个村庄整治前后的节地率最高达到 87.3%，最低也有 23.1%，即便其中一半通过增减挂钩用于城镇建设用地，也是十分可观。各地并无明确政策规定指标归属，事实存在的土地指标的意义和"指标价"使这些建设用地指标成为各利益主体都希望占有和管理的资源。目前节约出的建设用地指标大多由县级政府支配并获取收益，乡镇政府、行政村和村民只能在不同程度上得到县级政府的"补助"或"奖励"，既不能留为己用，也无法享受土地用途变更带来的增值收益。

倪湾村农民的老宅基地平均每处大约 1 亩（有的达到 2 亩）。通过拆旧建新，全村可以节余出 440 亩耕地。有了这些指标，地方政府就可以征用城市周边的土地，并得到数额较大的土地出让收入。对使用指标周转途径的企业用地，政府在"招拍挂"时征收了新增建设用地使用费。卫辉市的相关政策对"指标价"有相应的规定。但是，对这一资金在不同主体之间进行分配以及使用领域的界定等方面的规则缺失。倪湾村的干部说：知道国家的"土地增减挂钩"政策，对于复耕的土地，国家返还一部分补助。但他们不知道补助的数额，也不知道什么时候会得到这一补助。如果将来村集体得不到其预期的补助，就有可能产生村干部甚至农民群众对政府的抱怨、不信任和矛盾。对于一般群众来说，他们基本不知道土地增减挂钩政策，更不知道土地复垦后所节余土地的"指标价"。他们选择在新型社区居住的目的，主要来源于能够得到更好的居住和生活条件。同时，多数农民对于在拆旧建新中得不到任何补偿的政策就很不满意。如果他们将来知道了"指标价"问题，就更有可能产生对政府及村干部的抱怨。

2. 基础设施和公共服务设施

新型社区以较完善的基础设施和公共服务吸引农户集中居住，投入主体包括政府项目、集体（垫资或借款）、企业（换取建设用地等）、农户（投资投劳）等，由于投资主体多元、受益主体较多，难以按照农村公共产品"谁投资、谁所有、谁受益"的原则确定权属。

第五章

农民集中居住区公共产品供给的创新探索

第一节 "微公共产品"供给的"三新"项目

一 概述

与过去的城镇化道路相比,新型城镇化强调"以人为核心的城镇化",强调市场在要素配置上的决定性作用,强调现代治理体系在提升经济效率和建设社会秩序上的基本功能。然而,需要正视的是,过去 30 多年的城镇化在取得举世瞩目成就的同时,也加剧了城乡分化,其中具有中国特色的、作为过渡形态的农民集中居住区,新旧矛盾叠加,成为城镇化过程中冲突的汇集点和各类秩序重建的重点难点。与此同时,现代治理体系对群团组织在推进新型城镇化过程中发挥重要作用提出了新要求,强调群团组织应当成为推进国家治理体系和治理能力现代化的重要力量,要坚持发挥桥梁和纽带作用,坚持围绕中心、服务大局,坚持服务群众的工作生命线,坚持与时俱进、改革创新。

自贡市地处四川省南部,是四川省最早建制的城市之一。2013 年,自贡市常住城镇人口 124.65 万人,户籍城镇人口 112.5 万人,常住人口城镇化率为 45.52%,仅次于成都、攀枝花、德阳,排在四川省第四位,户籍人口城镇化率为 34.12%,超过德阳,排在全省第三位。但是,自贡市两个城镇化率之差有扩大的趋势,这也是四川省城镇化发展的总体特征。近年来,自贡市城镇化呈现出加速发展的态势。工业产业布局基本成型,新城区的人口聚集效应显著,城镇扩张过程中出现大量的集中农转非社区。

自贡市沿滩区工业化和城镇化均起步较早，其发展进程和模式具有一定的典型性和代表性。"十二五"期间，沿滩区确定了工业强区的战略目标，进一步推动了从农业区向工业区的转变。2014年全区GDP总额106亿元，经济总量增速全市第一，工业增长速度全市第一。三次产业比为13.6：67.6：18.8，体现了工业为主、服务业和农业为辅助的产业结构。在快速工业化的带动下，沿滩区的城镇化进程不断推进。目前，作为城市规划区，已有8个乡镇被纳入中心城市的建设规划用地范围，主要集中在仙市镇、卫坪镇和沿滩镇。为了配合新城区建设，实施农民集中居住，带动农村社区向城市社区转变，目前已完成2个增减挂钩项目、4个新农村综合体、34个新村聚居点和64个新农村大院。沿滩新城区自2005年规划，2006年动工，经过十年的建设，建城区面积达3平方千米，已集聚人口约3万人，其中有集中农转非社区1个，征地农转非3775人。作为沿滩新城一个典型的农转非社区，板仓社区成立于2008年，目前辖区有4个居民小区，其中农转非集中安置小区3个，商品房小区1个。板仓社区处于农村向城市的过渡阶段，社区中大量的失地农民不得不面对生活方式和生产方式的突然转变，心理储备、能力储备、行为储备不足，难以调整和适应新的社会身份，完成农民向市民的转型。

在新村聚居点建设方面，结合土地流转、增减挂钩、新农村建设、移民新村建设等项目，逐步推进农村人口的集中居住。建立农村新型社区或者移民集中居住区，为农民到市民的转变提供契机。自贡市荣县已有160个新村规划点，约有一半规划点开始实施，完成约1万套住户建设，相对集中3万—4万人。随着农业现代化和新型城镇化的推进，原有村落的散居方式正在改变，农业人口相对集中居住的趋势还将进一步加大。

在此背景下，2014年3月，自贡妇联启动了"新家园、新女性、新生活"项目（以下简称"三新"项目），针对农民集中居住区中的关键群体——"女新市民"和儿童提供引导服务，通过搭建"党政机关—专家联盟—公益组织—基层妇联"四位一体的"女新市民"和青少年儿童发展服务平台，服务新市民的成长发展。

"三新"项目实施以来，围绕"转移人、提升人、服务人"，通过"学习培训—实践体验—引领提升"系统工程，开展"五子、五提升"活动，以提供精准化的微公共产品为手段，加快妇女和儿童的城市融入，探索建立了以妇联为中枢的伞形组织架构，创新性地形成了"妇女市民化—家庭城镇化—新型城乡形态"的发展模式，基本达到了项目设计目标。

自贡市妇联"三新"项目实践表明，通过挖掘自身潜力，推动群团组织转型发展，创新公共产品供给内容，不仅能够缓解新市民城市融入难题，实现平稳城镇化，而且能够在短期内催化形成多种类型社会主体，激发社会活力，推动经济社会良性发展。"三新"项目形成过程及发展路径成本较低，具有较强的复制推广可能性。立足现实，"三新"项目还有较大改进空间，在继续推广和实施项目的同时，应注重项目的常态化和制度化建设，同时着力探索多元化筹资路径，搭建多样化社会参与平台，完善项目储备机制以及加快信息化建设，力争为更大范围和更高层次的发展提供有益借鉴。

二 "三新"项目具体做法和成效

在全面推进新型城镇化的进程中，自贡市妇联不断创新社会管理理念和方式，以"女新市民"为切入点，直指新型城镇化过程中最为薄弱的环节，充分发挥妇女在新型城镇化进程中的关键作用。以引导方式创新社区治理，对妇女进行学习培训、引领提升，带动"农民"转"市民"进程中整个家庭的生活习惯、生活理念等的全面改观，形成妇女引领家庭、以"人的城镇化"助推新型城镇化的机制，取得了良好效果。围绕"五子、五提升"开展丰富多彩的社区（村）活动，达到全面提升"女新市民"综合素质，成为新时期社会发展的"新女性"，较好地诠释女性在新型城镇化过程中社会与家庭角色的交融，充分发挥妇女在新型城镇化进程中的独特引领作用，进而助推新型城镇化进程的加快。

一是换好脑子，提升思想意识。依据新型城镇化发展的新需求，为进一步加快居民融入城市，从根本上改变其原有的思想观念、生活方式和行为习惯，自贡市妇联从不同方面开展"换好脑子"活动，提高妇女在新型城镇化进程中的思想意识，充分调动其积极性和创造性。重点是加强宣传，提高妇女在新型城镇化进程中的主体意识。在政策上，由妇联干部深入社区（村）进行宣讲，并编印《幸福新起点》宣传册，全方面传授城市生活技能。同时，有效利用展板、宣传栏等加强宣传引导。树立"典型"引导，开展"优秀'女新市民'寻访活动"，为优秀"女新市民"及家庭提供装修完工即可入住的公租房。开展实地考察体验活动，搭建城市融入平台，提升妇女主动参与热情，通过开展"女性艺术作品精品展"、书画摄影讲解、数字化城市生活体验等活动，让居民体验新型城镇化前后生活的巨大变化，为其今后适应城市生活进行思维启迪，使其以新姿态、新形象参与到新型城镇化建设中。

二是当好学子，提升素质修养。新型城镇化进程中农民转市民面临的一大冲击就是居民的文化素质较低，以家庭为生活重心的妇女更是如此，由此导致妇女思想观念落后，减缓了农业转移人口市民化的进程。基于此，自贡市妇联以妇女素质全面提升为契机，开展相应的"当好学子"活动。一方面，构建妇女需求的"晴雨表"，坚持需求导向，以提高服务针对性和有效性为目标，针对不同女性个性化的需求，自贡市妇联通过成立"幸福紫薇"顾问团，开展对"女新市民"需求情况专题调查，了解妇女市民化过程中的生活所需。另一方面，根据实际需求开展各类培训讲座，包括文明礼仪培训、美容舞蹈培训与体验、女性健康知识讲座、婚姻家庭维权知识讲座、盐都盐业历史文化知识学习与体验等，引导妇女讲文明、除陋习，建立健康文明的生活方式，同时，以"融入现代城市拥抱现代生活"为主题对"女新市民"进行培训，破解其在市民化进程中的困难和疑惑，不断培养妇女的学习意识，鼓励引导妇女的学习热情，引导其转变原有的生活理念，从新角度出发思考问题，以尽快融入城市生活。

专栏 1 板仓社区林姐的变化

板仓社区 59 岁的林姐是思想意识转变较快的代表。林姐本身比较爱好舞蹈，但以前一直与庄稼打交道，每天没有什么闲暇。2011年征地拆迁后，集中搬到了社区，不再务农了，空闲时间也多了，但社区邻里之间缺乏联系，难以组织有意义的活动，很多留守在家里的妇女都无所事事。自从"三新"项目开展以来，林姐开始跟着专门的舞蹈老师进行学习，目前已经是社区坝坝舞的领头人，还会自己编排舞蹈参与比赛，在丰富自己娱乐生活的同时，也使得自己对城镇化的观念有了较大改观，认为城镇化给自己带来了精神上和物质上的双提高。

三是谋好路子，提升才能技能。农村新型社区建设给居民带来了生产生活方式的转变，根据新形势下的现实需求，自贡市各级妇联组织积极为妇女提供各种暖心服务，为其搭建相应的发展平台，对妇女开展实用技术、就业技能、就业援助等多方面的培训，提供信息、市场、技术等服务。同时，通过第三产业或加工业的发展，帮助妇女实现居家灵活就业，不仅改变了居民原来的生产生活方式，也通过就地就近就业相应地增加了就业致富渠道。自贡妇联组织与妇女学校签订培训合同，根据居民的实际需求做相应的免费专业技能培训，帮助她们实现多层次、多领域的发展，并为通过项目培训结业的妇女推荐工作机会。像通过彩灯培训（一个月左右）为妇女提供相应的就业机会，改变了居民原有的农田劳作模式，实现了妇女的再就业，使居民的收入得到了较大的提高。开展美容美发、插花艺术、家政、电脑操作等技能培训，并根据地区特色制定居家妇女灵活就业规划。另外还开展就业推荐活动，通过举办"让爱回家·守护成长"援助留守儿童父母返乡就业专场招聘会，对"女新市民"及家庭进行有针对性的就业推荐，推荐就业 2400 余人，有效实现了社区居民的转型就业。

> **专栏2　板仓社区的付女士** ■

付女士是 2014 年搬进板仓社区的，"三新"项目的就业技能培训为其带来了较大的帮助。付女士通过"三新"项目参加彩灯技能培训，培训完后由妇联组织联系相关企业来接收，目前每天能拿到 200 元左右，每月能拿到 5000—7000 元的工资。已经完全实现了转型就业，相对于以前其收入水平、生活水平都得到了较大的提高。付女士说："'三新'项目带给我们实实在在的帮助"。

四是教好孩子，提升家教水平。自贡市妇联组织根据实际需求，以接地气的方式开展家风家教工作，使学校教育和家庭教育有效融合，弥补家庭教育的缺失，促进"城二代"健康成长，充分发挥"孩子牵手母亲，母亲引领家庭"的重要作用。举办家庭教育大讲堂，对社区居民开展"留守儿童""隔代教育""儿童健康心理教育"等专题讲座培训，增强妇女教好孩子意识，更多地关注儿童全面健康的发展。以"紫薇花家庭微公益"项目为载体，开展儿童素质全面提升活动。联系相关领域专家、老师等，在志愿者的帮助下利用周末针对儿童开展美术、课业辅导、漫画学习、健身运动等，组织孩子"迎五一""庆六一"等文艺会演活动，这对"城二代"特别是留守儿童的全面发展起到了重要作用。与此同时，开展"大手牵小手——带着孩子做公益"活动，以家庭为单位参加社区卫生清洁、慰问退伍军人、关爱贫困母亲、留守老人、农村生活垃圾处理等活动，通过孩子带动潜移默化地影响家庭。据社区居民介绍，自从这些活动开展以来，对自家孩子帮助很大，不仅使孩子在绘画、舞蹈等方面得到了较大的提高，还增强了孩子的自觉学习、卫生清洁、安全等意识。

> **专栏3** **老街子社区的留守儿童** ▪

老街子社区的赵文凯、赵文丽姐弟俩是留守儿童，爸爸妈妈都远在广东打工。平日里姐弟俩跟爷爷、奶奶一起生活，爷爷、奶奶文化水平低，没办法辅导孩子学习，"三新"项目周末的课业辅导、小小志愿者等活动的开展使姐弟俩学会了自觉学习、讲究卫生。他们的性格也开朗了很多，同时也潜移默化地改变着爷爷奶奶的生活方式。

五是过好日子，提升生活品质。"三新"项目的开展是以过好日子、实现幸福家庭为最终目标，首先，通过各种培训、新生活体验等，倡导居民健康文明的生活方式。针对"女新市民"的需求，开展专业舞蹈、厨艺、插花艺术、服饰搭配等知识讲座，紧跟城市发展步伐，提升居民生活品质。同时更加关注女性健康，开展相关女性健康知识讲座，推动实施"两癌"项目免费检查，向"零"艾滋迈进。其次，以开放参与的方式开展各类评比，依托"妇女之家"开展"最美家庭""星级文明户""最美阳台"等评比活动，并组织社区居民对参评优秀家庭进行参观学习，起到了较强的激励引导作用；最后，孵化各类自愿合作组织，培养居民互帮互助意识，像组建巾帼志愿者队伍、大学生自愿服务组织等，提高了居民参与社会管理意识，推动了项目活动的开展和运行。

三　"三新"项目的主要经验

2014 年"三新"项目实施以来，自贡市各级妇联组织创造性地开展工作，依据妇联自身工作特色积极探索、不断创新，在参与社会治理方面呈现了不少工作亮点，使"三新"项目取得了十分明显的成效，并形成了一系列行之有效的做法。开启了一条以满足妇女需求为导向，以"三新"项目发展为平台，以资源整合、服务对接为手段，以组织机制建设为保障的妇联创新参与社会管理的新路子。

（一）创新项目活动组织团体

在实施"三新"项目时，自贡市妇联不断创新项目活动组织团体，创造了富有特色的工作载体和方法。并有效发挥了"联"字效用，聚焦为妇女和家庭服务的专业组织、社会公益力量及与女性、家庭相关的社会组织，不断获得有利于妇联组织工作的各类资源，充分发挥妇联组织、群团组织的职能作用，积极构建内外资源有效整合、各方力量联手推动的社会参与机制。

一是以各级妇联为主体，从纵横两个方向发挥组织优势。自贡市"三新"项目的开展以各级妇联为主体，凭借其较强活动组织团体，以已有的妇联组织网络为基础，在广度上不断实现社区（村）妇联组织的全面覆盖，在深度上也不断创新基层妇联组织存在的形式和状态。一方面不断地向下延伸，加强社区（村）妇联组织干部队伍建设，选取具有较强社区（村）影响力的优秀妇女加入妇联干部中，把基层妇女人才有效转化为妇联基层工作优势资源，利用其较强的群众工作能力，有效打通沟通、联系、服务妇女"最后一公里"难题。另一方面不断地向外延伸，把社区（村）妇女组织向公益组织、妇女学校等网格延伸，有效聚集巾帼自愿组织、大学生自愿团队及妇女学校培训资源，充分发挥出妇联组织枢纽作用，同时不断加强与城乡社区（村）妇女社会组织的交流，有效推动了妇联"三新"项目健康有序开展。

二是有效整合党政资源，提高政策落地效率。党的十八届三中全会明确，要"健全留守儿童、妇女、老年人关爱服务体系"，习近平总书记在与全国妇联新一届领导班子座谈时做出重要指示，要真正把妇联建设成为可信赖依靠的"妇女之家"。这些都是妇联坚强的政治后盾，自贡市妇联很好地利用这一优势，积极争取省妇联资金支持，在"三新"项目的开展中加强与相关部门的联系，主动融入、承接涉及妇女儿童的公共服务项目，重点针对妇女转型就业、城镇化融入、留守儿童保护、弱势群体帮扶等向党委政府建言献策，以争取更多公共政策和公共资源。"三新"项目的开展集聚了党委政府人力、物力及相关的资金支持、资源，有效激励了广大妇女以实际行动适应并主动融入城市。

三是积极探索实践社区内部人员参与机制。在社区（村）选取在居民心中比较有威望、有能力的人作为妇联干部参与项目开展，最大化了社区妇女参与优势。同时，鼓励引导社区内部有特长、有能力的妇女带动项目活动开展，使相关妇女活动能持续性推进。这些工作机制有效提高了妇女的参与能力，并有效重构和强化了公共社会中的熟人社会秩序，提高了社区凝聚力，激发了妇女主动参与项目意识，取得了较好的成效。例如，板仓社区妇联徐副主任本身为社区的一员，是通过社区居民选举推荐的妇女干部，在社区居民心中比较有能力、信任度较高，她的参与为"三新"项目的开展注入了强劲的活力。能较好地与社区居民打成一片，动员社区居民参与项目。

四是充分挖掘非政府组织潜力。基层社会工作的有序开展仅靠单一的社会工作组织很难保证有序稳定的发展，自贡市妇联在"三新"项目开展中不断探索基层服务的创新和改革，以"结对共建"等方式，为"三新"项目发展争取资金、物质、人才等资源支持。充分利用妇联工作的多触角特色，特别是以弱势群体妇女儿童作为工作的重点，积极整合社会各方资源，吸引市场资金、吸纳社会组织参与，以专业化、多元化、项目化服务妇女儿童，逐步提高妇联组织项目的社会影响力。自贡市妇联通过"紫薇花家庭微公益"项目积极整合各类社会力量，与市灵犀义工联合会签订公益合作协议，与自贡市第三人民医院等5家爱心商家和单位建立常态志愿服务模式。同时，积极争取相关领域方面的力量，在周末为儿童开展美术、漫画、舞蹈等素质提升活动，并以巾帼志愿者服务团队为载体吸引社区志愿者、大学生志愿者团队定期为社区服务，充分调动了各社会组织的主观能动性。自贡妇联组织在项目开展中还与相关企业进行对接合作，对妇女进行烹饪技能培训、妇女就业培训接收等。

五是以群团组织社会服务中心为枢纽，发挥"大群团"格局优势。群团组织作为党的群众工作组织，能最大化地整合各方资源，集聚各界力量，创新提升社会治理水平和服务社区（村）居民的能力。自贡市妇联基于此，在市委的领导下，结合"三新"项目的开展，积极探索在"新市民"聚集区群团组织社会服务中心的有效运作机制，充分发挥社区"大群团"格局优势和群团组织联系服务群众枢纽作用。以便民为宗旨，搭建服务平台。在社区设立群团服务中心窗口，并以"八个有"为标准进行规范化组建工作，使其工作服务更贴近实际、贴近生活、贴近群众。探索突破行政化的局限，积极推进职能社会化、基地系统化、服务项目化转型，针对实际情况进行专项化服务，如在以"老市民"为主的老街子社区，开展以"紫薇花家庭微公益"项目为特色的服务，在以"农转非""新市民"为主的板仓社区开展了以"三新"项目为特色的服务等。以孵化女性社会服务组织为途径，扩展项目活动载体。积极引导现有女性社会组织承接服务社会项目，承接"春蕾计划""做留守儿童的爱心妈妈"等项目。同时自贡市妇联重点培育发展公益慈善类、城乡社区服务类等社会组织来承接公共事务，推进社会组织有序参与社会管理，为今后相关活动的开展提供了载体。孵化培育的"自贡市紫薇家园社会服务中心"承接了市妇联"紫薇花"家庭公益项目，孵化的"四川爱满家家庭教育服务中心"承接了市妇联"幸福成长爱满家"家庭教育项目，取得了较好的社会效益。以建设"枢纽型"妇联组织为重点，创新项目活动体系。群团社会组织的发展为妇联组织"枢纽"体系的建设搭建了良好的平台，能有效集聚政府、市场及社会服务等能量，汇集社会、企业、信息等多种资源，并创新搭建"妇工＋社工＋义工"的社区（村）项目服务体系，将妇联组织发展成强有力的磁力场。

（二）创新形成需求导向的活动载体

一是做好项目需求调查。"三新"项目改变以往的居民项目被动接收模式，以居民实际需求为出发点，在项目开展初期做好居民调查工作。通过社区妇女干部、社区妇女带头人、"幸福紫薇"顾问团等逐户进行走访调研，广泛了解妇女的发展意愿、生活难题和亟须妇联组织提供帮助的事情。并对调研情况进行分类梳理，根据大多数居民需求设计项目活动，使项目更加贴合居民需求，妇女乐于参与其中、能够收益的活动。同时将项目的开展与社区志愿者团队有效结合，根据地区实际情况，有重点地开展相关活动。

二是开展多样化活动。"三新"项目成功开展的一大特色就是没有拿一整套体系运用到全部社区，而是充分考虑了社区形成的差异化、社区内部居民情况的不同，针对不同社区，以"突出差异化、增强针对性、提高时效性"为特点，因地制宜地采取多种形式开展切合群众意愿的项目活动。像城郊集中区都是"农转非"居民，面临着非农转型就业、文化满足、"城二代"教育等问题，"三新"项目针对这类社区以妇女技能培训、城市文化培训、儿童素质提升等活动为重点。而对移民区关注更多的是社区融入问题，搬迁居民因不同的社会文化、不同的生活习俗，难免存在前期磨合，"三新"项目则更多的是丰富社区文化生活，加强居民之间的互动和交流，促进居民身份认同。针对新农村则以村容村貌整改、农业发展为主题开展项目活动。就目前来看，这些活动的开展都取得了实实在在的成效，得到了居民的喜爱和支持。

三是创新项目资源整合。例如，围绕"紫薇花家庭微公益"项目开展各种公益活动。"紫薇花家庭微公益"项目是以家庭为单位参与志愿服务的公益服务活动项目，采取全家总动员的志愿服务模式，推动了社会管理机制的创新。"三新"项目在开展的过程中积极整合内部资源，注重用活内部项目条块资源，以"紫薇花家庭微公益"项目为载体，充分利用其组织力量开展各种公益活动。"紫薇花家庭微公益"项目自组织成立以来，不断地扩展其外延力量，发展孵化公益组织，同时，不断创新社区志愿者服务模式，开创形成"五助五坊""每天志愿服务"等社区志愿服务模式，"三新"项目以这些组织为载体，开展慰问空巢老人、帮扶孤寡老人、社区环境美化、社区义诊等活动。又如，以留守儿童为切入点创新项目整合，"三新"项目针对新农村社区留守儿童、留守老人居多，留守儿童在学习、安全等方面的意识缺乏，相应开展儿童素质提升、学习辅导、心理教育等活动，让留守儿童融入社区大环境中，通过项目开展对留守儿童给予关怀和照顾，在一定程度上弥补了留守儿童家庭中情感交流、教育辅导、安全保护等方面的缺失，同时填补了创新留守儿童社会治理的空白，为其他地区提供了较好的经验借鉴。

三是重视"妇女品牌"建设，通过"幸福紫薇"顾问团调查的"女新市民"需求"晴雨表"，不断挖掘妇女最迫切需求、效果好、反响大，同时最具妇女特色的活动——妇女转型就业培训。农民转市民妇女面临的一大问题就是转型就业，因此，"三新"项目较好地抓住这一问题，以妇女居家就业项目为载体，对妇女开展实用技术技能培训，并为其提供相关的市场、技术、就业等信息服务，真正使妇女实现了增收顾家两不误。

四 "三新"项目微公共产品供给的基本特征

（一）价值取向特征：三个引领

一是"以人为核心"引领整体设计。新型城镇化是当前一个时期党政关注、社会关心的热点。"人的城镇化"更是涉及"城镇化"快速、健康、有序推进的关键。在当前农民集中居住区建设中，基础设施、公共服务和社会管理都已经有较为完善的体系，但居住其中的居民存在生活方式和生产方式的巨变，心理重塑和心理适应都十分困难，集中居住后往往存在一定程度的焦虑和恐慌。"三新"项目以问题为导向，切中新型城镇化过程中新市民最为突出的问题且最为薄弱的环节，直指社会经济发展中的核心问题，目标和思路明确。

二是以"妇女城镇化"引领项目建设。在农民集中居住区，通常男性在外务工，妇女往往是一个家庭的中心。城镇化的关键就在于妇女和儿童，而"妇女城镇化"程度较大程度上决定了"家庭城镇化"程度。"三新"项目通过引导服务"新市民"中的关键群体——"女新市民"，持续提升她们的综合素质，使其"思维、能力、行为"更适应城市生活，从而带动家庭更快的"城市化"，有序推进农村转移人口"市民化"。一是促进"女新市民"综合素质提升，使其思想观念和行为习惯得到较大改变；二是促进"女新市民"带领其家庭素质提升，使其家庭成员更加适应城市生活。

三是以"社区意识再造"引领妇女发展。农民集中居住区不仅是空间上的集中，更是对原有村庄社会关系的重组，改变了农民原有的社会交往方式。在征地拆迁或新村建设中陆续搬入集中居住区的农户，从一个熟人社会进入了相对陌生的居住环境，相互之间缺少沟通和协商，容易引发各种矛盾。社区共同体基础薄弱，社区公共意识不强，导致一些小事无法解决，凡事都去找政府。"三新"项目重在培养社区热心居民，带动志愿者组织，鼓励公益活动，逐步转变失地农民的思想观念和行为习惯，为社区居民的交流和沟通提供了平台。通过公共空间的培育，重构和强化了社区凝聚力和社区共同体，重塑社会秩序、构建和谐的社会关系，提升社区居民城市生活的能力和幸福感。

（二）项目内容特征：精准化微公共产品

城镇化融合经济、社会、文化、生态等多目标，从"以人为核心"角度考察，当前人的需求正在从生存阶段向归属和成长阶段跨越，即从一般性向个性化转变。除具有显著的非竞争性和非排他性的公共产品特征外，"三新"项目的诸多内容还呈现出小微型、开放式、创新型特征，满足当前发展阶段的现实需要。

一是小微型公共产品。集中居住后农民生产生活发生巨大变化，大规模的公共产品［如道路、通信、给排水以及社区管理（包括物业管理）］往往由政府和市场提供，一些小微型公共产品则由于主体的缺失难以有效供给。"三新"项目积极挖掘集中居住区居民的公共需求，着力于小微型公共产品的供给，填补了供给空白。如注重提升居民心理融入和行为融入能力，组织妇女参观城市管理监测站，让其直观感受并主动遵守城市交通规则；组织妇女儿童参观自贡恐龙博物馆，开阔眼界和了解城市历史文化的同时，增强其城市归属感和文化自信心；组织各种礼仪培训，让妇女首先从外形和行为上融入城市。对于经济基础普遍薄弱、城市适应能力严重不足的农村妇女儿童来说，这类小微型公共产品凸显了特色服务，所产生的价值十分显著。

二是开放型供给方式。公共产品有一定的范围和边界，自贡市妇联"三新"项目中的大部分内容是以农民集中居住所在社区为核心，但不排斥其他居民参与，其开放性特征拓展了居民之间的交流和沟通，加速了社区新秩序的建立。荣县双石镇长冲村为小金沟水库移民新村，是"三新"项目点，但是大多数项目活动中既有移民新村居民，也有与之相邻的村社区妇女和儿童，通过儿童舞蹈培训、妇女居家灵活就业等项目，长冲村妇女在短期内与当地居民认识、交流，迁移到陌生地方的焦虑感和孤立感大幅减少。这些措施有利于新社区的秩序重塑和移民聚集区的稳定发展。

三是创新型产品项目。"三新"项目秉承"以人为核心"的发展理念，不囿于传统公共产品供给项目，充分听取项目点居民意见和需求，同时吸收借鉴其他成功经验，不断创新项目内容。例如在农转非社区开展妇女护肤和着装讲座，建立妇女志愿者服务队，在农村新型社区开展妇女孕期保健和产后恢复，在有条件的社区开展儿童漫画培训，引导妇女树立现代儿童教育理念等。

（三）组织特征：伞形架构

一是建立"枢纽型"妇联组织。在"三新"项目实施过程中，自贡市妇联主动实现转型发展，适应新时期基层社区治理的需要。通过"枢纽型"组织体系的建设，使妇女基层组织成为新时期服务社会转型发展的重要力量。借助"网格化"数字管理平台，丰富拓展基层社区"妇女之家"的功能，建立巾帼网格联络员的组织机制，从而更有效地为社区妇女及群众提供多元化、个性化、精细化服务。"枢纽型"组织将妇联传统的纵向型组织结构向横向联合的组织结构发展，在参与社会管理与公共服务中发挥更多、更大的作用。这也在"三新"项目中得到充分的体现。

二是积极培育孵化女性社会组织。培育发展公益慈善类、城乡社区服务类社会组织，通过购买服务方式来扶持社会组织的发展壮大。同时，加强对社会组织的引导，把其作为推进社会管理创新、调动群众力量参与社会管理的重要路径。比如，以村、社区公益服务为主要服务范围的"自贡市紫薇家园社会服务中心"，已成为开展实施"三新"项目的一个重要载体。

三是引导现有女性社会组织参与公益活动。积极引导现有女性社会组织承接服务社会项目。比如市女企业家协会建立了"关爱贫困母亲和儿童专项资金"，承接了"春蕾计划""暖冬行动·母亲年包""做留守儿童的爱心妈妈"等项目。市女摄影家协会结合协会特色参与"三新"项目，带领板仓社区的妇女参观庆"三八"女性书画摄影作品展，为她们进行义务讲解，引导其欣赏艺术作品。

（四）机制特征：新型群团组织资源配置机制

为加快推进妇联组织转型发展，自贡市妇联借助"三新"项目的实施，推动妇联工作在体制机制上的创新。

一是整合资源，建立工作联动机制。妇联创新社会管理方式，依托"三新"项目在板仓社区进行群团服务中心试点，并把"群团组织服务中心"和"紫薇花家庭微公益"项目结合起来，形成工作联动，有效解决服务群众"最后一公里"的问题。

二是创新社区志愿服务模式。成立社区志愿服务站，通过"紫薇花家庭微公益"项目，开展家庭志愿微公益助老、助幼、环保、防艾、家庭教育等各类子项目。创新"五助五坊""每天志愿服务""全家总动员"等不同的社区志愿服务模式。

（五）成效特征：低成本、造血式、普适性

一是利用现有资源，实现低成本项目运作。"三新"项目经费总量并不多，而社区的需求很大，要做的事很多。自贡市妇联通过充分利用现有资源，实现了花小钱办大事的目的。利用基层妇联的组织工作关系，直接指导和参与社区的活动。利用市妇联的公共关系，联系外部资源，包括培训专家团队、培训学校、志愿者支队等。把外部资源同基层社区的具体需求对接，提高了工作效率。项目运作注重发掘本地资源，注重积极分子培养和社区组织搭建，随着社区组织和人员的成熟，项目便逐步退出。

二是激发社会活力，内部"造血"与外部"输血"紧密结合。"三新"项目着力加强与社会组织的联系，将符合群众需求的项目纳入中心项目服务库。注重孵化"社区社会组织"，从而"内部造血"。通过"社区公益坊"，在社区孵化"社会组织"，如社区家教组、社区助老组、社区环保组等，引导群众参与社区自治管理，形成了"互助益大家"的社区志愿服务氛围。通过与社会公益组织的合作，充分发挥各种社会组织对城镇化重点区域妇女的不同引导帮扶作用，通过对"女新市民"培训赋能，培养合作互利意识、自我管理和自我发展能力。以社会公益力量引导妇女传播正能量，在生活、生产等方面互相帮助。

三是形成可复制和普适性运作模式。"三新"项目通过组织各种行之有效的社会活动，把原来分散隔离的社区居民联系起来，特别是以妇女活动为切入点，把社区意识、参与意识、公共精神等城市生活理念带进了农

民集中居住区。这一模式同样适用于进城农民工居住比较集中的小区，农民工及其随迁家属的市民化同样是一个亟须解决的问题。这一模式也适用于城市公租房小区，作为城市中低收入者在城市立足的过渡性社区，公租房小区里的居民面对相似的问题，相互之间缺乏了解，公共意识不足。通过借鉴"三新"项目的设计理念和运作方式，同样有助改善公租房小区的社会治理。

五　简要小结

（一）从三大视角客观认识"三新"项目的重大意义

新型城镇化以农民身份和生产生活方式转变为载体，通过体制机制创新，调动人对城镇发展的积极性，实现经济效率和社会进步，进而达到人的全面发展这一终极目标。基本国情和特殊的制度安排使我国在快速城镇化过程中形成了大量的、各种类型的农民集中居住区，土地征收（增减挂钩等）过程中的冲突和纠纷、家庭财产的损失、对人为组织集中居住的不满、城市融入的不适应、生活完全商品化的开支激增、农业生产的不方便、就业机会的相对不足、公共服务的不健全、社会关系网络被打破，一系列新旧矛盾叠加在一起，使农民集中居住区成为利益矛盾的交会点和社会价值重塑的聚焦点。在这一平台上开展以"人的城镇化"为核心的"三新"项目无疑具有重要意义。

从公共产品有效供给的视角出发，"三新"项目以在农民集中居住区提供微公共产品，推动了低成本、精准化的高效供给，填补了政府供给基础型公共服务和市场供给商品服务之间的空白，调整了社区关系，重塑了社区秩序，在城镇化推进过程中的最困难、最重要的领域里实现了重大突破。

从现代治理体系的视角出发，规范国家治理能力的同时，培育社会组织激发社会活力已经成为社会共识和发展取向，作为城乡之间的新型社会形态，更需要在依法治理的基础上探索和创新社会治理模式，以对农民集中居住区进行有效治理。自贡妇联通过"三新"项目实现主动转型，传统的纵向型组织结构向横向联合的组织结构发展，成为转型期社会管理与公共服务的"枢纽型"组织。

从四川省特殊的城镇化路径出发，农民外出务工是四川省推进新型城镇化的特殊困难，"留守儿童、留守妇女、留守老人"现象短期内难以根本扭转，作为家庭的中流砥柱，妇女的城市适应和融入显得尤为重要。"三新"项目抓住了问题的关键，以妇女为切入点，创新性地走出了一条"妇女市民化—家庭城镇化—新型城镇形态"的发展路径。

（二）"三新"项目存在较大改进空间

从项目开展一年来的情况看，"三新"项目还存在较大的改进空间，如筹资机制不健全，资金来源渠道单一；队伍建设不完善，社区居民积极分子培育有待加强；项目遴选机制有待完善；信息化水平偏低等。

第二节　社会组织供给公共产品的"戎和行动"

一　概述

2009年四川省宜宾县向家坝工业园区建设征收了柏溪镇集体村、仁和村、高黎村、公兴村4个村的部分土地，29个村民小组4000余人在2011年回迁，由此形成宜宾县城北新城美好家园小区。2014年10月1日，社区伙伴（PCD）与宜宾戎和社会工作服务中心合作，在美好家园小区开展城郊农民集中安置区消解与重构行动研究试点项目，本书客观描述试点项目的组织和进展情况，分析试点项目的成效、问题和风险，总结试点项目取得的成功经验和推广价值，提出进一步推进和完善试点项目的意见建议。

社区的形成依赖于建立在共同价值基础上的行为规则，在人人尊重的规则面前，树立普遍的权威，进而形成社会管理的组织和网络，为自我管理、自我服务提供重要平台，从而凝聚共识，结成利益共同体。本书以"共同价值—行为规则—权威体系—社会组织和网络—利益共同体"的社区形成逻辑为基础，对项目进行客观描述和分析。一是收集资料与主动查阅相结合。收集项目团队提交的相关文字资料，同时主动查阅相关文献资料，为评估工作奠定资料基础[①]。二是资料分析与实地勘查相结合。既审核分析

[①] 政治社会学研究指出，有五个因素影响着社会秩序构成，它们是社会建设必不可少的，共享的意义和价值体系、社会规范、权力和权威、社会组织、社会互动网络。张静认为，促成社会内聚的纽带是社会成员共享的利益和价值，社会融合实质上是探寻社会共享利益和价值的建立与协调机制。张静：《社会建设：传统经验面临挑战》，《江苏行政学院学报》2012年第4期。

相关的自评报告、总结材料和其他资料，更强调通过实地调查、座谈、访谈等形式获取第一手资料。三是全面描述与重点评价相结合。对试点项目、组织工作、总体进展等要进行全面描述，对重要经验、突出问题、主要创新等要进行技术分析与点评，统筹安排好情况描述、技术分析和点评等内容。四是评价与改进相结合。既要总结试点项目和组织工作取得的进展和成效，同时为下一步改进工作提出具体建议。

二 戎和行动的主要过程

（一）明确试点项目定位和思路

项目定位是"研究乡村传统社区身份的消解与融入城镇社区的身份重构路径，并以此聚集在地资源人深入交流，为探讨农转非社区居民的可持续生活奠定基础"，其主要目标有两个：一是针对城郊农民集中安置区居民身份的消解与重构，提出具体行动研究方案，系统深入调查研究，总结交流；二是以行动研究为指引，开展社区活动，带动社区居民身份重构，建立社区情感。

项目思路是发现问题、分析问题并采取行动解决问题。宜宾县美好家园小区是典型的城郊农民集中安置区，2011年入住小区后面临三个方面的问题，一是在生产生活方式方面，传统生产生活方式消失，生活市场化，失业问题等；二是在地理生态环境方面，生活空间变化、公共空间显化、社区环境不适等；三是在社区文化方面，传统社区文化消解，现代社区文化重构，迷失与挑战。戎和社工中心已经在美好家园小区所处的岷山社区开展了两年多的居家养老等社工活动，取得了一定成效，社会影响力较好，并与岷山社区居委会建立了良好的互动关系。项目的行动研究遵循从认识社区开始，到社区实践，阶段性总结和调整，直至结束和经验总结，让相关参与者（社区成员、社区工作者、机构人员和研究人员）共同在行动和反思中探索农转非社区的身份重构路径。因此，从前述三个方面的问题出发，提出行动研究的假设及找寻相关的社区关注议题，加以分析形成行动，梳理感受，提出新议题，以此循环递进。

（二）制定行动方案和明确团队构成

城郊农民集中安置区既是当前中国城镇化进程中的社会焦点、热点，是利益集聚点，也是矛盾汇集点，同时城郊农民集中安置区也是十分特殊的一类社区，其社会结构、经济基础发生根本性变化，面临两个层面的重大问题：公共秩序的重构和居民行为心理的适应，在这方面既无成熟理论，也少有可资借鉴的模式。以此为载体，通过理论研究到行动实践再到提升总结的项目设计，有必要也具有十分显著的现实意义。学术研究的方案和策略较为合理，能够满足行动需求，同时社区行动的方案设计能够充分发挥社工优势，较为符合城郊农民集中安置区的基本特征。

项目开展学术性研究和社区行动两个方面的内容，由此形成学术研究组和社区行动组两个团队并行推进试点项目。具体情况见表5-1。

两个小组主要采取6个路径达成目标。①通过查阅资料和社区调查，提出农转非社区行动研究的假设与维度等方案；②通过考察和梳理，回顾总结了社区居民在身份转化过程中的社区脉络；③对比了农村与城市生活的差异，提出农转非身份重构的多元面向及主题。④借助社工中心优势，组织社区积极分子召开讨论分享会；⑤借助社区活动中心，开展阵地服务项目，如图书借阅、周末电影、亲子活动等，增加社区居民间的互动；⑥对社区艺术类资源进行盘点。

表 5-1　　　　　　　　　　　　戎和行动中团队基本情况

团　队	人员构成	负责内容	团队特点
学术研究组	宜宾学院教师（刘华强团队）	①开展社区调研。②开展主题沙龙研讨会	①对城郊农民集中安置区有较强的意识敏感度，在项目设计时意识到城郊农民集中安置区在当前发展阶段的特殊性，提出在此类社区应开展"系统性深入调查研究、总结和交流"，活动应在研究的指引下开展。项目实施过程中，能够在较短时间内发现并描述美好家园小区的特点、面临的具体困难和挑战，并提出具体的应对措施。②对社区发展相关理论的选择适用性较强。行动研究团队以人类学中社区发展相关理论为基础，对社区性质、特征等进行了比较研究，理论基础和研究范式对城郊农民集中安置区发展的研究具有较强适用性。③具有较强的计划安排、执行能力，具有较强的团队管理能力和人力资源整合能力，了解行动团队的特征和变化

团 队	人员构成	负责内容	团队特点
社区行动组	戎和社工中心的社工及实习生（余婷团队）；以胡钢、郭金莲为首的戏剧艺术团队（胡钢、郭金莲团队）	①开展社区艺术活动。②推动社区领袖计划。③组织社区考察交流。④建立社区开放式小基金。	①具有较强的学习能力，能够掌握并运用理论知识指导实践，同时根据环境和条件变化做出调整；②具有较强的执行能力，对于计划内容通过各种方式排除困难而实施；③具有社区工作的积极和热情，能够在较短时间内与活动对象建立起紧密的关系；④在项目实施地（岷江社区和美好家园小区）有较好的活动基础，使其在社区中开展活动较为顺畅；⑤人员年轻，有活动开展的时间、精力保证

（三）学术性研究的主要做法

1. 基础信息获取

项目获取基础信息主要分为三个阶段：一是项目开展前，研究和行动团队已经在社区开展了近两年的社工工作，对社区基本情况具备一定了解；二是专题调查阶段，在项目初期，获取了社区基本情况、征地拆迁、社区需求、农转非前后的变化、居民对农转非的认识和意愿等信息；三是行动阶段，通过在社区开展不同类型的活动，对社区的积极分子、部分矛盾冲突、主要关注议题等信息有了进一步了解。

2. 基础信息研究

对基础信息的研究主要集中在两个方面：①社区内集中安置居民社会适应性的描述，包括居民生产／工作方式及其收入来源的变化，居民生活娱乐和社会保障情况，居民社区生活适应及公共活动参与情况，社区社会网络形成和发展情况，居民对城市公共规则的了解和适应情况，居民的生产生活满意度，居民的基本诉求情况。②在基础信息获取并进行分类描述的基础上，对社区参与式治理进行研究，分析城郊农民集中安置区居民社区参与不足的原因，并提出相关的对策。

3. 基础信息的完整性及研究度对项目的贡献

基础信息的获取渠道主要集中在居民层面，研究内容侧重于居民对公共生活的适应性和意愿，建立了项目团队和社区居民之间沟通的基础，对项目顺利进入社区并开展一系列活动具有关键性贡献。但由于未能与社区主要管理者和相关部门建立直接联系，缺乏社区组织架构和管理体制、社区社会构成等方面的基础信息，对社区公共资源的管理和利用规则、关键群体之间的利益关系等认识和研究相对不足，对所出现问题影响因素或原因剖析不够深刻，导致对行动研究的指导存在一定的修正空间。

（四）社区行动的主要做法。

1. 项目活动的主要内容

从 2015 年 7 月至评估时（2016 年 3 月），项目共开展了 20 余项活动，有约 3000 人次参与。活动的类别包括：社区发展、社区教育、社区组织建设 / 能力提升、项目团队建设等，活动的方式包括：艺术表演、影视娱乐、俱乐部活动、座谈、讲座、访谈等。具体活动见表 5-2。

表 5-2　　　　　　　　项目活动列表（中期评估手册 P66）

类型	时间	活动名称	活动目标	主要负责人	参与人次
社区发展	2015 年 7 月 7—13 日	儿童暑期电影放映会	介入农转非家庭，推动服务开展	艺术团队	150
	2015 年 7 月 11—14 日	暑期多彩夏令营	走进家庭，熟悉社区	艺术团队	355
	2015 年 7 月 20 日—8 月 24 日	快乐暑期、快乐成长	从青少年入手，拉近与居民之间距离，扩大影响力	岷江项目团队	355
	2015 年 7 月 20 日—8 月 24 日	坝坝电影	资源分享、拉近与居民之间距离，扩大社工影响力	岷江项目团队	180
	2015 年 8 月 25 日—9 月 24 日	农转非社区中老年人小组活动（花甲好年华、精彩夕阳红）	提升居民对社工的认可度和活动的参与感	岷江项目团队	60
	2015 年 9 月 25 日—10 月 24 日	社区文化传承（中秋亲子做月饼、国庆游园会、九九重阳节）	搅动社区，提高居民的参与意识，关爱社区老人	小花艺术团队、岷江项目团队	375+
	2015 年 12 月 25 日—2016 年 1 月 24 日	大地之声社区艺术节	搅动社区、交流	小花艺术团队	300+
	2015 年 12 月 25 日—2016 年 1 月 24 日	小基金第一次活动团年会	培育社区骨干，发展社区居民组织	老年舞蹈队	150+
	2016 年 1 月 25 日—2 月 24 日	年味儿小组活动	迎合浓浓节日氛围，为居民送祝福	岷江项目团队	50
	2016 年 2 月 25 日—3 月 24 日	还原绿色植树节活动	培养居民社区环保意识	岷江项目团队	

续表

类型	时间	活动名称	活动目标	主要负责人	参与人次
社区教育	2015 年 10 月 25 日—11 月 24 日	社区防盗安全宣传活动、健康星期一	引导社区尝试自己为社区做事情	岷江项目团队	680+
	2015 年 10 月 25 日—11 月 24 日	"健康 show 主题活动"祖孙"隔代教育小组""相见欢中年小组"	多方面培育社区小区，挖掘居民兴趣爱好	岷江项目团队	120
	2015 年 11 月 25 日—12 月 24 日	交通安全教育	通过视频、情景剧等各种形式培养居民的交通意识	岷江项目团队	80
社区组织建设 / 能力提升	2015 年 7 月 6 日	岷江戎和机构代表与艺术团队座谈会	搅动社区，居民互动	艺术团队	5
	2015 年 11 月 25 日—12 月 24 日	成都典型社区参访活动的准备以及开展	培育社区骨干	岷江项目团队	10
	2016 年 1 月 25 日—2 月 24 日	社区骨干面谈会	培育社区骨干	岷江项目团队	8
项目团队建设	2015 年 7 月 15 日	戎和实习生分享会	提升实习生对社区服务的认识	刘华强	20
	2016 年 1 月 25 日—2 月 24 日	志愿者团队建设讨论及准备	讨论出建设志愿者团队的制度并着手建设融合社工的志愿者团队	岷江项目团队	5
	2016 年 2 月 25 日—3 月 24 日	入户探访	与居民深入了解	岷江项目团队	30+

2. 活动的效果

①发现并培养了一批社区骨干和积极分子，并通过骨干和积极分子的带动在社区形成了较好的活动氛围；②调动了老年人和儿童参与社区活动的积极性，并形成了两个群体的互动；③一定程度上提高了部分群体对公共社会和城市环境的适应性；④提高了活动团队的管理、组织和思考能力。

3. 活动对项目的贡献

通过对基础信息的掌握，活动团队在社区开展一系列活动，针对行动研究中提出的一些问题，如农转非居民生活不适应、生活娱乐活动匮乏、公共活动参与度偏低等，提供了平台和解决方案，是行动研究的延伸和实践。同时，社区活动过程中对新问题新矛盾的发现和解决在一定程度上推动了研究项目的深入，有利于调整和优化研究方案和纠正既有方案的偏差。

三　戎和行动的主要成效和经验

（一）项目整体效果显著

一是形成具有一定深度的研究报告和学术论文，其中有大量鲜活的案例，也有很多非常有意思的、平常不为人所注意的发现。除项目设计的内容外，研究者还注重新的发现和思考，如社区如何实现参与式发展，社区在治理中所扮演的角色，行动在城郊农民集中安置区中的特殊性，行动与研究如何实现无缝对接等。

二是团队能力有提升，培养了一批具有实践经验和工作热情的社会工作者，在此基础上建立的社工团队架构稳定，且能有效推动实习生的能力建设。

三是调动了社区不同类型群体的积极性，培养了一批社区骨干，在充分调动传统社区活动主要参与者（老年人和儿童）的积极性的同时，关心困难群体、弱势群体，部分年轻妇女也开始参与到社区活动中。

四是活动成本较低，具有较强的复制性和推广性。例如九九重阳节活动经费仅 500 元左右就使百余名老人参与活动，仅 500 元的小基金不仅满足了社区内生组织的发展需求，还间接推动了社区建设。包括社区防盗、交通安全小组、挖掘社区传统文化（年味儿）、留守老人 + 留守儿童等活动成本普遍较低，效果较好。

五是已经与村委会、业委会等初步建立了沟通和联系。有利于更好地发挥社区内部资源优势，为下一阶段的活动顺利执行营造较好环境。

（二）项目经验和创新点

一是项目目标明确、重点突出。在诸多社区类型中，城郊农民集中安置区是城镇化进程中的特殊形态和发展阶段，是矛盾聚集地，也是政策和社会聚焦点。在城郊农民集中安置区中，既面临非农化的生计问题，也存在农民到市民转变后的秩序构建问题。在这一背景下，项目明确提出将依据城郊农民集中安置区身份的消解与重构，建立社区情感味目标，以此开展调查研究、交流沟通和社区活动，目标明确、重点突出。

二是注重研究与行动相结合。城郊农民集中安置区身份的消解与重构涉及领域多、利益关系复杂、影响深远，且无成熟理论和先进模式可借鉴，开展深入的、系统性研究十分必要，在研究指导下进行实践，同时以行动作为研究的反馈和深化具有重要意义。

三是具有良好的承继性和延伸性。从2013年开始，宜宾戎和社会工作中心即在项目所在地的岷山社区开展社工活动，取得了良好的效果，为进入美好家园小区开展研究和行动奠定了良好的基础。项目本身不仅承继了岷山社区项目中的经验和有益探索，还在范围和深度上持续推进。

四是注重不同团队优势互补。项目中有三支团队，分别为以宜宾学院老师组成的研究团队、以社工组成的行动团队和以胡钢、郭金莲为主的戏剧艺术团队，三个团队各自优势突出，能够在项目中实现互补互促。

四　戎和行动存在的问题与风险

（一）学术性研究中存在的问题

项目注重美好家园小区的个体调查，进行了数次针对不同群体的较为深入的调查研究，收集了大量宝贵的第一手材料，但未能对引起需求的深层次原因或存在问题的制度性因素进行剖析。此外，项目注重沟通交流，所形成的针对各类活动的记录具有重要的参考价值，但缺乏对经验和教训的总结提炼和反馈。

（二）社区行动中存在的问题

项目采取了多种类型的行动，在较短时间内搅动社区多个群体，但行动存在目标不清晰或与项目目标有偏离的现象，在城郊农民集中安置区的适应性部分行动还存在不适应问题或需要调整。例如植树节活动的目的是"优化社区环境，推动居民关注环保，提升社区居民的城市适应，增强社区互动和社区凝聚力"等，对于一项具体活动而言，细化到哪一类群体，在哪个方面、哪种程度上实现什么目标，对策划者和执行者而言都显得尤为重要。因此在植树节这一活动中，目的地是金山家园小区（不是项目所在地），参与主体主要是岷山社区居民，虽然是一次"非常成功"的活动，但与项目本身的目标存在偏离。

（三）团队建设存在的问题

一方面，研究团队主要由社会工作专业科研人员组成，城郊农民集中安置区的发展是一个综合性、系统性、整体性工程，不仅涉及人类学相关知识，同时在福利/发展经济学、政治/心理社会学等方面有较高的要求，因此行动研究团队对于美好家园小区的发展阶段、发展需求、组织架构、利益关系等方面的信息把握和分析判断有不足之处。此外，研究团队对于行动团队的指导和督促的相关能力有提升空间。例如，研究团队并未给行动团队提供严密的研究计划和准确的方向，使行动团队在活动中的方向性、针对性有所不足；相对于行动团队的多种类型活动，研究团队对相关人员经验/教训总结的督促略显不足，且缺乏及时、有效的分享；研究团队的时间投入有待增加，研究团队的时间投入主要集中于项目前期，行动开展后的时间投入相对不足。

另一方面，社区行动团队构成较为单一，全部为社工专业本科毕业生或在读学生，使其存在两方面的劣势：对城郊农民集中安置区的特殊性、中国城镇化的发展脉络等方面的知识储备不足，导致其在活动设计和执行中与项目整体目标存在偏差；在人际沟通和社会适应方面的能力略显不足，难以及时、有效处理复杂利益关系中的矛盾和冲突。更为突出的问题表现在活动中另一个非常驻本地的胡钢、郭金莲为首的戏剧艺术团队，从现有资料和第三方描述（戎和中心、PCD、社区居民等）来看，胡钢、郭金莲团队具有较强的活动设计、组织、协调能力，活动主要载体是社区居民喜闻乐见的戏剧艺术文化，对于社区发展中新的社会网络建设起到了重要作用。但活动在执行过程中与设计存在一些偏差，例如在亲子活动——做月饼上，参与者主要是老年人，对活动本身兴趣不足，对活动目的理解和认识不够，使得活动难以达到目标。可能的原因，既有胡钢、郭金莲团队的时间投入不足、与戎和中心的沟通存在偏差，也有胡钢、郭金莲团队本身知识和经验积累与城郊农民集中安置区的现实发展不适应。

（四）存在的潜在风险

如前所述，城郊农民集中安置区是利益主体集聚点、社会矛盾汇集点，既有大量来自征地拆迁的历史遗留问题，也存在人口居住密集化和活动公共化、生活商品化等导致的新矛盾、新问题，在无成熟理论指导、制度法律存在空白的情况下，与城市和农村已有社区相比，在这类社区开展项目面临更多风险。项目在设计之初并未涉及风险防控的内容，采取的是一种自下而上的研究和行动方式，虽然降低了与政府等协调沟通成本，同时避免了可能出现的行政干预，但是项目实施过程中遇到矛盾和冲突时缺乏足够的解决能力。

五 简要小结

城郊农民集中安置区形成发展具有阶段性和差异性，美好家园小区的居民拆迁安置由向家坝工业园区相关机构组织实施，宜宾县柏溪镇政府进行属地化管理，提供基本公共服务和社会管理；集体村委会负责小区内具体公共事务，但小区部分居民的户籍仍在原村社；同时岷山社区与集体村委会之间存在利益关系（共用办公用房、过去的管理身份等）。美好家园小区内外部关系复杂，管理条块较多，决定了居民在不同发展阶段需求的异质性和复杂性。因此，在社区公共产品供给中，掌握社区公共资源，加强对社区不同群体之间利益关系及其存在矛盾的分析，剖析社区发展过程中居民对身份适应和公共秩序构建方面深层次需求及其影响因素，是提供切实有效公共产品的基本前提和重要保障。戎和行动以具有社会学专业背景的研究团队和社工队伍为主要团队，在社区公共产品供给的专业性、精准性和及时性方面具有十分显著的优势。特别值得关注的是，集中居住后农民闲暇时间增多以及与城市居民空间拉近，社会组织能够针对不同群体提供多样化社区活动，对于重建社区秩序、激发社区活力具有十分重要的现实价值。然而，社会组织的成长发育同样具有阶段性和差异性，社工队伍的稳定性、理论学习与现实需要的适应性、与相关机构和组织的沟通水平等，都会对社会组织供给公共产品产生显著影响。总体而言，社会组织在农民集中居住区中供给公共产品具有显著优势，能够成为政府、社区之外的重要力量，但需及时总结提炼行动中面临的问题和破解难题的有效实践，将经验上升为规则制度，深刻剖析教训及其原因，充分发挥规范、引导和促进作用，最大限度地规避风险。同时，应强化与基层政府、社区（村集体）等相关的机构和组织加强联系沟通，强调项目的参与性和开放性，在活动设计、实施、监督、总结等各阶段，充分征求意见，整合资源，发挥各自优势，共同推进项目。

第三节　社区良治的"瑞泉馨城实践"

一　概述

瑞泉馨城是我国万千个处在转型期的社区的缩影。在城市扩张过程中，四川省成都市温江区涌泉街道原有 7 个社区村 8200 余村民被集中安置，形成了瑞泉馨城社区，加上外来创业和租住人员，全社区常住人口 1.3 万余人。在这一过程中，政府与安置居民、不同社区村 / 社区居民与外来人口等各主体利益关系复杂，原有的村社秩序被打破，土地综合整治过程中的冲突和纠纷、家庭财产的损失、对人为组织集中居住的不满、生活完全商品化的开支激增、农业生产的不方便、非农就业机会的缺乏、公共服务的不健全、社会关系网络被打破……新旧矛盾叠加在一起，社区存在诸多不稳定因素。如何重建社区秩序、保持社区自我管理能力，是瑞泉馨城社区面临的直接挑战。在既无现成理论模式作指导又无前人实践经验可借鉴的现实面前，瑞泉馨城做了大量的探索和创新，为转型期社区的社会管理提供了新的视角和模板。

二　瑞泉馨城社区治理主要做法和成效

秩序的形成首先有赖于共同价值基础上的规则建立，在人人尊重的规则面前，才能树立普遍的权力和权威，进而形成社会管理的组织和网络，为自我管理、自我服务提供平台，最终凝聚价值观，形成利益共同体。遵循这一逻辑主线，瑞泉馨城转化线性党建格局，将网格化大党建格局作为社会秩序重建的核心力量贯穿始终；重塑和改造两大社会管理力量，将传统与现代管理方式有机结合；创建精准化的信息管理平台、社会管理和公共服务综合体以及以居民为核心的考评体系，将其作为瑞泉馨城社区社会秩序的实现形式；通过多项措施，提升社区预判、共识、共享和发展能力。瑞泉馨城社区在新变化新挑战面前，从"一个转化、两个重塑、三个创建、四个提升"入手，进行实践和创新，使社区形成和谐发展的秩序，增强自我管理的能力。

1. 一个转化：向网格化大党建格局转化

党是中国特色社会主义事业的领导核心，支持和保证自治组织充分行使职权是基层党组织的应有之义。瑞泉馨城社区改变党组织领导范围，将党的领导置于公共服务网络之中，将公共服务纳入党的领导方式，建立起"社区党委—院落支部—网格党小组—党员示范户"的大党建格局。

成立"瑞泉馨城党委"，按"地缘"关系下设安和苑党支部、定和苑党支部、宁和苑党支部、富和苑党支部等院落党组织，按"业缘"关系下设馨悦工作室、公共服务协会、新市民绿芽艺术团等"两新"党组织，在22个楼栋成立党小组，形成以"社区党委统一领导、院落党支部全面覆盖、楼栋党小组发挥作用、党员示范典型带动"的四级党建网络。在建设网格化社会管理模式时，结合网格化管理，通过民主方式把院落网格长推举为支部书记，把网格员推荐为支部委员、党小组长。把社会管理网格和公共服务网络有机结合，明确党组织要重点抓好组织引领、矛盾化解、凝聚人心等工作，拓展党组织工作职能，以党组织为引领，加强集中居住区的内部凝聚力。

2. 两个重塑：联合议事会重塑传统社会网络、网格化建设重塑新型社会网络

瑞泉馨城社区是城市化的直接产物，通过组织再造方式形成，数十个家庭主义社会网络被压缩在2.3平方千米的空间上，亟须建立新型社会关系。瑞泉馨城以加强社会网络建设为核心，继承并拓展传统社会关系对社区自治的积极因素，运用并完善网格化社会管理理念，传统权威与现代文明相结合，重塑了社区自我管理秩序。

第一，以居住地为核心，建立"瑞泉馨城联合议事会"，重塑集中居住区居民议决事能力。村民议事会制度是成都市完善村民自治制度、保障农民主体地位和民主权利的常设议事决策机构，实践表明，议事会在村民自我管理、民主决策上发挥了重要作用。瑞泉馨城社区由多个社区村合并形成，加上大量外来人口，形成多社区居民与外来人口共治共建社区秩序的平台，有利于传统社会网络发挥积极作用。2009年，瑞泉馨城社区成立联合议事会，其议决事项包括讨论决定集中居住区管委会年度工作计划，公共服务和社会管理项目中自主决定服务的内容、方式和经费保障来源，居务公开的内容及方式，以及听取和审议瑞泉馨城管理委员会工作报告及其成员述职报告等。

第二，以地域为基础，实施网格化管理，创建平安稳定的集中居住区社会秩序。根据社区形态布局、人口规模、党员和区域单位资源分布情况，将瑞泉馨城社区科学划分为不同层级的6个一级网格和39个"小网格"。在街道范围内，通过公开选拔、择优聘用的方式，整合社区两委干部、工作人员和各类业务协管员为网格员，将社会服务管理的各项工作打捆落实给网格员，实现服务管理方式由"业务线条"推进向"网格集成"推进的转变。

3.三个创建：精准信息化管理平台、社会管理和公共服务综合体、居民核心考评体系

在新型社会网络面前，传统手段已不合时宜。瑞泉馨城社区通过创建精准管理信息化平台、公共服务综合体以及以居民为核心的考评体系，推动社区网络建设。

第一，精准的信息化管理平台。以"便捷的数据录入、智能的数据查询、稳定的数据共享和安全的数据运用"为目标，开发了网格化服务管理综合系统。实现了事件发现、数据采集、任务派发、事务处置和绩效反馈的"网络平台一体办结"。一是信息综合查询。按照统一的方法、统一的项目对社区人口普遍地、逐户逐人地进行调查登记，收集院落居民基本信息。通过数据汇总，能够实现对人口规模、结构、分布、变动等变化的便捷查询。二是资源分布管理。建成土地资源、建筑立面、重要节点形象展示等空间资源管控模块，实现对土地资源、土地指标、建设用地指标等资源的现代化管控，直观掌握资源分布现状，推动区域城镇建设，拓展城市发展空间。三是闭合可追溯的服务交互。网格员在收集信息或提供服务时遇到问题，可用手持终端将需解决的问题发送到指挥中心，指挥中心将信息分类发送到相关业务科室，业务科室在解决问题后将信息反馈，最后由网格员审核并在手持终端上消除问题标示。这一系统能够快速、方便地实现信息交互，将问题和矛盾化解在萌芽状态。四是针对网格员和业务科室的绩效考核。建立分类考核制度，将为居民服务内容、次数、质量等指标作为量化依据，对各科室、各工作人员实行考核，同时权衡工作难易程度和工作重点，确保考核的公正性。五是基于计划生育、劳动保障、流动人口管理等预警。

第二，社会管理和公共服务综合体。瑞泉馨城社区采取多种方式，将管理与服务合二为一，寓社会管理于一般性公共服务和专业性公共服务供给之中，形成集社保、养老、就业、信息、大调解、社会治安等多种功能相互依存、相互助益的公共服务综合体。一是强化民意诉求渠道建设，建立完善金点子信箱、市民客厅等工作平台，利用社区 QQ 群、官方微博、居民手机报等信息平台，收集群众诉求，加强与群众的互动交流和联系沟通。二是强化群众动员和社会动员工作力度，全力打造"王大姐说事""岳警官说法"等品牌，畅通群众利益诉求表达渠道，为群众排解心理矛盾，强化群众法制观念的教育，保障和维护社会稳定。三是一站式综合服务平台，实行"全域服务、一站受理"，为社区居民和外来人口提供计划生育、民政事务、劳动保障就业、社会保险、残疾人事务、教育文体、住房保障、综治维稳信访、法律服务、便民服务等 12 大类 96 项服务，成为连接政府与社区群众的桥梁。四是针对专业性公共服务需求，采取购买服务和培育社会组织等方式，形成居家就业基地、生活服务中心、居家养老基地、职业培训学校、老年文化活动队、第三方调查服务队、青少年关爱协会等，为社区群众提供个性化、专业化服务。

第三，以居民利益为核心的考评体系。将群众满意度作为衡量社区管理和服务的关键指标，探索建立"两会"成员联系群众、积分考核、双向培养、星级评比等制度。物业管理方面，由社区监督委员会全程监督，面向社会公开招投标，引入社会企业入驻小区进行规范管理。

4. 四个提升：预判、共识、共享、发展

社区秩序的可持续性取决于社区是否具有长久生命力。瑞泉馨城社区在社会经济快速变化面前做到了预判、共识、共享和发展四个提升，推动社区向着管理有序、功能内聚的方向发展。

第一，以信息化数据查询为依据，进行科学预判。信息化数据查询系统能够按照需要，统计出社区居民结构特征、土地资源特征等信息，结合网格员、金点子信箱、市民客厅、QQ 群等信息，运用统计方法，能够准确、快速、直观地进行具有一定深度、广度的统计分析报告，反映社区居民流动性和稳定性、资源动态变化等特征和规律，为政策制定提供有效的决策参考。

第二，通过科学发展观指导实践，凝聚社区共识。社会共识有助于降低认同分歧，降低交易费用，形成社区合力。在科学发展观指导下，瑞泉馨城社区从实践出发，将行动和教育相结合，促成规范、互助、诚信的社区共识。一是通过党员干部的示范带头和群众权益的"阳光工程"，推动社区议事会、监事会等自治机构建设，形成有规可依的规范共识。二是通过公益银行等互助型服务组织，本着"以服务换服务"的理念，鼓励和引导居民形成互助互利氛围。三是围绕"感恩、学习、艺术"主题，强化居民公民意识和法制意识培养，同时结合社区教育大讲堂，广泛推进公民权利和义务教育、职业道德教育。

第三，关注少数群体需求，推动全面共享。社区良治不仅要尊重多数人的意见，同时也应实现少数保护。瑞泉馨城社区关注少数群体和弱势群体的现实需求，推动社区全面共享共建。一是流动人口"融入工程"。二是特殊人群"回归工程"。三是弱势群体"暖心工程"。

第四，依托社区自组织，谋求长远发展。社区长远发展是社区凝心聚力的根本所在。瑞泉馨城社区通过经济建设和文化建设两大手段，发掘社区发展的内生动力，谋求社区长远发展。一是成立了资产管理中心，依托温江区文化产业园等重大产业项目，规划经济发展蓝图。二是成立了艺术团、太极拳等文化团体，开展多种形式的文化活动，塑造社区人文氛围。

三　瑞泉馨城社区治理的创新经验

"瑞泉模式"以社区内聚为核心利益，反映了我国城市化过程中社区管理转型的三个方面：一是由家庭主义向公共主义的转型；二是由自治向共治的转型；三是由人治向法治的转型。"瑞泉模式"通过六大机制建设，推动社区组织效率、管理效率、网络维护和纠偏效率以及拓展效率的实现，形成社区良治。

一是网格化大党建机制，推动社区规范建设，是实现社区良治的坚实基础。党的建设是党领导的伟大事业不断取得胜利的重要法宝。在发展过程中，公众带着挑剔的眼光审视党的领导，既有对党的代表性的质疑，也有对党的先驱性的焦虑，因此，进一步加强和创新基层党建工作，把基层党组织建设成为贯彻科学发展观的坚强战斗堡垒，是发展现实的需求。瑞泉馨城社区以改革的勇气和智慧，将党建在网格上，一方面把基层党组织网络与公共服务网络合二为一，使党代表人民群众根本利益这一重要思想落到实处；另一方面，也更为重要的是，通过规范党的组织和个体行为，形成社会规范，使社区居民学习这些规范，从而主动调整自我行为。

二是社区化民主机制，推动社区权威体系建设，是实现社区良治的重要保障。社会秩序的维系依赖权力和权威保障，权力和权威的本质是强制力，没有强制力意味着没有秩序；强制力需要有效的监督，缺乏监督的权力会滥用。民主是对强制力的监督，没有监督就意味着权力要依赖执行者的道德良心，使权力的结果存在不确定性。瑞泉馨城通过完善议事会、监委会、业委会等自治组织体系，以及院落委员会、楼栋长等治理层级，形成了社区议事会、居委会、业委会、监委会"四会"联合治理和居委会、院落委员会、楼栋长"三级"共同管理社区事务的治理格局，在社区内形成了社区群众共同尊重的社区权威体系。

三是均等化公共服务供给机制，推动社区社会组织建设，是实现社区良治的必要条件。人人拥有相同机会享受公共服务，是社区公共资源公平分配、推动社区资源管理效率和组织效率的重要手段和基本目标。瑞泉馨城以居住地为核心，打造均等化公共服务覆盖体系，改变政府"独角戏"现状，通过"政府＋社会组织"方式，破解社区公共服务供给不足、供需脱节等难题，推动公共服务均衡、均等供给。

四是数字化预判机制，推动社区动态平衡建设，是实现社区良治的有力支撑。改革开放是我国实现持续发展和长治久安的基本动力，在全新的历史方位，改革和变化注定是大势所趋，作为社会基层的社区必然会更加开放、动态，对社区整体及其有机构成系统的未来和发展做出事先判断显得尤为重要。"瑞泉模式"通过建立完善的数字化信息系统，能够快速、准确地进行社区人口及资源的统计分析，把握社区动态特征，为政策措施制定提供参考，对于推动社区动态平衡建设具有重要意义。

五是具象化示范机制，推动社区核心价值体系建设，是实现社区良治的基本动力。核心价值体系是社区秩序的精髓，决定着社区管理的发展方向。"瑞泉模式"以规范、平等、互助、诚信为价值取向，将传统中华文明精髓融入现代社会发展脉络，形成具有中国社会主义特色的、符合科学发展观的社区理念。在这一过程中，瑞泉馨城并未采取简单说教方式，而是在党员干部带头示范、社区发展实践中逐步形成并自觉凝练，为社区纠偏和功能拓展提供强大的精神力量。

六是社会化互动机制，推动社区网络建设，是实现社区良治的关键力量。社会网络是信任、安全、合作等社会资本的平台，有效降低交易费用的同时，能够促进团结和内聚。在社区规模成倍扩大、原有社会资本难以覆盖的现实面前，瑞泉馨城社区引入社会资源，推动文体活动类、社区服务类、慈善救助类等社会组织建设，通过第三方建立社区内部的互助、互动网络，降低了信息交换成本，加强了社区内各群体之间的对话和沟通，使社区互动常态化，成为推动社区良治的关键力量。

四　简要小结

瑞泉馨城社区在深刻认识经济社会的宏观大局变化的基础上，遵循转化—重塑—创建—提升的科学发展路径，通过六大机制建设，已经初步形成适应转型期社会发展的良治格局。"瑞泉模式"的成功之处在于，抓住了社区建设中最大限度调动和发挥社区社会管理能动性这一主要矛盾，破解了再组织方式下农民集中居住存在的治理困境，形成了有制度保障的社区治理长效机制。通过制度建设，形成社区共同遵守的行动准则，使社区有章可循；通过机制建设，整合行政、市场、社会等多项资源，协调社区结构、功能和相互关系。

站在新的历史起点，瑞泉馨城社区向着更加开放、竞争、多元、多功能的方向迈进，"瑞泉模式"仍将面临挑战，在各种纷繁复杂矛盾中，起决定作用的是社区利益共同体建设——只有共同利益才能化解不同主体的利益冲突，才能形成稳定的秩序结构。一方面，应强化社区公共资源拥有及控制能力，持续实施加强社区内部凝聚力，形成长期合作博弈的土壤，这对于稳定的社区治理结构至关重要。如给予社区土地、房屋等固定资产财产权。另一方面，应通过外来者（政府、专家等）的参与和技术支持，有效增强社区的外向性，提高少数派参与社区事务的谈判能力，在多数派获得权益的同时兼顾少数派的基本利益，符合自我治理、公平、协商、妥协和利益一致性等现代权力的核心理念。

第四节　社区可持续发展的"磨盘山试验"

一　概述

磨盘山村农民聚居小区位于四川省成都市金堂县云合镇磨盘山村，2013 年依托土地增减挂钩项目建成，小区有 94 户农户。从外观和居住情况看，磨盘山村农民聚居小区是一个典型的"村中城"。一是小区内公共设施较为完善，硬化道路直接通到每个农户家庭，给排水管网、体育设施、各类公共服务设施比较完善；二是小区人口密度较大，小区内皆为 4 层楼房；三是小区与耕地有一定距离，最远的约 3 千米；四是小区内居民家庭收入以非农业为主，对农业依赖度较低。但是当前小区的公共管理出现了诸多问题，比如公共区域私搭乱建现象层出不穷、公共卫生环境较差、公共设施无人管理等。事实上，磨盘山村是地处成都三圈层远郊县，与眉山市仁寿县交界，因距中心城区较远，除劳动力常年外出务工外，磨盘山村基本保持了熟人社会的原貌。小区外以小农户经营为主的农业是主要产业，村内居民分散居住，各自空间交集较少；村内的公共事务由村民代表组成的议事会讨论决策，并交由村两委执行；公共设施和环境管护投入来源主要依靠村公资金[①]和一事一议，即便在有了"村中城"后的今天，磨盘山村依然能保持较好的社会治理秩序。农村新型社区由村内近四分之一的农户组成，人口少、面积小、设施完善，是什么导致了社会秩序缺失？这种情况下能否实现可持续治理？实现可持续治理的框架包括哪些内容？

磨盘山农村新型社区面临的诸多社会问题本质上是熟人社会的信息交换网络被打破，是熟人社会到公共社会的必经阶段，从社区公共治理的角度看，建立包括国家和社会关系调整的现代治理体系以及将农民塑造为现代公民是解决问题的根本路径[②]，但政府公共财力有限，公民教育还需要时间，而且农村新型社区事实上还具备自我管理的可能性，因此依靠社区居民自治进行管理仍然是最为经济、有效的方式。

[①]　成都市给予每个行政村村级公共服务和社会管理专项资金。

[②]　孙远东：《社区重建抑或国家重建：快速城镇化进程中农民集中居住区的公共治理》，《苏州大学学报》（哲学社会科学版）2011 年第 5 期。

2014 年成都市民政局委托成都蜀光社区发展服务中心开展了"磨盘山村聚居点管理试点项目",探索农村新型社区可持续治理,以破解农村新型社区出现的诸多治理难题。试点项目由成都市民政局提供资金支持,执行期一年,于 2014 年 9 月开始实施,2015 年 9 月底结束。本文对磨盘山社区试点项目进行观察,描述试验内容和取得的阶段性成效,并分析新的治理方式产生效果的深层次原因。

二 磨盘山社区可持续发展的主要做法和成效

在有限的时间里,试点项目瞄准小区房屋维修的后续管理问题,以建立小区公共设施维修基金为切入点,引导和推动农村新型社区建立可持续管理机制,同时借款给小区购买收割机以补充房屋维修的收入来源。

具体做法包括:一是建立小区居民管理小组;二是管理小组带领小区居民讨论小区存在的问题,对未来小区管理机制达成共识;三是开展小区管理的各种活动(包括小区公共设施的建设和改善、乱搭乱建设施的拆除、居民出资建立市场化的小区卫生管理机制);四是为今后小区房屋维修建立了可靠的维修基金;五是建立小区可持续管理制度(包括小区公约、维修基金管理制度、管理小组内部管理制度、维修基金使用管理制度、收割机使用管理制度等);六是开展参与式评估。

此外,试点项目还针对返乡中年创业难的问题和社区灌溉蓄水设施老旧缺乏维修管理的问题,开展了一些活动。围绕村内最年轻的劳动力——40—50 岁返乡中年人,推动他们建立一户带几户的产业发展兴趣小组,互助生产、探索市场。针对灌溉渠存在的经常被人为破坏的现象,推动灌溉渠受益户组成社区可持续灌溉管理小组,共同分析问题、确定应对办法,在追求公平用水的同时实现灌溉用水可持续管理。

试点项目在多个层面产生了显著成效。[①]

一是社区设施得到改善。其中,在聚居小区新建晒坝约 400 平方米,新 / 改建绿化面积 400 多平方米,种树 50 多棵,新安装低保户楼栋外的路灯 3 盏,小区 94 户住户直接受益(其中有 6 户无人居住,或是只有孤寡

---

① 成都蜀光社区发展能力建设中心:《探索建立农村聚居小区可持续管理机制》,2015 年 8 月。

老人，已去世或去了敬老院）。此外，社区的灌溉蓄水设施得到改善，共维修了 19 口蓄水池，309 户 1184 人直接受益。在社区建立了 3 个中年市场兴趣小组，3 个中年市场兴趣小组共有 43 户村民参加。

二是建立了聚居小区房屋可持续维修机制。为解决房屋维修后续资金来源问题，建立了两个资金来源渠道：管理小组管理运作房屋维修基金，通过基金产生利息的一部分来支持未来的房屋维修活动；建立农村聚居小区的集体企业，通过企业经营获得收益来补充未来的房屋维修资金。这个小企业目前是管理收割机，通过每年收割机对外服务，产生的收益进入房屋维修资金。收割机的产权归聚居小区全体村民所有，利润进入可持续维修基金。使用管理是通过聚居小区的全体居民大会进行共同决策。建立了维修维护资金的管理制度。

三是初步建立了聚居小区可持续管理的框架。框架包括聚居小区可持续管理的主要内容：用村规民约来约束小区居民的行为，倡导小区居民的和谐行为方式、小区卫生的市场化管理方式；小区公共空间的使用管理规则；小区房屋维修的管理制度；小区自主管理小组和村两委的职责分工。

四是项目实施的过程中产生积极社会影响。不断有外面的人来实地参观；金堂县民政局和云合镇政府向四川省民政厅书面报告并获得回复批准，准备进一步扩大试点区域；社会公益组织专门邀请聚居小区管理小组成员到成都参加了相关主题的沙龙；等等。这些活动都扩大了试点项目的影响，相关各方的普遍共识是：在农村聚居小区建立房屋维修基金是一个创新性的试点活动，将会越来越引起各方的关注。

专栏 4　金堂县云合镇磨盘山村聚居小区管理公约

小区的住户要团结合作，以建设和谐小区为目标。

小区保洁人员要负责小区公共部分的清洁卫生（包括广场、通道、草坪、每个楼幢房前屋后街沿的打扫）。

按时缴纳清洁费：收取标准。100 元 / 户·年（若是需要修改，必须通过住户大会的集体讨论决定），收取的时间：每年春节期间。清洁费由管理小组代收代管代支，同时做好公示。

小区住户不得乱扔垃圾，必须将垃圾放到集中倾倒处，小区住户必须将过道和楼梯间打扫干净。住户不能在小区内乱搭乱建，不准饲养鸡、鸭、鹅等家禽。

小区内做酒席和大型活动产生的垃圾，由承办户负责垃圾的清扫和清运，承办户应把地面打扫干净。

小区住户要爱护小区公共设施和设备。不要在花草树木上晾晒衣服，不要故意破坏小区花草树木、桌椅板凳、健身器材等。

从2015年10月起，小区空地内不能种植高秆、缠藤作物（小区内的绿化空地用于种植春见，春见产生的收益也将用于小区的维修维护）。

小区住户应该积极参加小区会议，积极配合管理小组的工作，积极参与小区公共建设的投工投劳，每年应积极缴纳清洁费用。

以上的制度，小区住户应人人遵守，特别是要约束好自己的小孩。如有违反的情况，一旦被管理小组和住户们发现，除了应赔偿所损坏的公共设施，还要被罚款。

罚款的标准：损坏小区绿化树一棵罚款500元，同时要照原样恢复绿化树；损坏小区果树，每棵罚款200元，同时要负责种植同样的一棵树；损坏桌子板凳，罚款200元，将桌子板凳负责修复；损坏路灯和健身器材，罚款200元，并负责照样安装好。

以上是定额罚款，罚款收入将滚入小区的维修资金进行开支。如有不服，则由村两委和管理小组通知派出所进行处理。

希望住户们共同遵守、共同监督。如违反公约，则不能从基金中借款或作为担保户。

三 磨盘山社区可持续发展的创新经验

梳理磨盘山农村新型社区可持续治理项目，其成功的关键在于通过以下5个要素的共同作用，重塑农村新型社区的信息网络，使之成为一个包含多重利益主体、具有低成本、高交换效率特征的新的蛛网式信息交换网络。

1. 建立社区公共收入，增进社区居民福利

一是建立社区维修基金，明确所有权、收益权、使用权归农聚区全体居民；二是立足资源禀赋，帮助建立产权归属于农聚区的共有资产——收割机，提高经营能力；三是鼓励小区挖掘内部资源潜力，例如利用公共空地种植花卉苗木等；四是明确前述两项公共资产和收入的收益分配使用管理，使之成为每个社区居民的切身利益。

2. 创建高效组织形态，通畅信息交换网络

一是建成可代表不同利益相关群体的组织，磨盘山农村新型社区建立了小区居民管理小组，管理小组和村两委共同成为新的信息交换网络的核心，其基本要求之一为："要做到多和住户进行沟通，不乱承诺，要在小组内部达成一致后再向住户宣传，先说断后不乱，出现特殊的情况时（如制度里面没有相关的要求），要先改制度再行动"；二是小组代表由农村新型社区全体居民投票选出，定期由村两委召集全体小区住户进行民主改选；三是管理小组经过相关培训，具有负责公共资产和收入日常管理活动的能力，包括完善基金借还款相关手续、做好账目、及时公开公示、及时向住户反馈提出的疑问、接受村两委的领导和群众的监督等；四是严格内部管理，如有管理小组成员中途退出或违规的情况，要及时通知村两委，由村两委召集小区全体住户公开选举出新的管理人员；五是给予管理小组成员合理的薪酬，在磨盘山农村新型社区，在扣除办公经费和公益金后，小区维修基金利息收入的40%可用于管理小组的补贴，管理小组内部则是按照成员的投工量进行分配，管理小组成员每年的补贴也要向小区住户进行公示；六是及时进行效果评价和监督，管理小组要做到每半年公布和公示各种财务和事务账目，并接受住户和村两委的监督。

3. 完善居民自治体系，降低信息交换成本

一是通过协商讨论形成全部居民一致同意的、可执行的制度；二是管理制度应明确主要管理对象和内容；三是制度的产生和变更应程序化、有原则，且应有一定弹性空间；四是在制度执行过程中应以教育为目的而非惩罚性执行；五是明确监督和投诉主体、对象、内容等。

4. 丰富社区公共活动，提高信息交换频率

一是活动的来源、形式、内容应多种多样，满足不同群体的真实需求；二是注重公益活动的实施质量；三是多样化的社会服务形式；四是尽可能扩大活动参与人群的覆盖面;五是活动的目的是社会关系的改善和社会风气的优化。

5. 强化外部协同支持,提升信息交换质量

一是提高自治组织的外部协调能力,磨盘山农村新型社区将传统的外部协调组织村两委和新建组织结合起来,通过培训和实践等方式提高其协调能力;二是制定有利于信息交换网络上各类组织协同工作以及公共资产保值增值的政策;三是地方政府管理能力的持续提升,尽可能将其内化为信息交换网络上的一个关键节点,在磨盘山试点项目中,云合镇政府工作人员几乎全程参与项目,并为项目提供及时支持,如派出技术人员对项目的蓄水池建设、果树种植进行指导,还派出乡政府工作人员带领小区居民外出参观考察,对小区的公共设施的改善提出建议;四是尽可能寻求专业化的外部技术支持,包括但不限于社会组织、群团组织等,磨盘山试点项目的实践表明,第三方社会组织的参与,能够迅速发现并前瞻性地瞄准发展中可能出现的典型问题,提前介入,提前探索,提前考虑解决办法,有利于帮助地方政府及时采取措施,将可能产生的矛盾在源头解决,维护社会的和谐。同时,社会组织也能够提出创新性解决问题的办法和思路,有效杜绝政府的发展资源的跑冒滴漏。

四 简要小结

通过试点活动,证明社会组织是能够在社会治理和公共服务中发挥重要作用的。一是社会组织可以瞄准社会治理、社会管理和公共服务中的具体问题,用更贴近基层、更过细的方法来探索如何解决这些问题,建立解决问题的机制;二是证明有了第三方的社会组织参与,更有利于一些发展矛盾的解决,能够提出创新性解决问题的办法和思路;三是通过社会组织的参与,能够有效杜绝政府的发展资源的跑冒滴漏;四是证明社会组织和地方政府能够做到有效的合作;五是这次试点活动真正瞄准了地方发展中可能出现的典型问题,提前介入,提前探索,提前考虑解决办法,有利于帮助地方政府及时采取措施,将可能产生的矛盾在源头解决,维护社会的和谐。

第六章

农民集中居住后公共产品的需求类别和表达

相对于分散居住，集中居住后农户之间空间距离缩小，取而代之的是公共空间（如道路、广场、茶馆等活动空间）增多。更重要的是，集中居住往往伴随农户生产方式的变化，表现为庭院经济消失，无耕地或实现耕地规模化经营，这都意味着农户闲暇时间增多。另外，政府在集中居住项目中的深度介入，在一定程度上强化了集中居住后农户对政府的期待，相对于传统农村社区农户对公共产品需求的无表达和弱表达[1]，集中居住后农户表现出更强的需求意愿。总体上看，集中居住后农民对公共产品的需求表现出规模化、多样化以及个性化特征。由谁表达、向谁表达、是否能够畅通和准确地表达是农民集中居住后公共产品需求能否得到有效满足的三个先置条件。

第一节　需求的主要内容

农村公共产品需求与经济发展水平密切相关，农民收入水平提高会首先增加对私人产品的需求，经济发展水平越高，对公共产品的需求和消费也会相应增加。[2]刘义强在2006年的一项研究中指出，"中国农村的发展正在从满足温饱的生存型向生活小康的发展型过渡，农民生产和生活的

---

[1]　邓念国、翁胜杨：《"理性无知"抑或"路径闭锁"：农民公共服务需求表达欠缺原因及其对策》，《理论与改革》2012年第5期。作者发现，大多数农民在大多数场合，缺乏表达自身利益的意识，是"沉默的大多数具有浓烈的'臣民'集体无意识"。另一方面，对于不需要的公共产品默认接受、忍耐置之，往往采取"零风险"的被动表达方式，不表达真实想法。

[2]　张军、何寒熙：《中国农村的公共产品供给：改革后的变迁》，《改革》1996年第5期。

社会化程度极大提高。……农民已经不再是传统的固定在土地上的一袋马铃薯中的互不关联的个体，成为在生产和生活上愈来愈依托于社会的基础性公共产品的人群。"① 农民集中居住小区是我国特殊城镇化发展模式下的产物，蕴含了空间上从农村向城市转变和时间上从发展型向城市融入型转变的两个维度变化，无论是从经济增长的视角还是从生产生活方式变化的角度观察，农民集中居住后对公共产品的品类和质量的需求都有了大幅提高，既有农村集体参与共享的产品，也有基于城市生存和生活的基础性公共产品，同时还有与弥补在集中居住过程中自身财产权利损失相关的公共性需求。

一 对农村集体参与共享产品的需求

农村新型社区建设并未从根本上改变农村基本经营制度和组织制度，即便是多村合并或村内小组整治的情况，村两委等一级自治组织仍然发挥重要作用。出于管理方便、过渡阶段安排以及农民心理承受水平等方面的考虑，城郊农民集中安置区往往也保留村集体，从调查情况看，农民对村集体的认知度和亲近水平普遍高于城市社区居委会，被访者"遇到事情先找集体、找队长"而不是向社区寻求支持的现象普遍存在。村集体的角色和作用在集中居住后相当长一段时间反而被强化，表现出农民对集体参与共享的公共产品需求大幅增加。

生活环境方面的公共产品需求主要来源于住房条件的改善。"镇上至少新村里要有一套房子，否则媳妇都娶不到。"这是很多受访者的共同认识，不仅是对新房的要求，更重要的是对生活环境改善的要求。集中居住社区居民在生活环境类公共产品的需求包括如下几个方面。

一是房屋风貌上，与传统村落不同，集中居住社区均进行了较为规范的规划，对于房屋风格、布局等通过专业设计队伍进行了设计，房屋外观往往统一，即便是一个社区内同时有高层、多层和独栋的多种建筑类型，也在色彩运用和建筑风貌上力求协调。

二是在基础设施建设上，集中居住社区在道路、给排水、清洁能源等

---

① 刘义强：《建构农民需求导向的公共产品供给制度——基于一项全国农村公共产品需求问卷调查的分析》，《华中师范大学学报》（人文社会科学版）2006 年第 3 期。

方面设施完善。一项对已经进入农村新型社区的农户调查 [1] 显示，集中居住前后，门前通硬化道路的农户从 20.7% 上升为 98.0%，用自来水的农户从 18.3% 上升到 87.9%，使用水冲式厕所和卫生厕所的农户从 2.7% 上升为 94.0%，使用煤气、电和沼气等清洁能源为主要做饭燃料的农户从 20.4% 上升为 85.5%，随意丢弃生活垃圾的农户从 86.0% 下降为 12.4%，随意排放生活污水的农户从 80.9% 下降为 6.0%。大多数新型社区通过各种手段对社区进行绿化。这些举措从根本上改变了传统农村脏、乱、差的环境。

三是在公共服务方面，集中居住社区配套（或规划）了幼儿园、小学、卫生所等公共事业设施，社区居民委员会（或村委会）有专门的办公场所，政府的社会保障体系也往往能够实现社区办公。此外，新社区往往投入大量资金用于清洁卫生和安保，相对于传统农村，农民在新社区能够享受到更加完善的公共服务。例如河南省龙王店社区覆盖了 10 个行政村 13870 人，建成后的社区有行政服务中心 1 个（负责办理农民日常事务、社会保障手续等），警务区 1 个，幼儿园 1 所，初中学校和小学校各 1 所，卫生所 1 个，文化休闲广场 2 个。

值得注意的是，不同集中居住社区环境改善的水平存在较大差异。大体而言，多村合并的新型社区配套的公共设施较齐全。其原因有两个：一是这类社区集聚了较多人口，少的 2000 人，多的近 2 万人，公共服务覆盖成本相对较低；二是这类社区往往由政府或企业发起，资金投入较大。例如河南省龙王店社区、祥和社区、中鹤社区等。单村整治的农村新型社区虽然基础设施有所改善，但因发起人主要是村集体，公共投入大多需要向上申请，资金有限，所能提供的往往是最基本的公共产品，如硬化道路、给排水设施等。

多项调查表明，农户对于集中居住社区生活环境满意度较高。河南调查表明，83% 的受访者对居住区生活环境"很满意"，14% 的受访者觉得"一般"，只有 1% 的受访者"不满意"。在主要生活环境变化的指标中，受访者对生活垃圾处理方式的变化最为敏感，提供定点堆放和垃圾池的社区，农户的生活环境满意度较高；对厕所的变化也较为敏感，有水冲式厕所和

---

① 河南省土地综合整治课题研究，调研具体内容、问卷等资料详见"专题报告一"中"4. 农村集中居住农民财产权变化——基于 365 份问卷的分析"，本节下同。

卫生厕所的社区受访者的满意度普遍较高。对居住环境较高的满意度直接影响农民对集中居住的态度。89.1% 的农户"不后悔"入住农村新型社区，只有 4.2% 的农户表示"后悔"，另有 6.8% 的农户对于入住新型社区的感觉"说不清楚"。对于农村新型社区建设的总体情况，在 289 名有效回答中，83% 的受访者表示满意，7% 的受访者表示不满意，另有 10% 的表示"说不清"。

此外，农村新型社区对生产性公共产品的需求大幅增加。基于我国特殊的农村土地制度安排，农户承包地少则几块，多则十多块甚至几十块，分散在村内多处。集中居住后，农户经营耕地难度加大，根据河南省农户调查，超过一半的受访者表示最远地块的距离"更远了"，原本可以自行耕种的土地在集中居住后不得不依赖农业社会化服务。例如，河南省中鹤新城社区，在政府支持下，由河南中鹤现代农业产业集团（简称中鹤集团）推动建设。通过土地综合整治，王庄镇完成整治面积 3 万亩，新打机井 600 多眼，敷设地埋管道 500 余千米，架设电力线路 50 千米，修建道路 60 千米，安装星陆双基设备 8 套。2010 年项目区分别首创全国 3 万亩以上连片小麦平均亩产超 600 千克、连片玉米平均亩产超 750 千克纪录，实现了小麦、夏玉米两季亩产 1394.4 千克的高产纪录。中鹤集团依托鹤飞农机专业合作社，将整理后的土地从农民手中流转出来集中经营，作为粮食基地。2011 年底已流转农田 1.5 万亩，余下部分也将全部流转。

值得特别注意的是，集中居住后，农户还具有十分突出的对于维系传统农村社会网络秩序方面产品的需求。典型的是群宴需求。遇红白喜事邀请亲朋好友举办群宴是传统农村最为重要的人情世故和社会规则之一，宴席不仅是村民们改善伙食、增进感情的平台，同时也是"熟人社会"交换家长里短信息的重要方式，约定俗成的人情礼金交换往往是主办者短期融资的手段，长期合作下来基本能实现收支平衡，并不会加重村民经济负担。集中居住后，居住规模扩大、密度增加，群宴参与者从过去相对封闭的"熟人"逐渐变为"半熟人"，生活商品化导致群宴制作和参与成本提高，例如成都都江堰棋盘社区在集中居住后，原来约定俗成的参加红白喜事每户给 50 元人情礼金暴涨为 300—500 元，餐饮标准从过去每桌 100 多元暴涨到 450—600 元，对于主办方和参与方两方而言，群宴都成为"不可承受之重"，甚至有老年人为躲避群宴而搬到山上的看管房住，年轻人以打工为由尽可能不回乡。2015 年初，由村两委加部分议事会成员召集居民开会，共同商议制定了《向峨乡棋盘社区群宴管理制度》，对餐饮标准、送礼标准做了明确规定，成立了群宴管理服务队。服务队为群宴提供志愿服务，新的群宴方式已经成为新社区秩序建设的重要渠道。

二　基于爱好和个人发展类公共产品的需求

确切地说，前述对农村集体参与共享产品的需求是农村经济社会进步的必然趋势，即便没有集中居住，伴随着城镇化和工业化进程也将出现。但对个人爱好和社区发展类公共产品的需求，则是由集中居住后闲暇时间增多、居民独处时间减少而直接催生的。

2014 年 10 月至 2016 年 9 月，社区伙伴（非政府组织，简称 PCD）委托宜宾戎和社会工作服务中心（简称戎和社工）在四川省宜宾县美好家园小区开展集中安置区社会建设试点项目，前期针对居民的调查中发现，大型室外可遮蔽活动场所、老年人需要的公共休息区域和休闲娱乐区（棋牌室）、妇女需要的舞蹈表演活动（健身和文艺活动）、青少年和儿童需要的学习和娱乐活动等是小区居民普遍关心的问题[①]。接下来的试点项目中，戎和社工开展了一系列活动，与在传统村落组织活动参与率偏低的情况相比，美好家园小区的居民表现出了较高的参与积极性，表现出了强烈的基于爱好和个人发展方面的公共产品需求。

三　与城市居民享受相同权利的需求

从硬件建设上看，大多数农民集中居住区与城市社区并未呈现出十分显著的差距，甚至不少集中居住小区的硬件建设水平高于一般城市小区。但调查发现，大多数受访者集中居住后依然认为自己是农民，"与城市居民有很大差距"（受访者语），这一点在城郊农民集中安置小区表现得更为显著，除心理承受因素和经济收入因素外，享受城市居民权利的公共产品需求表现得十分突出。

一是清洁卫生、安全、绿化等方面的需求。从调查情况看，尽管政府采取了多种措施对居民进行引导、激励，但尚未有集中居住小区能够持

---

① 刘华强、黄春梅：《岷江社区项目质性研究报告》，2016 年 4 月。

续、稳定地收取物业管理费，如前所述，大多数集中居住小区的清洁卫生、安保、绿化等服务成本由财政资金直接支付，或以公益性岗位等形式变通提供，经费和人员不足的情况下，服务效果可想而知。由于规模相对较小，加上近年来大力开展的农村环境综合整治、新农村等项目，农村新型社区情况相对较好，城郊农民集中安置区普遍情况严重得多。

二是硬件设施维护和新增硬件需求。调研中发现，无论是农村新型社区还是城郊农民集中安置区，在项目建设之初均较少考虑房屋维修基金，经过数年居住，不少社区已经暴露出公共区域硬件维修、房屋受损甚至电梯老化等问题，但却因无资金投入导致问题难以解决，甚至存在较大安全隐患。同时不可忽视的是，一些新增硬件需求越来越强烈，典型的例子是，未建停车场或停车位严重不足问题在各农民集中居住区普遍存在，这一矛盾在城郊农民集中安置区更为尖锐。

三是社会保障方面的需求。农村新型社区农民集中居住后身份、土地权属未发生根本变化，按照农村社会保障制度执行。城郊农民集中安置后根据劳动保障部《关于做好被征地农民就业培训和社会保障工作的指导意见》，各地根据本地发展水平分别制定保持被征地农民基本生活水平不下降的办法和养老保障办法，同时，符合条件的农户应纳入城市居民最低生活保障、城市医疗救助等范围。从调研情况看，各地均为被征地农民出台了专门的社会保险办法，主要根据年龄段采取不同的社会保险方案。从各地情况看，男满60周岁、女满50周岁的被征地农民，一般由当地政府向社保经办机构一次性缴纳15年的基本养老保险费，被征地农民个人支付较少或不支付，可在手续完成次月领取养老金，在此年龄段以外的被征地农民均需在最长15年期限中个人负担较大部分社保缴费支出，即年龄距离男60岁、女50岁在15年之内的被征地农民，选择自行缴费比较"划算"，调查也发现，被征地时45岁以上的中年人和老年人一般有较为完善的社会保险，反之大多数人选择不买保险。随着年龄增长，被征地时的"年轻人"进入中老年，拥有完善的社会保障尤其是养老保障成为这部分群体最为急迫的需求。

四　与弥补财产权利损失相关的需求

从财产权利角度出发，由于农民集中居住过程中涉及政府、集体、个体等多方包括土地收益权和使用权、公共财政、个人物权等在内的多项财产权利，暗含了公共意志对财产权利再分配的作用。研究发现，由于农村财产权利在法律和制度上存在不确定性和模糊性，很难从单一视角评价集中居住对农民个体财产变化的影响方向[1]，这一判断对城郊和农村两类农民集中居住类型均适用（具体参见专题研究一中的分析）。尽管我们很难从整体上对农民集中居住后财产权利损益做出准确判断，但是可以肯定的是，城郊农民集中安置区和部分农村新型社区是行政推动下农民的被动选择，同一时点统一的安置政策必然会出现部分农民财产权利受损情况，如无集体经济分配、无法养殖、补偿不能弥补旧房拆迁损失等。与前述三类不同，与弥补财产权利损失相关的公共产品需求是农民集中居住区最为特殊、最容易被忽视和难以破解的内容。

集中居住后的农户对这类公共产品的需求主要集中于以下两个方面：一是集体资产分配有关的制度安排，如主张小区内铺面、村集体建设用地等作为集体资产统一经营并根据集体经济组织成员权享受红利分配；二是与个人技能和发展经验相关的公共资源，如将小区绿化地带或空闲土地改造成微田园，发展蔬菜等庭院经济。调查中发现，越来越多的农民集中居住小区尝试以各种办法满足农民这方面需求，如大连甘井子区的城郊农民集中安置小区专门留出耕地作为集体资产，用于有意愿的"上楼"农民耕种，集体收取管理费。又如成都建设"小组微生"农村新型社区，即建设小规模、组团式、微田园、生态化的农民集中居住小区（具体内容参见专题研究三）。值得一提的是，成都市龙泉驿区探索开展了"异地农业"项目，成效十分突出。

专栏5 **成都龙泉驿区失地农民"异地农业"项目** ■

龙泉驿区位于成都市东南，具有优良的水果生产条件，种植传统加上实用技术的成熟、管理能力的提升、品牌和市场网络的拓展，龙泉驿区水果产业优势突出，先后被确定为中国水蜜桃之乡、全国无公害水果生产示范基地、全国农业科技示范区等。然而，作为成都发展的东向"桥头堡"，近年来，龙泉驿区城镇化和工业化明显提

---

[1] 张鸣鸣：《"农民上楼"后财产权利的变化》，《中国农村经济》2017年第3期。

速，与土地非农化相对应的是水果产业的萎缩。2008—2012 年的五年间，全区水果总产量从 35.25 万吨锐减为 20.90 万吨，减少 40.7%。"被城镇化"的部分专业水果种植农户面临转岗困难、收入锐减的尖锐矛盾，成为社会不稳定的重要因素。适逢党的十七大报告提出"引导生产要素跨区域合理流动"的指导思想，龙泉驿区与湖北省赤壁市探索开展了异地合作农业项目。主要做法如下。

1. 政府推动，形成地区间政府合作推进机制

2007 年底经过龙泉驿区和赤壁市两地政府磋商达成合作开发协议。在赤壁市成立"成都现代农业创业园"，龙泉驿区委派区农业发展局副局长李志刚前往赤壁市挂市长助理全力抓好创业园工作。通过互派挂职干部、引导农户转移输出、实地考察等方式，形成地区间政府合作推进机制。

2. 以专业农民输出为主，实现两地农民优势资源互补

通过转移输出龙泉驿区城镇化过程中失地的专业技术农民（"土专家"），与赤壁市有从事农业经营意愿的农民深度合作。一是提供"一加十、十加百"技术服务，由一名高级农民农艺师负责十个技术员的指导，每个技术员负责十户农民的技术指导，同时利用远程教育的平台，不定时地由龙泉的果树专家讲课指导。二是龙泉驿区"土专家"异地创业，租地经营，示范带动当地农户发展生产。三是建立跨区域农民专业合作社，按照"股份运作、企业经营、整体规划、分户管理、统一产销、按效分红"的运作模式进行经营。

3. 搭建组织平台，成立跨区域农民专业合作社

2008 年 5 月在两地政府的支持和推动下，由成都市龙泉驿区柏合镇爱国农技服务队、双碑农技服务队、长松水蜜桃合作社与湖北省赤壁市余家桥乡丛林村农户合作组建了赤壁绿态果业农民专业合作社。合作社共有会员 402 户，其中成都市农民 42 户。分配模式上，合作社一年中采取三次分红，即农户将水果交由合作社营销时，合作社按照品质与市场价格，第一次给农户兑付现金，水果收购完毕后，按照合作社的盈利的多少与农户流转给合作社的面积的多少第二次兑付现金，第三次是在年终按照农户承包的面积与效益进

行分红。①

4. 政策激励，调动异地合作农业经营主体积极性

龙泉驿区出台了大量的激励支持政策。一是财政支持。5年多来，龙泉驿区各级政府对异地合作农业的专项支持超过540万元。其中，对输出农民给予连续三年、每年每亩50元的创业补贴；免费提供种苗；给农业技术人员补贴；垫资购买生产资料；每亩每年108元的农业保险补贴，占农业保险购买额的90%；帮助装修合作社办公用房并支付房租等。这些措施极大地激发了农民异地发展水果产业的积极性。二是由派出挂职市长助理的干部兼任跨区域合作社理事长，在农户政策咨询、社会保障等问题上提供必要的支持。三是在龙泉驿区设立水果科技中心，与科研院所合作，开展包括品种研发及转化、病虫害治理、科技推广等建设，形成"产、学、研、用"的公益性科技服务体系。四是提供规划设计、价值提升建设、战略发展等方面的服务，形成异地合作农业的"总部经济"。赤壁市通过将现代农业项目向项目区倾斜，为园区和合作社提供了大量基础设施和农业设施，降低两地农民经营农业的成本。

5. 基地建在市场上，构建第一、第三产业互动的现代都市农业模式

一方面，充分利用龙泉水果原有销售网络，将赤壁水果销往特大城市的同时，部分赤壁水果以新的品牌供应于周边市场，大幅提高本地农产品的市场竞争力。另一方面，明确第一、第三产业互动发展，将赤壁桃子种植片区打造成龙泉国际桃花节的分会场。同时借助赤壁古战场及丰富的三国文化传承，建设"川菜村"，发展都市休闲农业，吸引周边城市居民休闲度假。

除赤壁外，龙泉驿区还与安徽、重庆以及四川其他地区形成了广泛合作，目前已经形成超过5万亩水果异地种植基地，创造多元经济社会效益。

---

① 具体的分配方式为：承包人分配金额 = 该承包人劳动股红利数 × 每股盈利 ×[1+（承包人亩效益 – 平均亩效益）/ 平均亩效益]。

　　一是保留并发展了龙泉驿区优势农业。截至 2012 年底，龙泉驿区通过异地合作农业，形成了湖北赤壁 1 万亩、安徽宿州 3000 亩、重庆万州 3000 亩、四川蓬溪 3 万亩、邛崃 1 万亩等多个地区合计 5.6 万亩的特色水果种植业。在这一过程中，强化了龙泉水果品牌，巩固原有市场份额，进一步提高龙泉水果的市场占有率。

　　二是破解城镇化进程中诸多社会问题。原先以农业经营为主要就业方式的专业技术农民，即便在失地后拥有较高的社会保障和补偿水平，但原有技术经验难以在城镇中发挥作用，不仅是社会资源的巨大浪费，也容易成为城镇化中的社会不稳定因素。通过异地合作农业方式，这部分"土专家""田秀才"能够继续发挥作用，破解了就业和增收难题，在为输入地农民提供服务的同时，获得了较高社会地位，实现了"有尊严地生活"。

　　三是推动转移输入地产业结构优化和农业规模经营。5 年来，通过技术、资金、人才等要素输入，提高了当地农业科技应用能力、加大农村人力资源投入，帮助输入地建立健全现代农业社会化服务体系，使输入地高附加值农产品占比提高，其示范带头作用进一步推动了当地农业规模经营。同时将龙泉驿区农家乐等乡村旅游经验推广到转移输入地，带动当地"第一、第三产业互动"。

　　四是实现龙泉驿区失地农民和转移地农民双增收。以湖北赤壁为例，2012 年项目区水果种植户平均收入 6 万元，龙泉输出农户平均收入达 12 万元。

第二节　需求表达方式和路径

　　公共产品需求表达对集体利益和个人利益的实现发生直接作用。理论上，公共产品受益范围内，每个成员拥有平等的表达需求意愿的机会，并且在公共资源的配置上实现了帕累托效率，就可以认为集体利益和个人利益实现了效率最大，而每个成员拥有平等的表达需求意愿的机会取决于降低交易成本的治理方式。村集体作为长期以来农村最主要的管理者，依然在集中居住后农民的需求表达中占据主要地位。与此同时，与传统的"皇权不下县"的乡村自治不同，政府的行政力量以多种形式出现在大多数农民集中居住区的建设过程中，由于多种因素又不得不延伸至小区的后续管理中，成为集中居住后农民重要的公共产品需求表达渠道。然而，值得注意的是，农民集中居住小区在发展阶段上的过渡性和空间变更上的非自主性，需要构建更加清晰的、有效率的制度框架以畅通公共需求表达渠道，行政化的垂直管理和扁平化的村社自治无疑是一种理想的组织制度，但是受多种因素制约，在不少领域的公共需求，在制度外的表达交易成本更低。

一　制度内表达：行政垂直管理与村社自治

相对于农村新型社区，城郊农民集中安置区里，政府与安置居民、不同社区村之间、社区居民与外来人口等各主体利益关系更加复杂，原有的村社秩序被打破，征地拆迁过程中冲突和纠纷较多，对被动选择集中居住存在不适应乃至不满意的情况十分普遍，不少农户还存在财产权利的损失、生活完全商品化的开支激增、非农就业机会缺乏、公共服务的不健全、社会关系网络被打破等问题，一系列新旧矛盾叠加在一起，社区存在诸多不稳定因素。城市通行的物业管理方式加上政府必要的支持，一般能解决较为单纯的社区公共服务和基础设施维护等问题，但对于农民融入城市和适应城市生活、破解由征地拆迁所引发的诸多矛盾、原有村集体资产处理问题、调解村社之间甚至邻里之间矛盾等则无能为力。

从调研情况看，大多数城郊农民集中安置区会被并入所在城市社区，通过任命属地街道领导干部为社区干部的方式强化行政管理，同时将原有主要村两委成员作为管理者吸纳进新社区。这类小区往往要经历短则三五年、长则十多年的拆迁和安置，加上农民向居民转变的过程，这种政府管理加村社自治的制度安排在较长的过渡阶段往往能够发挥有效作用。比城市社区更为复杂的是，这类社区中有三类权威力量的存在：政府行政力量、若干村两委成员组成的新社区领导班子以及原村两委。

仍以成都市瑞泉馨城社区为例说明城郊农民集中安置区的管理体制。瑞泉馨城所在的涌泉街道自2002年启动拆迁，至今已近20年，尚未完全完成农民安置工作。在此期间，经过数轮拆迁安置政策变化和农村产权制度改革，已经并入瑞泉馨城的村既有一次性"吃光分净"型，也有通过集

体资产股份制改造等形式保留集体资产并分红的，加上万人以上的规模和
高居住密度，给小区的管理造成较大难度。2009 年瑞泉馨城社区正式成为
建制社区，社区书记由街道武装部部长兼任，在社区四个组团分别成立了
四个党支部，原村两委主要成员在社区继续担任主要管理工作。以 A 区为
例，A 区党支部陈书记是原花土村的副主任，陈书记在新社区的花土分区
上班，但要分管 A 区内所有工作。原村委会依然存在，集体资产已量化到
个人，村民的户口迁入社区，由社区进行户籍、社保、就业、计生等各项
管理，但集体资产股份也即经济关系依然保留在原村委会。社区管理人员
也采取新旧结合的模式：社区管委会组建时从每村吸纳一名主要干部，工
资由原村委会按村干部标准计发，但不再在村里任职，社区不再额外发工
资。随着项目的进一步发展，一些村庄会逐渐消亡，因此各村干部都积极
加入社区网格长的竞争。

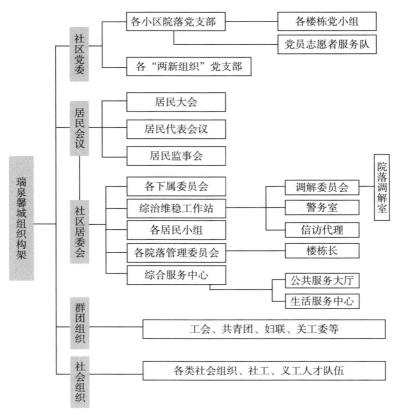

图 6-1 成都瑞泉馨城组织构架

社区居民自治体系方面，在政府的引导和成都市统一规定下，瑞泉馨城形成了"社区居民议事会、社区居民委员会、居民监督委员会、业主委员会"四会联治和"居委会—院委会—楼栋长"三级共管的治理格局，以实现社区居民的自我决策、自我管理、自我服务、自我教育、自我监督。社区居民议事会主要针对征地安置居民，目前议事会共有成员 27 人，以生产队为单位选举，每组 3—5 人。与征地安置居民的议事会类似，商住用户组建了业主委员会，参与社区公共事务讨论。

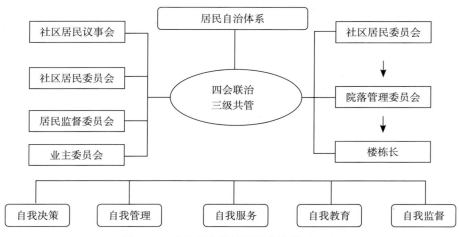

图 6-2　成都瑞泉馨城居民自治体系示意

公共资产管理方面，瑞泉馨城社区部分单元楼配套建设了约 29000 平方米的临街铺面，被划归为国有资产，委托街道办事处管理，除去社区公共事务用房外，出租 12000 平方米，租金、租期、招商等问题均由街道出面洽谈和签订协议，下一步这些资产如何管理、如何规范还不明确。

整体看来，瑞泉馨城社区在管理体制上，虽然仍然属于过渡阶段的制度安排，但总体上较为规范，日常运转顺畅，农民集中安置后并未发生大的矛盾和冲突，社会秩序较好。但调查显示，大多数城郊农民集中安置小区的管理体制存在身份模糊、职能不清晰的问题。如前所述的肖林社区，其居委会由原肖林村村委会改制而成，作为"村转居"社区，无论是居委会本身，还是作为上级政府，对其身份的界定均存在困惑。一方面，新社区在治理中延续了村委会治理中的自治原则，仍然管理着在原肖林村的各个生产小组，包括安置在本社区的和安置在其他社区的；另一方面，在社区管理职责的衔接上又对准街道，承担了许多类似于城市社区的职能，工作量增大。社区对居民采取属地管理原则，即社区负责在本社区范围内居住的人员，社区都要对其负责，包括这部分人员的户籍、计生、社保管理以及各种证明的开立、60岁以上老人的补助，都由社区提供。2008年商住小区建成了，开始有外村农民和其他人员入住本社区。然而，对于为什么要接收并负责这部分人的管理，政府没有任何正式文件或指示，只是按照"习惯"归肖林社区管理，一旦出了问题要向肖林社区问责。社区人员对此很疑惑，他们原以为开发商或政府会按商住小区人口数量配套一部分管理资金，但结果什么都没有。这些人员入住后，社区要往他们身上贴钱，更使原有工作量激增。

二 制度外表达：熟人社会的长期博弈和群体诉求行动

当制度内表达渠道不畅通或交易成本过高，本应在制度途径内的公共需求表达会转而以制度外形式进行。在农民集中居住小区主要有两种形式：由传统熟人社会延续而来的长期合作博弈和特定背景下向政府决策层传递利益诉求的集体行动。

蒲江县是成都市远郊县，截至2018年已经完成农用地整理项目59个、建设用地整理项目74个，已建成新村99个，还有17个在建新村，聚居农户23345户81707人，项目完成后农村聚居水平将超过45%。[1]蒲江县在农民集中居住过程中，并未采取整村集中、多村合并等方式，而是充分尊重农民意愿，将愿意集中居住的农户纳入新村建设中，因此大多数集中居住小区是由行政村内部分农户组成。与其他农村新型社区相同，集中居住区基础设施和基本公共服务设施由政府（或平台公司）提供，资金主要来源于财政专项和土地整理指标收入。但小区建成后的管护资金缺乏来源，成都市村级公共服务和社会管理专项资金只能解决其中一部分，而涉及仅小区住户受益的公共产品，如小区内公共卫生、广场和道路管护等则无投入来源。2018年蒲江县成立社区发展治理委员会，探索在各小区内收取物业管理费，历经大半年时间，蒲江县全部农民集中居住小区均收取了物业管理费，90%以上的住户缴纳了这笔费用。尽管收费标准、方式以及用途

---

[1] 《蒲江县：全域幸福美丽乡村助力乡村振兴》，《成都日报》2018年12月14日。

等内容是在党委领导、农户自治的框架里进行的，但访谈中了解到，除少部分自觉缴纳物业管理费的农户，大多数农户缴费经过了多种形式"做工作"的过程，其中既有村社干部、议事会成员等"因公做工作"，更多的是亲朋好友"低头不见抬头见"式的"做工作"，不少农户表示，不交物业管理费在村里都"不好意思见人，很多事也办不了"，收费的过程充分体现了农村"熟人社会"所依赖的长期合作博弈的力量。

"熟人社会"的长期合作博弈主要解决的是缺乏需求表达渠道的问题，但交易成本较高。与之相反，群体诉求行动往往有制度内的需求表达渠道，但由于各种原因，采取群体诉求往往效率较高、成本较低。例如，某城郊集中居住小区，几个集中安置农户租不起（或不愿意租）社区农贸市场摊位，就在小区所在的街道边自发形成了一个临时摊贩点，与城管和农贸市场之间的矛盾愈演愈烈，后演变成100多名安置农民到街道办事处"要说法"，最终以政府想办法低价给予摊位化解矛盾。

第七章

影响农民集中居住区公共产品需求的深层次原因

第一节　农民集中居住后财产权利的变化

　　近年来，随着城乡关系的深刻变化，学术界对城镇化过程中农民集中居住以及农民财产权相关问题给予了大量的关注，并开展了卓有成效的理论研究和实证研究，主要集中在三个方面。第一，学术界的一致认识是，城镇化过程中城乡资源发生了更多的交换，在当前制度框架下，土地与资本紧密结合，形成了与市场自由交换环境下截然不同的征地模式。但是对于征地模式的影响存在不同看法，大多数研究认为，利益主体在这一过程中矛盾日趋尖锐，处于弱势的农民权利受到侵害，征地模式亟待改变，也有研究认为，正是这种分配不对等的征地模式促成了"地利归公"，有利于资源的高效配置。第二，对于农民财产权（主要是土地财产权）的看法上，无论是法学还是经济学或社会学的研究，都认为当前农民土地财产权存在不清晰和不确定性，导致了大量的纠纷和矛盾，在城镇化过程中，赋予农民更多的财产权显得尤为重要。第三，学术界对于农民集中居住的现状和模式做了较多阐述，形成了截然不同的观点：集中居住因对资源利用更有效而正当其时、集中居住违背农村农业发展规律而应"叫停"。无论哪种观点，对于农民集中居住是一项系统工程且其重要性和变革性的认识是一致的，因此对集中居住的农民意愿、财产权利、福利、社会治理、发展方向等多个领域进行了较为广泛、深入的研究。在研究方法上，已有文献主要从实证角度开展，特别强调地方实践总结和农户问卷调查，由此演绎出针对某一地区或更广泛地区完善农民集中居住机制和方式的建议。

　　就农民集中居住区而言，"集中居住"这一过程以及不同主体之间的利益关系的调整结果构成了集中居住后农民公共产品需求发生重大变化的逻辑起点。城镇扩张形成的城郊农民集中居住区，农民承包地、宅基地、农村住房等农民财产发生根本性变化，部分地区农村集体资产同步发生重要变化，实现了资产增值。土地综合整治形成的农民集中居住区，农民承包地数量增加，农村住房条件改善，农民所拥有的静态财产权利未发生根本性变化，但农村建设发展空间受限，农民财产权利束存在缺失、转移及不明确问题。本书在此判断上，针对城郊农民集中安置区和农村新型社区分别开展入户调查问卷，客观描述和准确把握集中居住前后农民财产权利变化方向及程度，以研究影响集中居住区公共需求的深层次原因，形成了三个主要发现。具体调查及分析情况见专题研究一。

一　集中居住农民即时财富增加

（一）农民收入增加

　　将城郊和农村两类集中居住农民问卷合并统计发现（样本构成和问卷分别见专题研究一和附录，本节下同），与集中居住前相比，集中居住后户均收入增加5285.29元，城郊集中居住农民户均增收达到6898.44元，而农村集中居住农民增收也达到了2786.38元。但影响二者增收的项目和排序并未存在显著差异，前三位分别为：非农经营收入、工资性收入、农业经营性收入等。集中居住后农民收入呈现总体性增加，集中居住前收入的损失在集中居住后基本能够得到弥补且有盈余。

　　需要重点关注的是收入减少的情况。调查显示，收入减少样本共129个，占有效回答的16.9%。这部分受访者没有显著的个体特征，但有十分明确的类别特征，收入减少者中属于城郊集中居住区的为125位，占96.9%。户均减少收入13387.2元，中位数为5000元，收入减少最多的三户均超过10万元。同时，这部分群体开支变化与整体相近，为6448.24元，收支相抵后总的户均减少额为19835.44元。城郊集中居住的受访者中，收入减少最为显著的影响依次为养殖收入、非农经营收入和土地经营收入的变化。125个有效回答中，养殖收入、非农经营收入和土地经营收入分别减少 41.87 万元、24.26 万元和 66.63 万元，户均减少额分别为 3349.4 元、1941.12 元和 5330 元，最大值分别为 10 万元、15 万元和 11.5 万元。其原因主要是，得益于区位优势，城郊农民更容易形成都市农业，单位土地经营收入较高，但在拆迁中这部分收入难以得到充分补偿，这印证了专题研究一"机会分配呈现出两种不公"中"农村内部发展机会低水平同质化"的定性描述。

（二）农民住房估值增加

集中居住后农民新房估值[①]大幅增加，城郊集中居住农民新房估值增幅更大，前面问卷部分已经做了较多分析，不再赘述。新住房估值比旧房减少的样本有 43 个，占 5.6%，人均住房估值减少 25135.7 元，中位数为 1.8 万元，最多的减少 10.67 万元。城郊和农村集中居住的受访者中，新住房估值减少的分别为 25 个和 18 个。分析表明，新住房估值减少没有显著的群体类别特征，而是由旧房人均面积和估值决定的，与整体水平相比，估值减少的样本中，旧房人均面积高于前者 16.3 平方米，估值则是前者的 3 倍多，旧房建筑面积较大、建设年代较近是主要特征。

表 7-1　　　　　　　　集中居住前后农民住房面积和估值变化情况

新住房面积增加（人均，平方米）		新住房估值增加（人均，元）	
平均	−15.30	平均	43218.93
中位数	−3.97	中位数	37333.33
众数	0	众数	20000
标准差	68.2557	标准差	40605.0038
最小值	−943	最小值	−106666.67
最大值	250	最大值	475000
观测数	772	观测数	772

（三）其他现期资源增加

包括农民享受的基础设施的完善、公共服务和社会事业的进步等，在

---

① 旧房估值由受访者给出，新房估值按调查时建筑成本估算：联排和独栋房屋每平方米 800 元，多层楼房每平方米 1500 元，高层电梯楼房每平方米 2200 元。

大多数行政村不具备提供公共产品能力的现实面前，公共财政的加大投入大幅增加了农民所占有使用的资源。本文第四章已经进行详细分析，在此不赘述。

二 集中居住农民财富积累能力下降

（一）收不抵支使长期财富积累能力降低

将城郊和农村两类集中居住农民问卷合并统计发现（表7-2），集中居住前后收支合计存在较大变化[①]，户均收支合计减少1286.88元，其中收入增加5285.29元，支出增加6572.17元，收支合计的中位数为-200元，收入的中位数为0元，支出的中位数为增加3100元。这表明，集中居住后部分农民实现了增收，但因开支增加的幅度更大，使得在整体上显示为生活水平的降低。但集中居住农户的收支变化情况显示了极大的差异性（见标准差和方差等指标），调研直观感受有两种情况导致这种差异，一是年龄差别，在城郊农民集中居住区，老年人（男60岁、女50岁或55岁）可直接领取失地农民养老金，每月800—1600元不等，能够大幅提高有老年人家庭的总收入；二是农业和农村依赖差别，农业大户、农村非农产业经营者等在集中居住后相关收入会受到较大影响。但对调查数据进行相关系数检验时并不支撑前述两种感受，收入和支出有差别的与家中是否有老年人无显著关系，同时由于受访者中农业大户、农村非农产业经营者的样本数量过小，也难以支撑前述判断。

表7-2　　　　　　　　　集中居住农民收支损益情况　　　　　　　（单位：元）

收入增加		开支增加		收支相抵后增加	
平均	5285.29	平均	6572.17	平均	-1286.88
中位数	0	中位数	3100	中位数	-200
标准差	22367.2626	标准差	23931.2535	标准差	31649.7988
最小值	-156200	最小值	-8480	最小值	-600000

① 在城郊农民集中居住区的调查问卷中，收入变化包括：土地经营收入、养殖业收入、非农经营收入、工资性收入、土地流转收入、房租收入和其他项；支出变化包括水电费、物业管理费、食品、人情和其他类。在农村农民集中居住区的调查问卷中，收入和支出变化采取统一回答。详细内容见附件调查问卷。

续表

收入增加		开支增加		收支相抵后增加	
最大值	232000	最大值	600000	最大值	169060
观测数	763	观测数	763	观测数	763
置信度 （95.0%）	1589.6	置信度 （95.0%）	1700.8	置信度 （95.0%）	2249.3

　　进一步分析城郊和农村这两类集中居住农民收支损益变化情况。表7-3和表7-4十分清晰地显示，城郊集中居住农民收入和支出损益变化远大于农村集中居住农民，但收支相抵后的变化差不多。与综合情况相同，收入、支出的变化情况与受访者年龄、户籍人口没有显著相关性。

表7-3　　　　　　　　城郊集中居住农民收支损益情况　　　　（单位：元）

收入增加		支出增加		收支相抵后增加	
平均	6898.44	平均	8183.05	平均	−1284.61
中位数	1000	中位数	5700	中位数	−2600
标准差	24814.2934	标准差	12270.3047	标准差	25799.1067
最小值	−156200	最小值	−8480	最小值	−174800
最大值	232000	最大值	182000	最大值	169060
观测数	463	观测数	463	观测数	463
置信度 （95.0%）	2266.2	置信度 （95.0%）	1120.6	置信度 （95.0%）	2356.1

表7-4　　　　　　　　农村集中居住农民收支损益情况　　　　（单位：元）

收入增加		开支增加		收支相抵后增加	
平均	2786.38	平均	4117.82	平均	−1331.45
中位数	0	中位数	0	中位数	0
标准差	17672.1753	标准差	34827.083	标准差	38985.07
最小值	−150000	最小值	0	最小值	−600000
最大值	150000	最大值	600000	最大值	150000
观测数	301	观测数	301	观测数	301
置信度 （95.0%）	2004.5	置信度 （95.0%）	3950.4	置信度 （95.0%）	4422

城郊和农村集中居住农民开支增加的影响类别和排序存在较大差异，前者按照显著性排序依次为：食品开支、其他开支（主要是购车及相关支出）、人情开支、水电开支和物业管理开支。后者按照显著性排序依次为：水电气/物管等费用、食品开支、非农经营性开支、种植业开支、人情开支、其他开支和养殖业开支等。

农民收支综合损益的分析表明，一旦支出的增加幅度大于收入的增幅，表明农民在集中居住后财富积累能力出现下降。

（二）远期住房需求难以实现低成本满足

集中居住后，农民人均住房面积减少 15.3 平方米，但仍能达到 45.12 平方米的水平，当前农民居住要求基本能够得到满足[①]。值得注意的是，集中居住后无论城郊还是农村居民都不能再新增宅基地使用权。这意味着集中居住农民未来新增住宅的成本将大幅提高。

（三）高额维护保养成本使集中居住区难以维系

拆迁形成集中居住区以后会产生一项比较长期的且金额难以估计的支出，由于是拆迁引起的，姑且称之为拆迁土地市场的维护保养支出。主要由两方面构成：维稳和安抚，前者用于对拆迁不满的上访户支出，费用不菲，但缺乏准确的数字和充足的证据；后者主要用于农民集中居住区的公共产品投入。一方面，"每个失地农民都是带着伤痛进城，需要真金白银的投入去改善他们现在的生活"（某地方官员语）；另一方面，由于是行政推动而不是农民自觉地集中居住，农民往往对物业管理费持抵触态度，调查的社区中没有一个能够以居民缴纳物业管理费而实现自我运转的。因此除一般性的社会保障范畴外，部分地方政府还为集中居住农户提供额外的公共产品，包括垫付物业管理费和清洁费、小区绿化、支付工作人员工资、提供大量公益性就业岗位，甚至还有一些精准化的服务，如教妇女着装和护肤、跳广场舞等。成都周边一街道每年用于一个大型农民集中居住

---

① 根据《中国民生发展报告（2012）》，2011年我国城市人均住房建筑面积36平方米；根据《中国统计年鉴（2015）》，2012年农村居民人均住房面积37.1平方米。与之相比，45.12平方米的人均住宅面积是较高水平。北京师范大学管理学院、北京师范大学政府管理学院：《中国民生发展报告（2012）》，北京师范大学出版社2012年版。

区的运营费用超过 400 万元，四川另一个地级市某区每年也会投入几十万元用于一个集中居住区的日常工作经费。

三　集中居住农民财产权变化不利于农民可持续发展

从实地调查结果看，集中居住后农民收入和住房估值总体上实现了增进，但是由于支出增幅更大，同时农民住房面积缩小，农民的财富积累能力在不同程度上下降了，这对于城郊地区已经有一定积累的农民影响更为显著，即便其所享受的基础设施和公共服务比过去完善得多也难以弥补这一损失。宏观层面的分析也表明，土地财产在收入分配和机会分配上都更倾向于城市，这将进一步扩大城乡之间的财富差距。

第二节　农民集中居住后就业福利的变化

在对集中居住后农民财产权变化的诸多成因中，生产和就业是最为显著的变化之一，既影响农户收入和财富积累能力，又直接决定居民的闲暇时间，这成为集中居住区公共产品需求的重要影响因素，这种变化在城郊农民集中安置区表现最为突出。

中国特色的城镇化发展路径往往在城镇规模扩大的同时伴随着产业转型升级，将制造业和生产性服务业同步推进，并且与原有城市形成产业互补和互动，能够大幅增加新城区的非农就业机会和就业质量，对于征地拆迁而集中居住的低技能劳动力能够产生长期的积极意义，特别是部分正向自我选择的劳动力在城镇扩大过程中获益较大，总体上看，集中居住区农民就业福利实现了增进。

然而，进一步观察，对于那部分非自我选择迁入城市的农民来说，就业福利并未显著增进，甚至受损。一是集中居住劳动力实质上是就业和生活的双重"格式化"，由此导致部分劳动力在非农就业和城市生活的双重"不适应"。调查显示，尽管存在性别、年龄等差异，但是超过半数的非自我选择迁入城市的劳动力，对就业的看法是"担心找不到工作"，同时"担心即便找到工作也不能获得足够的收入"。事实上，在实地调查中对多种类型利益相关者进行深度访谈发现，当地能够提供的就业岗位较为充分，但与集中居住区所能供给的劳动力之间存在错配，劳动者的"担心"是客观存在的。二是对于部分"4050"人员以及身体健康的老人，缺乏专业技能、年龄偏大等使其在就业市场竞争能力偏低，失去土地的同时意味着失去了就业能力。就业福利损失的根本原因主要在两个层面：一方面，城镇扩张过程中更多地考虑了产业发展需求，但缺乏整体设计和相应的制度安排，部分劳动力难以在自由竞争中胜出，单纯的劳动技能培训或就业援助都难以在劳动力市场化中解决就业问题；另一方面，在破解难题时更多地考虑了非农就业需要而忽略了从业者适应城市生活的现实需求，未能重塑其参与劳动力市场竞争的积极心理。我们通过对四川省自贡市新城一个典型城郊农民集中安置区就业福利的问卷调查及部门走访，有如下五个方面的发现。具体调查情况、样本构成及问卷见专题研究二附录。

一 城镇化并未使所有对象实际收入增长

城镇的本质是通过非农就业人口集聚降低信息交流、公共资源共享等交易成本，提高劳动生产率，实现经济集聚，而非农就业人口集聚的根源在于城镇化以后的实际收入高于农业部门。因此，城镇可持续发展需要建立在城镇化对象实际收入增长的基础上。但是调查表明，城郊集中安置区居民"农转非"后，部分家庭扣除开支后的实际收入并未增长，除食品、水电以及人情等生活支出的大幅增加外，还有三个方面的主要原因。

第一，当前的社会保障水平与农村差异不显著。一是养老保障，符合年龄集中居住区居民都参加了失地农民社会保险，能够获得远高于农村的养老保险，但是如果加上土地的养老保障功能，即60岁以上居民也能从土地中获得收入，失地农民社会保险与农村的社会保障功能之间的差异就并不显著了。二是医疗保险，样本区集中居住区居民具有购买城市医疗保险的资格，年缴费280元，受访者大多表示，虽然保险额度提高了，但是缴费水平远高于农村，从实际的心理感受来说享受的医疗保险水平并未提升。

第二，农民享受到的公共资源并未大幅增加，甚至在某些方面有所降低。就业方面，作为被动非农化又在空间上相对集中的群体，集中居住农民就业能力、就业需求均具有特殊性，却未得到更有效率的针对性就业公共服务，依然以个体劳动关系的构建为主（表现为就业渠道、培训评价等）。基础设施和公共服务方面，集中居住后社区基础设施并未显著改善，社区内发生过多起入室盗抢事件，给排水管道老化，基本无绿化，学校、医院、幼儿园等公共服务质量有待提升，社区居民对社区内生活设施、公共服务设施、治安等打分情况并不乐观，分别为 4.7 分、5.1 分和 5.5 分。在人际关系上，过去以家族、血缘和长期居住空间一致所形成的社会关系网络发生了较大变化，居民给社区或村干部的平均分为 6.1 分，人际关系是所有打分项目中的最高分，也仅为 7.1 分。

第三，住房资源显著减少。除对农民旧房进行货币补偿外，集中居住区还给予每人 30 平方米的实物补偿，但调查表明，这个水平远低于拆迁前的平均住房面积。更重要的是，大多数受访者认为现有房屋质量不如之前的自建房，住房状况的平均分仅有 4.4 分。

二 非自我选择导致集中居住农民处于就业劣势

对于集中居住区的农民而言，非农转换有两种情况：正向自我选择和非自我选择。建设产业新城新增大量就业机会，使自我选择非农就业的劳动者通过流动获得更高的收入，而且由于实现了就地就近就业，劳动者就业时不存在户籍障碍和融入困难，所以集中居住对这部分正向自我选择的劳动力实际收入具有积极作用。但是，还有部分过去以农业为主的劳动力属于非自我选择式迁入，他们在农业上积累了大量的经验和技术，集中居住后这些优势消失，成为收入处于劣势的群体。

三 现有征地拆迁补偿制度对非农就业未形成有效激励

征地拆迁过程中农民主要获得三类补偿：针对土地的现金补偿、房屋补偿和失地农民社会保险。相关研究发现，征地补偿和社会保险参与度与失地农民的就业质量存在负相关，社会保险在就业过程中更多地起到"保健作用"，对提升失地农民的就业质量所起到的激励作用不大；征地补偿与职业向上流动呈显著负相关，征地补偿较高的农民自愿退出劳动力市场的比例也较高。[1]

---

① 王晓刚、陈浩：《失地农民就业质量的影响因素分析——以武汉市江夏区龚家铺村为例》，《城市问题》2014 年 1 期。

四　集中居住后居民就业呈现两极分化态势

城市规模每扩大 1 个百分点，个人就业概率平均提高 0.039—0.041 个百分点，城市规模扩大的就业促进效应对于不同受教育水平的劳动者并不相同。总的来说，较高技能和较低技能组别的劳动力均从城市规模的扩大中得到了好处，其中低技能组别劳动力的受益程度最高。[①] 样本区农民集中安置区的调查印证了这一判断，在 2008 年单纯的产业集中园区升级为 2013 年的"产业新城"，新增重大项目带来较高劳动技能岗位，如某企业生产新型低温阀门，项目一落地就产生了上百个工作岗位，而制造业部门每增加 1 个就业机会，会为不可贸易品部门带来 1.59 个就业机会，并且高技能类制造业就业增加的乘数效应更为显著。[②] 同时，由于城市扩张及商贸物流业的规划，带来了更多的就业岗位，舒坪镇集中居住区劳动力"只要愿意，都能找到工作"（受访者），因此"过去外出打工的劳动力这几年大多回来了"（社区干部）。对于拥有一定劳动技能的青壮年劳动力，产业新城无疑是家门口的高质量就业岗位，技术工工资一般 3000 元 / 月以上，部分达到 5000—10000 元 / 月，扣除劳动成本后，部分从业者实际收入大幅增加。

然而，需要重视的是，产业新城同时导致了部分农民出现就业不适应的另一极。"失地"意味着生活方式和生产方式的双重根本性转变，整个集中居住区农民在同一时点进入城市，统一将非农收入作为主要收入来源，前述已经适应非农就业市场的劳动力还需适应城市生活，而以农业为主的或者预期以农业为主的居民不仅需要适应生活方式的转变，还需要同时适应非农就业市场，事实上这部分居民非农就业能力偏低，他们主要由女性、"4050"人员构成。

五　就业满意度与劳动者搬入新社区时长之间存在显著关联

如前所述，农民集中居住后面临的是需要同时适应非农就业和城市生活两个重大变化，调查发现，受访劳动力的就业满意度与年就业时长显著

---

① 陆铭、高虹、佐藤宏：《城市规模与包容性就业》，《中国社会科学》2012 年第 10 期。

② E. Moretti, "Local Multipliers", *The American Economic Review*, Vol. 100, No. 2, 2010, pp. 373—377.

相关，就业时间越长的受访者就业满意度越高。调查同时发现，就业满意度与劳动者家庭总收入和支出变化方向并无显著关联，但与劳动者个体特征有关，受教育年限较高者、男性以及较年轻受访者的就业满意度较高。

值得注意的是，劳动者就业满意度与其搬入集中居住区年份呈现相关性，较近年份搬入集中居住区的劳动者就业满意度较高，但与搬离原村庄的年份并无显著关联。一个可能的解释是，较好的公共服务能够提高劳动者对生活方式发生巨变的适应性，推动其积极心理的形成，使其尽快地将重心转移到劳动就业上。当前舒坪镇共有 2 个集中居住区，分别为久大社区和大田坝社区，前者是第一批集中安置房，建成于 2008 年，道路、给排水、绿化等基础设施和公共服务供给水平显著低于后者，在与受访者面对面交流时能清晰地感觉到两个社区居民的生活满意度差异。

第三节　农民集中居住后治理基础的变化

费孝通认为，中国乡村社会"是一个熟悉的社会，没有陌生人的社会。熟悉是从时间里、多方面、经常的接触中所发生的亲密感觉。这感觉是无数次的小摩擦里陶冶出来的结果"。"稳定社会关系的力量，不是感情，而是了解"。也就是说，信息交换是乡土社会关系的基础。熟人社会的信息交换具有两个十分重要的特点。首先，信息交换是及时的和持续的，无论是正式场合（如婚丧嫁娶、拜年拜寿）还是日常生活（如串门、赶集甚至村坝闲聊），都在就最新的信息进行交流，同时会勾起相关的各种历史信息。其次，信息交换的内容是滴水不漏的，甚至具有放大镜的特点，从公共资源的管理利用到私人物品的增减变化，从历史事件到现实发生，从国家大事到家长里短，从待人接物的看法到行为，甚至心理活动。在这种情境下，人与人之间才会形成基于"对一种行为的规矩熟悉到不假思索时的可靠性"的社会信用，能够对社区内他人行为做出准确预判，并采取相应的行动。这与奥斯特罗姆所称的内在化的规范和共同规范相同，[①] 个体在触犯社区规则或不合作时，前者会产生焦虑、内疚等情绪，后者是社区内

---

① 〔美〕埃莉诺·奥斯特罗姆著：《公共事务的治理之道》，余逊达、陈旭东译，上海译文出版社 2012 年版。

他人对个体实施的惩罚，例如通过其他事项不合作等，二者共同作用使个体触犯规则或不合作所需付出的成本，大幅超出触犯规则的收益，"熟人"会选择约束自身行为。因此，治理是不同主体管理相同事务的诸多方式的总和，是管理变化的过程，依赖主体间持续的相互作用[①]。而正式信息和非正式信息的交换是否及时、充分起到了决定性作用。

如前所述，熟人社会信息交换的效果是及时的和充分的。其原因在于两个方面：一是传统乡土社会构成较为单纯，信息发出、接收和利用的个体高度一致，利益相关者的关系是均衡的，由此形成了蛛网状而非波纹状或者线状的信息交换网络，每一个成员都是网上的一个节点；二是传统乡土社会是自给自足型，社会生产率较低，分工不明晰，成员对社区内公共资源和他人资源特别是权威人士（如家族老人、能人、乡绅等）高度依赖，成员具有信息交换的现实需求和基础。

但是，传统乡土社会中信息交换成本并不低。一方面，信息获取方需要支付大量实实在在的时间和物质成本，要"常打听""送人情"等，还需要对信息进行筛选、分类、分析和判断；另一方面，作为信息发送方，成员要随时约束自己的言行，避免被"说三道四"，甚至"抓住把柄"，在这种几乎无隐私可言的熟人社会中，成员也会承受生产和生活以外的压力。

乡村社会可持续治理的机理在于信息交换的成果（及时度和充分度）足以覆盖其成本，也就是边际信息交换效应大于零，会形成持续的信息交换，社会治理得以持续。

但是三种情况会使边际信息交换发生变化：第一，利益关系复杂度与信息交换效率呈负相关。利益相关者结构发生变化，信息交换均衡被打破，例如政府、非政府组织或企业等进入一个相对封闭的乡土社会，就像蛛网上增加了一只蝴蝶乃至一块石头，这取决于新进入主体所掌握并拿出交换的信息量。第二，劳动生产率与信息交换效率负相关。劳动生产率的提高会使成员对公共资源或他人资源的依赖度降低，对信息交换的现实需求动力减少。第三，信息交换成本与信息交换效率负相关。信息交换成本增加，使足够多的成员逃离熟人社会。

---

　　①　全球治理委员会，1995年定义。格里·斯托克指出："治理的本质在于，它所偏重的统治机制并不依靠政府的权威和制裁。'治理的概念是，它所要创造的结构和秩序不能从外部强加；它之发挥作用，是要依靠多种进行统治的以及互相发生影响的行为者的互动'。"

利益关系日趋复杂、劳动生产率持续提高是人类社会发展的必然规律，而信息交换成本会随着经济社会发展而持续增加，要实现可持续治理的目标，至少应具备以下三个方案之一。方案一：假设劳动生产率和信息交换成本不变，提高新的利益相关者的信息交换度，将其内化为信息网络上的一个节点；方案二：假设利益关系和信息交换成本不变，提高公共资源或他人资源的价值，维持甚至增加成员对资源的依赖度；方案三：假设利益关系和劳动生产率不变，降低信息交换成本，例如寻找代理人、调整信息交换渠道或方式、对信息进行筛选分类等。

熟人社会由"熟悉"得到信任，[①]契约社会由"法理"积累信用。长期以来，社会学界将社会形态的演变设定为"熟人社会—契约社会"的二元框架替代，贺雪峰提出了"半熟人社会"的概念[②]，半熟人社会具有村民之间熟悉度降低、地方性共识逐步丧失、村民对村庄主体感逐步丧失等三个特征，半熟人社会将是未来中国农村一个相当长阶段的形态[③]。由于发展阶段在空间上的不均衡，在人口自由流动条件下，熟人社会、半熟人社会、契约社会不是替代或迭代而是同时存在，形成了"熟人—半熟人—契约"的三元社会框架。进一步分析，从属性上看，半熟人社会介于熟人和契约社会之间，是后两者的某些性质发生了变化，其范围非常广泛。从信息交换程度出发，大致可以分为两类。一类是接近熟人社会，可称之为准熟人社会，居民之间较为熟悉，对社区已经形成的规范具有较高认知度，集体行动主要依赖长期合作博弈，但居民在事实上难以形成"共同价值"，甚至对长期以来形成的"规矩"和"关系"产生厌恶。典型的是贺雪峰笔下的行政村，前述村内或单村整治的农民聚居小区等。[④]另一类是接近契约社会，可称之为准契约社会。居民之间具有千丝万缕的关系，有些是"脸

① 费孝通把"熟人社会"描述为"这是一个熟悉的社会，没有陌生人的社会。熟悉是从时间里、多方面、经常的接触中所发生的亲密感觉。这感觉是无数次的小摩擦里陶冶出来的结果"。"乡土社会的信用并不是对契约的重视，而是发生于对一种行为的规矩熟悉到不假思索时的可靠性。"费孝通：《乡土中国》，人民出版社2008年版。
② 贺雪峰：《论半熟人社会——理解村委会选举的一个视角》，《政治学研究》2000年第3期。
③ 贺雪峰：《未来农村社会形态："半熟人社会"》，《中国社会科学报》2013年4月19日第441期。
④ 贺雪峰：《论半熟人社会——理解村委会选举的一个视角》，《政治学研究》2000年第3期。

熟",有些是"远亲",法理能够发挥更大作用,但成员之间通过各种渠道持续进行着大量的信息交换。最接近的是相对稳定发展的集镇甚至县城,其次是城郊农民集中安置区、多村整治的农民聚居区等。

从信息交换的角度观察,从"熟人社会"到"准熟人社会",再到"准契约社会",最后到"契约社会",实质上是个体之间信息交换网络变大、交换时效拉长、信息完整度降低的过程。农村新型社区是距离熟人社会最近的一种社会形态,是熟人社会信息交换的较高级模型,对农村新型社区治理模式与社区公共产品供给情况的相关性进行分析具有特殊意义。本书以成都市为例对这一问题开展了延伸调查,具体调查见专题研究三。

一 利益主体结构发生变化

传统乡村是一个典型的熟人社会,社会治理主要依托内部利益主体(包括村民、村两委、议事会)和外部利益主体(主要是镇政府),多年的相处使各主体之间十分熟悉,形成了以议事会为核心的蛛网式信息交换网络——网络上的各节点有远近之分,但无信息交换障碍。

农村新型社区的利益主体则有了剧烈的变化。从内部来看,农村新型社区的住户来自原有村社,这些住户重新布局于一个更为紧密的空间。但外部利益主体变化带来的冲击更为显著。农村新型社区往往来自土地整理项目,由地方政府国土部门立项,以政府补偿和补贴的方式,拆除原有农村建设用地上的附着物并复垦成耕地,在建新区建成新房以及配套公共设施。农村新型社区的建设投资中政府和农民共担建设成本,一般情况下,复垦后的耕地归农民使用,建新区农户房屋归农民所有,但公共设施以及楼房公共部分的归属往往并未明晰,按照"谁投资、谁所有、谁受益"的一般经验,农民会认为公共设施理应由政府管理,实践中农民也确实如此认为。更重要的是,这里的"政府"是一个统称的概念,而不特指哪一级政府或者政府部门。农村新型社区在立项后,报市级国土部门审批,县发改委制订年度项目计划、国土部门立项和验收、财政部门出资、住建部门制订规划并实施部分项目、水利和农业等部门完成多个项目,所得土地指标在一定范围内调剂使用。在这个过程中,除负责宣传动员和执行拆旧外,镇政府还负责发放补偿补贴、协调各职能部门的项目计划以及推动项目实施、调解矛盾、监督检查、接受投诉并处理反馈意见等工作。因此,当农村新型社区内出现公共管理需求时，往往牵涉不同的部门，但农民对复杂的政府部门职能缺乏足够的了解，同时各部门也不会直接对接农民，遇到问题农民就会直接找镇政府寻求支持。但镇政府在处理农村新型社区公共事务上先天不足，一方面，农村税费改革后，乡镇七站八所撤销，镇政府无论从财力还是人力上都无法顾及农村聚居小区的公共事务，只要不出现群体性上访或重大突发事件，镇政府更倾向于农民自己解决；另一方面，农村新型社区居民与镇政府之间也缺乏畅通的信息传递渠道。

过去，村委会是村民与镇政府沟通的桥梁，有"向人民政府反映村民的意见、要求和提出建议"[1]的义务，但值得注意的是，村民委员会的主要任务是办理"与本村全体村民生产和生活直接相关的事务，公益事业是指本村的公共福利事业"[2]，农村新型社区只是村内一部分人的部分事，村两委既无义务也无明确的权力去负责小区的公共事务。

由此，农村新型社区成了一个由居民构成的散点式社会网络，内部缺乏核心治理力量，信息交换渠道不完整，在行政村中处于内部的村两委变成了外部利益主体，原先外部利益主体由单一（镇政府）变成了多元（包括多个政府职能部门和镇政府）。

二　对公共资源或他人资源依赖度的变化

传统村庄拥有的集体资产主要包括以下几类：①农村耕地，一般于1998年二轮承包时分到农户；②集体建设用地，其中宅基地分属各家使用，公益性建设用地承载道路、村两委、卫生室、图书室等公共设施；③公益性资产，包括前述公共设施；④农村新型社区节约建设用地指标补偿经费，一般是按标准分发到集中居住农户；⑤村集体收入结余；⑥少量的水塘、荒地等流转收益。在这六类资产中，除少数决策和收益权归属于各村民小组外，其余均归属于行政村。农村新型社区农户在关系到各自切身利益的公共资源管理和利用方面，要么回到各自村民小组处理（如土地流转），要么由村上处理，在未明确农村新型社区公共设施归属之前，社区本身并无公共资源。

---

① 《中华人民共和国村民委员会组织法》2010年修订。
② 李飞主编：《中华人民共和国村民委员会组织法释义》，法律出版社2010年版。

农村新型社区居民结构往往与传统村落有较大不同。例如，五保户／低保户所占比重远高于全村，这类居民主要依靠政府救助，对村内他人资源依赖度较低；外出务工人数占比也高于普通乡村比重。社区建设伴随着土地整理，大多数农户的土地可以实施机耕机收，大幅提高了农业劳动生产率，使务农农户对换工等需求大幅减少。

实践表明，农村新型社区内居民对整个行政村以及来自政府的各类资源依然有较高依赖度，但对于小区内无论是公共资源还是他人资源的依赖度都较低。这从客观上决定了居民内部信息交换的需求动力不足。

三　信息交换成本的变化

受以下三方面因素的影响，农村新型社区信息交换成本显著提高，特别是小区内公共事务几乎无法协商。一是在外出务工成为主要收入来源后，居民时间成本较高，过去委托代议组织（议事会）商议村内公共事务，现在几无可能；二是需要交换的信息内容发生重大变化，农村新型社区所面临的公共事务对于仅具有农村生活经验的农民来说几乎都是全新的，从散居到集中居住后，居民存在心理和行为的双重不适应，要实现信息交换自己首先需要充分地学习适应，例如学习如何维持公共环境，如何紧凑空间内对自我负责的同时对公共对他人负责等；三是缺乏共同的愿景，调查显示，农村新型社区内因需要改善住房条件、政府安排（如五保户／低保户）和分户的居民分别约占 1/3，缺乏围绕共同指标的讨论话题使居民几乎没有围绕社区的交流。

第八章

农民集中居住区公共产品有效供给的三大难题

第一节　投入和供给方式不能满足集中居住后农民的公共产品需求

　　改革开放以来高速扩张的城市和工业区范围导致的失地农民集中安置，到 20 世纪 90 年代开始的农民基于"空心村"改造自发聚居，再到建设用地增减挂钩试点在全国范围内引发的农村新型社区建设，短短几十年间，农村经历了从自给自足到面向开放市场的巨变，从传统熟人社会向现代公共社会转变过程中，农户对公共产品的需求呈现出爆发式增长。客观评价，从整体上看，农民集中居住区的道路、给排水、供电等基础设施建设数量和标准显著高于传统村落，这是与大多数集中居住小区建成前后产生的巨大经济效益紧密联系在一起的。但不同的小区在持续运行中产生的各类公共服务和公共设施的供给存在巨大差异，有的小区在供给水平上与当地城市社区持平甚至高于平均水平，有的不能满足集中居住农民的基本生活需求，甚至处于完全没有公共产品供给的状态。调查显示，前者的供给主体以政府为主，财政投入是主要资金来源，一旦面临经济下行压力，地方基层政府"难以为继"将是必然结果，更重要的是，在这种情境中，集中居住区居民表现出了更多、更高的"公共需求"，公共产品供给的高成本、需求的有效性被不断质疑。

　　显而易见，当前农民集中居住区公共产品投入和供给方式不能满足日益增长的需求，进一步分析，这一问题首先是源于公共产品在数量、内容和质量上的需求呈现爆发式增长而导致的时序性滞后，更深刻的原因在于，供给主体与受益主体是紧密的利益联结体，但不是价值共同体，由此导致公共产品供给过程中，筹资渠道单一、投入绝对不足和结构性过剩同时存在。

基于公共产品的非竞争性、非排他性和非分割性，通过集体的公共选择决策进行成本分摊是公共产品筹资的基本原理。但从目前农民集中居住区的公共产品筹资情况看，农村"一事一议"筹资筹劳方式几近失灵，集中居住小区缺乏公共资源而先天不足，因此，除基本公共服务能够确保稳定持续增长外，基层政府财政投入几乎是唯一途径。与此同时，值得关注的是，与农村自治存在不同，由于大多数农民集中居住为政府引导下的农民被动选择，其土地或土地指标在城乡要素交换过程中产生的巨大利差和农民在集中居住过程中的财产权益受损，使地方政府与集中居住农户之间已经形成了事实上的利益联结体。无论目的是维护社会稳定还是补偿"带着伤痛进城的农民"，地方政府都不得不在满足农民具有"公共"性质的需要上不遗余力，曾经有基层干部发出"政府是不是该有无限责任"的疑问，这本质上是政府、农民、社会（或集体等）在农民集中居住区公共产品供给中权利义务边界难以界定的问题。

事实上，如前面提到的成都市蒲江县在收取物业管理费上的做法，深入分析会发现，其收取物业管理费除"熟人社会"这一基础外，还有一个前置条件，即农民聚居属于自我选择行为，村集体和农户在土地指标等公共资源的占有和管理上具有较大自主权，政府和农民集中居住区之间仍然保持了清晰的边界，农户并不会就全部公共产品直接向政府提出要求，而会寻找自我解决的途径。

第二节　需求表达机制不健全导致过度表达和无表达现象同时存在

准确显示需求偏好是公共产品供给效率的核心问题，在消费者都消费相同公共产品的情况下，通过实现不同需求偏好从而达到配置效率是学术界长期以来致力于破解的难题。就农民集中居住区的需求表达而言，存在过度的需求表达和无表达两类现象。

过度的需求表达表现为一些集中居住农户对于大多数公共产品的需求

均倾向于表达出来，而不是如传统理解的隐藏个人需求以"搭便车"，其原因在于，政府主导的征地拆迁和农村新型社区建设，使得集中居住农民认为政府是"天然的"公共产品供给者，应当承担包括社区型公共产品（如公共卫生、治安、绿化等在内）的全部成本，加上长期以来形成的"大闹大解决、小闹小解决，不闹不解决"的思维行为模式，农户会通过各种方式表达这些需求而不会为此支付成本。

虽然过度的需求偏好表达在大多数农民集中居住区普遍存在，但更值得注意的是，农户对公共产品"无表达"的情况同时在这些集中居住区存在。最为突出的表现在于集中居住区建设过程中公共需求的无表达。调查发现，农民对村庄整治具体做法的了解程度较高。但是，在新社区选址、宅基地面积大小、房屋类型、建设方式等方面的讨论和决策方面，一般农民完全没有参与或者参与程度极低。根据 365 份的农户问卷调查（样本构成见专题研究一，第四节），即便是未搬入新型社区的受访者，知道村庄正在开展新型社区建设的比例也达到了 73%。从知晓项目建设的渠道看，344 份有效回答中，通过开会、村干部入户宣传、亲戚朋友、宣传材料等方式知晓的受访者比例分别为 52%、26%、8% 和 5%。大多数受访者表示自己能够从多个渠道得知本村及本户是否参与新型社区建设，并了解本户在拆旧建新的基本情况，如新房区位、建设方式、新房价格、面积和户型等，但是参与决策的机会较少。调查显示，在新型社区选址、房屋类型、建设类型、宅地面积等问题上，参与决策的受访者占比分别为 33.7%、36%、39.7%、28%，相对于村干部和党员 47.7%、50%、52.3%、43.2% 的参与率，一般农户则低得多，分别为 31.3%、33.7%、37.7%、25.4%。城郊农民集中安置区是根据城市规划而定，选址、房屋类型、建设方式等由政府或其代理人决定，农户几乎没有参与权。

农民在集中居住区建设中公共事项的低参与水平一方面反映了其对于公共产品需求的低水平表达或无表达现象，更重要的是，这也为集中居住区建成后的农户对公共产品需求数量和质量的爆炸性增长埋下隐患。典型的如公共活动空间需求，大多数城郊农民集中居住区以城市居民小区的规划标准设计，往往忽视传统村落中对于开展熟人社会活动所需的公共空间的设计，入住后的农户缺乏婚丧嫁娶群宴、开村民大会等空间，既不能满足其社交需求，又使得传统文化和信息交流渠道受阻，从调查情况看，农户这类需求在城郊农民集中安置小区中普遍存在，但却囿于城市规划及用地紧张的现实，难以得到满足。类似的情况还有对小区绿化的意见，调查发现，无论在农村新型社区还是城郊农民集中安置区，大多数建设者会从美观角度考虑小区绿化，然而对农民来说小区绿地上种植蔬菜是更好的选择，不够美观，但可以弥补生活成本且"有事做"，这一需求在一些在建集中居住小区会被充分考虑，然而在已经集中居住的小区则往往难以实现。

第三节　评价体系建设滞后于新时期集中居住区可持续发展的现实需求

进入发展新时期，除提高个人生活水平外，人民对美好生活的向往也同时表现在对教育、就业、医疗、社会保障、养老、环境等公共事务上的追求。作为城乡一类特殊的居住空间，农民集中居住区具有中国特色的建设方式，评价其公共产品是否有效供给更加倾向于"让更多的群众享受到改革发展的成果"，在实践中，农民不上访、社会保持稳定被作为公共产品供给的最低标准，农民收入持续增加、对干部具有高满意度则是最高标准，至于资金投入产出是否具有效益、大多数居民的福利是否增进、所供给的公共产品是否满足居民的真实需求等则鲜有被纳入公共产品供给有效性的评价体系中。

从理论上，萨缪尔森一般均衡理论和维克赛尔—林达尔模型给出了公共产品供给效率的评价方案，即在消费者为其需要的公共产品付出成本的条件下，当支付费用既不高估也不低估时，表现出的即为消费者真实的需求偏好，供需达到平衡，公共产品供给达到最优。这其中蕴含了两个层面的供给有效：资源配置的技术效率和供需契合的规模效率，从这个层面考察，当前农民集中居住区公共产品供给效率的评价体系存在三个方面的缺陷。一是缺乏科学的目标设定，前述最低标准和最高标准之间的尺度过大，难以对公共产品供给的经济性、效率性和效益水平进行客观、公正的评价。二是缺乏权威的评价主体，"谁受益、谁支付"是公共产品供给的基本原则，支付意愿是评价公共产品有效性最为直接的方式。但在农民集中居住区，二者往往是分离的，对公共产品供给效率的评价则变为付费者先支付、再自评，典型的如政府对财政资金绩效的评价。三是缺乏可靠的评价方法，公共产品本身的投入产出效益最大化是经济指标，供需契合的配置效率是社会效益指标，对其有效性评价应采取定量和定性相结合的办法，但在调查中发现，无论是政府还是集体提供的公共产品均缺乏这一方法。

第九章

构建农民集中居住区公共产品有效供给机制

当前，我国农民集中居住区公共产品供给处于关键节点：新建农民集中居住区面临新发展环境，进入新的发展时代，"以人为核心"的新型城镇化发展战略要求城市从根本上扭转过去专注于要素集聚而忽略人的发展轨迹，城市的公共性和秩序性将进一步强化。与此同时，乡村振兴发展战略对农村形态和内核提出了新的方向，打破封闭、构建现代公共秩序将成为乡村发展的重要支撑。已经形成的农民集中居住区面临公共产品新需求和新发展的转型，政府"兜底"、领导魅力型治理、社区凝聚力不足等都使社区发展面临不可持续风险，农民集中居住区续航需要运行机制创新。要实现农民集中居住区公共产品有效供给的目标，客观上要求进一步完善筹资机制、治理机制和评价机制等，构建起适应新时期目标要求的运行机制。通过对实践经验的总结和城乡发展的规律性认识，本书认为，农民集中居住区公共产品有效供给，应从调整利益关系切入，加强"政府顶层设计、农户主动参与、社会协同推进"的相关机制建设；从现代社会组织体制着手，推动"依法自治、党建引领、贤智引导、情谊共融"的相关机制建设。

第一节　构建以共建共享为核心的投入机制

以基本公共服务均等化和提供满足社区需求的"俱乐部产品"为原则，对政府、农民、社会等主体在农民集中居住区公共产品供给中的权利义务边界进行界定，理顺主体间和主体内部关系。在此基础上，构建财政、农民投入、民间资本等资金投入机制。

一 以保护农民财产权为核心建设共享价值体系

一是充分保护农民财产权，为农民构建多渠道、多元化的财产权利实现方式。将农民集中居住区建设与农村宅基地自愿有偿退出、土地承包权资源有偿退出改革等农村产权制度改革内容有机结合，增强改革效果和系统性。在土地整理、拆迁安置和社区建设过程中，探索多种形式的宅基地和承包地有偿退出模式，形成现金、社保、股份、置换等多种方式相结合的退出补偿。与此同时，鼓励有条件的地区由农民自主实施集中居住项目，村两委和相关部门做好技术支持和风险控制工作。

二是明晰权责边界，增强各级政府和职能部门参与动力。以深化行政审批制度改革为契机，精简集中居住区审批程序，减少政府工作压力，提高项目建设效率。在加强对土地用途管制、土地复垦面积及质量等关键环节管理和监督的基础上，大力推行多部门网上审查审批同步进行、纵横联动的审批机制。同时，建立基层改革探索的容错纠错机制，以明确的正式制度认可基层改革创新，保护基层政府推动改革的动力。对经过相关部门认可的改革做法和既有结果给予政策和法规性保护，明确试错条件、免责措施，对那些在推进改革和体制机制创新中根据上级有关精神进行先行先试改革，因无先例遵循、政策界限不明、不可预知因素、缺乏经验等而出现探索性失误或未达到预期效果的地方和基层干部，免除相关责任。

三是以稳定的投资收益预期激励社会资本参与。构建制度化的改革政策协同和稳定机制，对参与农民集中居住区建设的社会资本，明确保护其在初始合同中的应得权益，项目规划一旦通过审核，即具有法律效力，不得以政策变更为由要求变更项目内容。同时，增强社会资本投入的持续性和长效性，放宽对社会资本进入集中居住区建设领域的限制，引导资本投入目的从获得土地指标收益向获得长期持续回报转变。鼓励将更多结余建设用地用于乡村发展，引导社会资本以入股形式与村集体合作开发乡村产业和社区运行，对长期投入的企业和组织给予更多财政奖补和配套项目投入。保护私人财产权利，以地方性法规形式认可各主体在符合建设规划前提下取得的财产权利。

二　建立"资源—财政—自筹"三位一体的筹资机制

一是探索建立具有"造血"功能的新型集体经济组织。在拆迁地块，统筹安排和全面部署农民上楼小区建设，通过市场机制发挥决定性作用，实现有效的土地资产化，形成明确的收益预期，推动新型集体经济组织建立。在已经形成的农民集中居住区，通过整合小区已有铺面或注入资产等方式，将公共资源转化为产权清晰的个人资产和集体资产，建立新型集体经济组织。

二是明确将维修基金作为土地出让收入中的成本性支出。当前国有土地使用权出让收入使用范围中的成本性开支包括征地和拆迁补偿支出、土地开发支出、补助被征地农民社会保障支出、保持被征地农民原有生活水平补贴支出等。维修基金理应是"保持被征地农民原有生活水平补贴支出"的重要项目，但因其短期内难以见效往往被忽略，几乎没有新社区计提此项。应在土地出让收入的支出项目中明确列出维修基金费用科目、计提比例、执行部门、管理和使用办法等，并强制执行。

三是建立政府购买社会组织服务的长效机制，其中既包括培育本土化社会组织，如老年舞蹈队、社区志愿服务队等，也包括引入外部专业化社会组织，如更具针对性的就业培训、居家养老服务等。

四是建立农户自治基础上的物业管理费缴纳制度，充分挖掘"熟人社会"形成的信任资本网络，探索建立农户主动参与、自主决策因地制宜形成集中居住小区物业管理费缴纳制度，降低决策成本、监督成本和管理成本，提高资源的使用效率。

第二节　探索以三方协作为基本格局的现代治理机制

新时期农村公共产品有效供给不仅是宏观利益分配格局调整的结果，而且是制度和机制创新的过程，面临政府职能转换、乡村治理结构变革等深层次问题。因此，从共享的价值体系、规则和规范、权力和权威、社会组织、社会网络、利益共同体等层面构建有利于农民集中居住区公共产品有效供给的社区治理机制。以适应新型城乡关系、符合现代生产居住形态需求为导向，构建"依法自治、党建引领、贤智引导、情谊共融"的现代社会组织体制，探索形成党组织、自治组织、社区学校三方协作格局。

一 探索建立规范化社区社会治理机制

农民集中居住相对改变了传统农村社区的居住和社会格局，形成了既不同于城市居民社区也不同于传统农村社区，介于城乡之间的新型社区。如何进行有效的治理已成为地方政府的一个重要课题。但对于这一新兴社区如何进行有效的社区治理，探索和研究农民集中居住的社区治理机制问题，对于缓解社会冲突和矛盾、构建和谐社会具有十分重要的理论意义、现实意义及重大的实践价值。

二 以强化和提升基层党组织能力为引领

一是扩大党组织的职能范围，积极发展包括外来人口在内的集中居住区居民加入党组织。创新党组织设置方式，改变传统的按社、组设置党支部的方式，探索根据人员结构、区域功能等方式设置党组织。

二是创新党组织活动方式，扩大党组织对社区生活的影响力和覆盖面，针对社区现实问题和居民实际需求开展组织生活，引导党员发挥服务、示范和引导作用，帮助解决社区发展过程中存在的农民生活方式和意识形态无法适应、居民间沟通不畅等现实问题。

三 加强基层服务型政务建设

随着社会治理重心下移，健全基层综合服务管理平台，解决基层治理"最后一公里"的问题已成为当务之急。社区和街道承担了更多的责任，需要进一步提升服务群众的能力，更新管理理念，创新管理方式，拓宽服务领域，在预防和化解社会矛盾中起到积极作用。

四 以完善以居民为核心的社区自治组织为主体

一是建设以常住人口为主体的基层治理实体组织，增强社区治理主体的开放性，打破户籍限制，鼓励常住居民均参与社区治理，增强社区新居民在农民集中居住区治理中的参与度和作用。

二是在社区治理组织较为健全的地区探索社区服务功能与集体经济组织相互分离的路径，引导社区自组织发展，逐步建立管理、经济、政治职能相分离的现代社区治理组织体系。

三是将社区作为自治单元，以社区为载体实现公共服务机构及人员下沉到社区，同步探索公共财政投入制度改革，探索财随人走的财政资金投入制度。引入社区物业管理公司（或小组），引导社区居民转变无偿享有居住性物业服务的观念，树立购买服务、缴纳物业费和维修基金的观念。

五　推动群团组织转型

群团组织历来就是我国教育引导群众的重要力量。但是在新形势下，在大量新出现的农民集中居住区中，传统的群团组织很难发挥应有的作用和影响。应大力推动妇联、共青团等群团组织积极适应形势变化，发挥独特优势。一是，借助较为完善的组织体系，发挥群团组织向上能够联系各级党委政府相关资源、向下能够把工作推到社区的优势。二是，发挥工作对象优势，如妇联服务妇女和儿童、共青团服务青少年等，使群团组织在农民集中居住区这一特殊社区能够做出更为突出的成效。

六　激发社会组织活力

在新出现的农民集中居住区，社会组织的发育十分滞后，导致城乡社区居民缺少交往、缺少社区认同。行政部门不可能像过去城市单位社区一样，包揽一切。社区的事务必须在社区层面来解决。这就要求培育基层社会组织，发展志愿服务组织，承担起相适应的公共服务，协调解决社区内部矛盾。应紧紧抓住社会转型期公民意识初步觉醒的有利时机，引导和培育社会组织有序发展，搭建多样化社会参与平台，强化"伞形"队伍建设。一是鼓励跨区域、专业化的社会组织参与，在社会组织注册登记、发展等方面给予及时有力的指导，开通绿色通道。鼓励以义务服务为目标的志愿者（包括专业志愿者）团队建设。二是主动发现并积极培育社会组织关键人员，特别是集中居住区的积极分子，开展针对性培训。三是加快人才信息库建设，将人才信息分门别类，建立沟通顺畅、信息无阻的交流平台，使社会各群体能够根据需要快速查找到帮助渠道，促进人力资源有效配置。

七 以创建社区学校为文化更新载体

一是重塑立志为先、实用为体的社区自治或村规民约体系。重视村规民约在社区自治中的重要作用，在传统文化发掘和现代文明认识基础上，勾画社区发展蓝图和未来愿景，通过召开居民会议、民主评议，形成内容充实、实施有力的社会规范。大力开展道德模范、文明户、遵纪守法户、五好家庭户评选等方式，对模范遵守村规民约的居民给予表扬奖励，对违反规定的居民予以批评教育或者适当处罚，并及时讨论修订完善，使村规民约真正发挥其"软法"作用，确保村规民约适应社会发展的需要。

二是探索建立农民集中居住区的社区学校，使其成为小区发展进步的重要引领组织。成立规范的组织机构，以集中居住农民为主要对象，以贤智人士和外来老师为教员，引导本土文化与外来文化实现有机融合。鼓励并规范社区居民通过"坝坝宴"等聚会方式加强了解和沟通，以节会活动激发社区居民对多元文化的接纳和保护，逐渐形成多元文化相互融合的社区文化基底。更重要的是，将新知识、新技术、新文化引入新社区中，既注重知识技能的传播，也强调核心价值观的建设；既关注就业、社保等实际问题，也提供子女教育、法律法规、现代审美等信息传递。

第三节 创建以提升经济效益和配置效率为标准的评价机制

公共产品有效供给不仅是公共资源有效配置的经济问题，同时也是涉及公众参与、权利结构调整、共同价值和发展理念等政治、社会、文化乃至生态的综合性问题，因此，应从农民客观福利、主观幸福感、社会秩序、农民发展权、城乡协调发展等多个层面构建综合性的有效供给评价机制。

一 创建客观科学的评价体系

一是明确科学的农民集中居住区公共产品评价目标。农民集中居住区是有中国特色的城镇化发展和新农村建设的产物，出发点是通过资源优化配置提升要素利用和配置效率，客观上改善农民生产生活环境，增进农民福利，破解农民享受公共资源不足的问题，推动城乡公共服务均等化。应从农民福利视角对集中居住区公共产品供给水平进行价值判断，构建以福利理论和测量方法为基础，包括集中居住农民的主观福利和客观福利两个层面，即主观幸福感、收入和消费、教育、卫生、政治参与和社会交往、安全性和不确定性等维度的评价目标。

二是遵循"谁受益、谁支付、谁评价"的公共产品有效供给原则，将政府作为公共产品供给的宏观效率评价主体，微观层面上，将农户及利益相关的社会团体作为"俱乐部公共产品"供给的评价主体。

三是引入第三方组织，针对不同主体需求和目标，制定相应的定量与定性相结合的农民集中居住区公共产品供给效率评估方法。

二 建立高效实用的支撑手段

一是充分应用大数据信息技术。通过大数据信息技术，把握农民集中居住区人口流动趋势和对公共产品需求总体特征，根据人口变化和实际需求更加精准地供给公共产品，为形成"财随人转"的公共产品供给制度提供精准靶向。

二是建设农民集中居住区公共产品项目需求数据库。将各类利益相关者在决策确定发展中存在的公共产品需求录入数据库，为政府部门和社会组织在供给项目和服务时提供参考。

集中居住前后农民财产权变化研究

第一节　引言

一　问题的提出

"农民上楼"是城乡关系变化中最受关注的"不平衡"之一。既表现为土地性质转变过程中巨大利差归属的"不平衡",也表现为农民身份转换前后福利水平的"不平衡",还有各方话语权表达的"不平衡"。"农民上楼"已经成为城镇化过程中的最为凸显的矛盾集聚点和利益冲突点,从传统村落到现代社区的过程中,农民生活商品化、居民结构异质化、各类利益关系复杂化、组织方式社会化、行为规范和价值观公共化等深刻变化,是矛盾和冲突的主要领域,也是前述维稳费用的重要方面,成为社会聚焦点和政策关注点。一种观点认为,中国独特的农村土地制度确保了农民在城镇化过程中的权利起点公平,在此前提下,不同土地所有者——国家与农村集体之间悬殊的力量差距,加速了巨量生产要素积累过程,由于土地用途转变所形成的利差"归公",在使拆迁农民获益的同时并没有形成"土地食利者",成为城市基础设施和公共服务大发展的有力支撑,这在没有更多可选择道路(如英、美等国)的情况下是一种优选结果。[①] 另一种观点认为,土地利差归属于地方政府,而地方政府是否能代表"公"值得商榷,诸多数字和观察表明,城镇化过程中城乡所获得的公共资源之间的差距并未缩小而是扩大了,在失地农民、"被上楼农民"群体上表现

---

① 　贺雪峰:《城市化的中国道路》,东方出版社 2014 年版。

更为突出，比如严重损害农民土地财产权、侵害农民知情权和参与权、严重阻碍农民发展庭院经济、导致"上楼致贫"的不良后果等[1]。就城市而言，大量的政府投资、重复建设、超前建设、城市空间规模不合理等现象对经济增长的影响还需要深入研究、需要足够的时间长度来验证。

争议的焦点在于两个方面：一是与财产有关的权益归属是否存在分配失衡，重点是土地利差及其相应的机会在不同利益主体之间的分配；二是这种权利安排是否有利于物的充分利用，是否有利于经济的有效率和可持续增长。本书以变化的、历史的视角，以农民财产权为切入点，以农民集中居住区这一具有典型意义的城镇化形态为载体，描述集中居住前后农民财产权的变化方向和程度，分析其变化的内在机理，从利益相关者在三个土地市场的博弈入手，剖析由此导致的分配问题和潜在的偏差风险，通过宏观层面的梳理，总结地方实践，构建保障农民合法财产权利的制度框架，为推进城镇化、构建新型城乡形态发挥作用。

二　财产权的来源和目标

效率是经济学核心概念，财产权同样起源于对效率的追求。约翰·洛克的《政府论》中描述了人类起源于纯粹的自然状态。在这种状态中每个人有平等、自由的权利处置他们的人身和财产，人人都有权执行自然法则，人人也都无权侵犯他人的权利；同时，"劳动是劳动者的无可争议的所有物"，因此人身是财产的一部分。进入契约社会后，社会成员放弃了自然权利，把所有可以向政治社会里的法律寻求保护的事宜均交由社会去处理。[2]公共社会的分工和协作大幅提升了生产效率，越来越多的公共品，使人与人的依赖达到了最大限度。但是，在布坎南看来，每个人都希望最大限度地降低别人对自己福利的影响，由此公共财产被分割、界定边界、达成协议，形成了私有财产，每个人在这一环境中享有最大的独立性，因

① 陈锡文：《关于中国土地制度改革的两点思考》，《经济研究》2014年第1期；陈锡文：《我国城镇化进程中的"三农"问题》，《国家行政学院学报》2012年第12期；陈锡文：《当前我国农村改革发展面临的几个重大问题》，《农业经济问题》2013年第1期；陈锡文：《当前农业和农村经济形势与"三农"面临的挑战》，《中国农村经济》2010年第1期；郑风田、阮荣平、程郁：《村企关系的演变：从"村庄型公司"到"公司型村庄"》，《社会学研究》2012年第1期；郑风田、傅晋华：《农民集中居住：现状、问题与对策》，《农业经济问题》2007年第9期。
② ［英］约翰·洛克：《政府论》，刘丹、赵文道译，湖南文艺出版社2001年版。

此私有财产是自由的保证。① 从财产权的发展过程看，不同阶段对效率的追求是有显著差异的。自然法则下，拥有技术的劳动（人才）是稀缺资源，财产权的重点是保护劳动主体的合法性，以实现劳动力与物的合理配置；进入契约社会后，物（特别是土地、资金等）相对于劳动力（人才）则成为稀缺资源，财产权的重点转移到对物的充分利用。值得注意的是，自然社会里，劳动与物的所有者高度一致，将劳动施予物上即实现了对物的所有②，而在契约社会里，二者往往是不统一的，劳动单纯的是一项生产要素。国内有学者认为，财产权是为实现人的生命权、自由权而存在，是衍生出来的权利。③ 无论是在自然状态还是公共社会，财产权都是以物为客体，以物的归属为范畴，体现物对人的发展的支撑作用。因此，财产权的权利来源一方面是天然的，另一方面是公共的，在现代社会，公共意志最主要由公共形成的法律体现。

进入现代社会后，在市场经济制度下，财产权的内涵和外延发生了两大重要变化。第一，在现代市场经济制度下，财产权的主体是物的所有者，客体是土地、资金、劳动力、信息和其他物，保护财产权的目的是强调所有者对物的有效配置和充分利用。英美财产法即是以物的充分利用为宗旨，大陆法系更加强调物的归属。④ 第二，财产权实现的途径是法律或者代表公共意志的主体（政府、集体等），宪法明确财产权属个人权利，应该排除国家干预，强调赋权过程的公平正义。公共财产权规则同样在不断拓展，一方面"定分止争"，根据社会义务理论对私人财产权做必要的限制，在征收时给予补偿，最终保护私有财产，另一方面"物尽其用"显得尤为重要。⑤

但是财产权的对象以及界限则需由法律层面界定，权利来源的差异决定了法律保障的内容不同。同时，财产权的天然性决定了它可能有其他实现方式，例如约习、民主认定等，但公共选择会面临"投票"困境——选

---

① 转引自［美］查尔斯·K. 罗利编《财产权与民主的限度》，商务印书馆 2007 年版。
② ［英］约翰·洛克：《政府论》，刘丹、赵文道译，湖南文艺出版社 2001 年版。
③ 张翔：《财产权的社会义务》，《中国社会科学》2012 年第 9 期。
④ 马俊驹、梅夏英：《财产权制度的历史评析和现实思考》，《中国社会科学》1999 年第 1 期。
⑤ 刘剑文、王桦宇：《公共财产权的概念及其法治逻辑》，《中国社会科学》2014 年第 8 期。

择的方案是有利于全体成员还是部分成员，不同成员会进行有利于自己的
选择博弈。在信息对称的情况下，一次性博弈会造成"囚徒困境"，只有
多次重复博弈才可能实现全体成员的合作均衡。[①] 但在信息不对称时，则
会产生另一个结果——寻租，使财产的分配不能完全按照"物尽其用"的
效率原则进行。

总而言之，财产权的合法性来源于对物的充分利用，特别是稀缺资源
效率提升，其目标是通过权利界定和权利价值的实现，在不同利益主体间
合理分配。

三 我国农民的财产权

"民之为道也，有恒产者有恒心，无恒产者无恒心。"[②] 孟子这句对财产
并非褒扬甚至存在贬损的话，两千多年来一直根植于中国人心中，成为中
国人最朴素的财产观之一。中华人民共和国成立以来，中国农民的财产权
利经历了三次重大变化。

第一次重大变化发生在 1949 年到 1956 年，中国农民拥有私有财产，
并获得土地所有权。中国处于将封建半封建的土地所有制改变为农民的土
地所有制，农民的经济利益和私有财产得到保护，实行土地改革的地区必
须保护农民已得土地的所有权，尚未实行土地改革的地区，要实现耕者有
其田。[③] 第二次重大变化是从 1956 年到 1978 年，伴随着公有制基础上的
计划经济体制的建立，尽管五四宪法依然保留了《共同纲领》中"国家依
照法律保护农民的土地所有权和其他生产资料所有权"的说法，但个体农
民要被劳动群众集体所有制组织，到 1978 年人民公社成为集体所有制的
唯一组织形式，在此期间，农民包括土地和其他生产生活资料全部权利均
属公有。第三次重大变化在 1978 年以后，农民再次获得生产资料所有权
以及土地的使用权，八二宪法及其后的四次部分修正，确立了农村集体经
济组织实行家庭承包经营为基础、统分结合的双层经营体制。农村和城市
郊区土地除由法律规定属于国家所有的以外，属于集体所有，宅基地和自

---

① ［英］霍布斯著：《利维坦》，黎思复、黎廷弼译，商务印书馆 2017 年版；［英］大卫·休
谟著：《道德原理研究》，周晓亮译，中国法制出版社 2011 年版。
② 《孟子·滕文公上》。
③ 《中国人民政治协商会议共同纲领》，1949 年 9 月 29 日通过。

留地、自留山也属于集体所有，国家依照法律规定保护公民的私有财产权和继承权。[①]

当前，中国农民拥有的财产权有三类。一是作为公民，农民对其合法的收入、房屋、生活用品、生产工具、原材料等不动产和动产享有所有权，合法的储蓄、投资及其收益受法律保护。[②] 二是作为集体经济组织成员，农民依法共有本集体经济组织的财产，包括土地补偿费等费用的使用和分配等，享有在本集体经济组织承包土地的权利。三是作为土地承包方，农民依法享有承包地使用、收益和土地承包经营权流转的权利，有权自主组织生产经营和处置产品；承包地被依法征用、占用的，有权依法获得相应的补偿。[③] 第一类农民财产权法律规定明确，权利边界清晰，但后面两类财产权则存在诸多问题，既有法律表述模糊、法律空白、法律之间矛盾的问题，也与经济发展阶段、社会发展水平乃至政治权利密切相关。本书重点关注后两类财产权的变化及内在机理。

四 主要观点

本书以经济学的效率为核心，围绕集中居住农民财产权这一具体问题，以政府、集体、农民、市场之间及其内部利益关系为切入点，描述了中国城镇化过程中的若干现象，分析其原因及内在机理，由此形成如下主要观点。

一是城乡分割的二元体制下，人口的空间固化和劳动力的自由流动、城市建设土地的稀缺和农村土地管理的缺位，导致人口和土地、资金等要素之间的错配，农民就业与居住分离、土地稀缺与浪费并存、农村资本沉淀和城市资本价格虚高的矛盾突出，农民集中居住就成为中国特色城镇化道路的必然结果。

二是集中居住前后农民财产权发生重要变化，不同类型的集中居住区农民财产权变化的内容、程度、方向有所不同。同时城郊农民集中居住区和农村农民集中居住区的农民所拥有的三类财产权变化呈现出较大差异。

①《中华人民共和国宪法》（2004年修正）。
②《中华人民共和国物权法》，2007年3月16日通过。
③《中华人民共和国土地管理法》，1986年通过，《中华人民共和国土地承包法》，2002年通过。

三是宏观层面上,在城乡二元土地市场中催生了拆迁土地市场,城市土地市场、农村土地市场和拆迁土地市场上,不同利益主体的博弈导致了土地资源在形式上的计划管制和实质上的议价竞争,其结果是城乡之间和农民内部在收入分配和机会分配上得到了不公平待遇,集中居住前后两类农民财产权变化的巨大差异正是这一过程的体现。

四是集中居住农民的财产在短期内实现了增加,包括收入、住房估值和其占有的公共资源等都在整体上得到增进。但从长远看,集中居住农民财富积累能力降低,未来基本无法以低成本获得住房,而且面临维护保养成本难以支付所带来的不可持续风险。总体而言,集中居住使农民财产权发生的变化,不利于农民可持续发展。

五是财产权变化视角下,集中居住不利于农民可持续发展的深层次的原因在于三个方面:其一同产不同权,农村缺乏成熟的土地市场,土地属性被有意无意地模糊,土地价值难以客观评估并实现;其二赋权范畴和边界的模糊导致财产权存在巨大不确定性;其三农村治理机制存在重大缺陷,在资本和权力的夹击下,农民缺乏财产保护的能力和空间。

六是应构建集中居住农民财产权的三大保护机制:其一加快建立产权明晰、规则明确、信息透明、交易公平、国家宏观调控和市场自由竞争的农村土地使用权出让和经营权流转市场,构建更高效率的资源管理方式,形成集体和个体共有共享的利益共同体;其二明确划分国家、集体、农民和市场的关系,完善赋权制度,依法保护财产权;其三重塑乡村治理格局,建立符合自我治理、公平、协商、妥协和利益一致性等现代权力的核心理念。

五　主要研究方法

本书注重理论分析与实证研究结合,突出实证研究特色,以制度经济学、福利经济学、发展经济学等相关学科的理论等为基础,分析城镇化背景下集中居住农民财产权利变迁及趋势的内在机理。在重点进行经济分析的基础上,本书广泛运用社会学和政治学的相关研究方法,从多个视角剖析问题产生的制度根源和政策选择。除注重多学科的综合性理论研究外,研究还以河南省、四川省、江苏省等不同发展阶段地区在集中居住农民财产权利变化方面的探索和经验进行实证性研究,完成具有针对性的案例研究报告，使本书的理论和政策研究建立在更切合现实实践的基础之上。主要运用的研究方法如下。

第一，归纳与演绎的方法。在总结我国农民集中居住区发展的一般特征和共性问题，以及农民财产权变化的现状及原因剖析时，运用归纳方法。在把对集中居住农民财产权变化的分析运用到构建保护财农民产权机制建设时，立足实际进行创新则运用演绎方法。

第二，实证研究方法。对我国城镇化发展逻辑、农民集中居住区形成机理、集中居住农民财产权变迁等方面的研究均属于实证研究的范畴。

第三，整体研究和个案分析。分析我国城镇化进程中集中居住农民财产权变化、中国土地市场发展及其收益分配的共性特征属于整体研究的部分；对不同地区、典型案例的研究则属于个案分析。

第四，理论研究和实地调研。在对城镇化发展逻辑、土地市场的一般规律进行理论梳理和探索的同时，强调以发展阶段不同、发展模式各异的农民集中居住区进行实地调研，完成更具针对性的案例研究报告。

第二节　文献综述

一　对农村产权的观察和研究

关于农村产权的现状和特征，张静在分析农村土地纠纷时发现，在中国农村事实上存在多种土地规则以备选择。这些规则包含不同乃至对立的原则，各自都声称有合法性来源，在实践中通过力量竞争被选择使用，不是根据确定的法律规则辨认正当利益，而是根据利益竞争对规则做出取舍，并且"允许"利益政治进入法律过程，通常力量大者对选择有影响力，因此，土地使用规则随着利益、力量的变动而变动[①]。朱冬亮在观察村级林权实践中同样发现了博弈结果的不确定性，国家力量和市场力量的不恰当介入和干预，最终可能导致"多输"局面，需确立和维护村庄社区的产权排他性主体地位，关键是如何以新的制度变革来激发现行产权制度安排的成长性和创造性，较好的选择或许是以村民自治治理制度为基础，因地制宜地吸纳村庄社区产权实践中形成的合理机制，在此基础上再引入市场机

---

① 张静：《土地使用规则的不确定：一个解释框架》，《中国社会科学》2003年第1期。

制对现行农村产权制度进行改制①。

关于土地财产权的实现，韩文龙、刘灿认为现实中有三种利弊分明的土地财产权的实现机制：传统的行政组织替代模式、新乡村共同治理模式和独立法人模式，当前实现农民土地财产权需要创新权利实现机制，但依据不同的经济社会发展水平，应当权衡利弊，选择合适的模式②。夏峰认为，农民土地使用权是物权而不是债权，赋予农民更多财产权利首要的是从法律上赋予农民长期而有保障的土地财产权，涉及包括《中华人民共和国物权法》（以下简称《物权法》）、《中华人民共和国土地管理法》（下以简称《土地管理法》）、《中华人民共和国城乡规划法》（以下简称《城乡规划法》）等多部法律的修订③。耿卓认为，农民土地财产权利保护需要农村集体经济有效实现，应在权利视角下纠正立法观念偏差和错误，树立"权利赋予和回归、权利行使和运作、权利救济和保障"的逻辑主线，在主体方面应更加重视农民及其集体，在客体方面应事先从"让利"到"还权"的转变④。高圣平认为现行法中农地转让条件直接影响了农地市场化发展，农地市场价值难以实现，导致农村财产沉淀和僵化，农地的流转仅具有债法上的效果，或产生移转物权的效果时，当事人可以自主选择流转方式；农地的流转具有创设物权效果的，在物权法定之下，即应按照《物权法》的规定流转⑤。

张金明、陈利根研究发现，农民土地财产权体系化应从农民主体性视角并在财产发框架下考量其多重权利属性，传统农民土地权利物权体系不能涵盖农民土地财产权的丰富内容，农民土地财产权体系构建的关键在于对农民在农村土地上的财产权益进行科学的类型化，应包括土地上的归属利益、使用利益、流转利益和未来权益等财产利益，农民主体不同性质的

---

①　朱冬亮：《村庄社区产权实践与重构：关于集体林权纠纷的一个分析框架》，《中国社会科学》2013 年第 11 期。

②　韩文龙、刘灿：《农民土地财产权的内涵及实现机制选择——基于案例的比较分析》，《社会科学研究》2013 年 4 期。

③　夏峰：《农民土地财产权的长期保障走向：物权化改革与对应收入》，《改革》2014 年第 3 期。

④　耿卓：《农民土地财产权保护的观念转变及其立法回应——以农村集体经济有效实现为视角》，《法学研究》2014 年第 5 期。

⑤　高圣平：《农地金融化的法律困境及出路》，《中国社会科学》2014 年第 8 期。

身份决定了土地财产权的不同属性①。

二 对农民财产权和城镇化关系的研究

城镇化过程中，农民市民化与农民财产权紧密相关。郭晓鸣、张克俊认为应当让农民带着土地财产权进城，目前农民的土地承包经营权、宅基地使用权、集体收益分配权具有财产权属性，但权能不完整，具有脆弱性，应赋予农民完整的土地财产权，破除行政权障碍，使农民土地财产权流转起来并通过产权整合实现增值②。

三 集中居住农民财产权的研究

农村土地权益归属方面，韩俊、秦中春、张云华、王鹏翔调查发现，处置节省出宅基地的方式主要有四种：将土地收归国有用于市政建设或有偿出让，由农村集体自主开发，将节省的土地一部分收归国有，一部分留给集体开发经营，有偿收购宅基地置换指标，新增耕地归原村集体使用，以扩大城市建设用地规模为动机让农民集中居住，脱离了农民集中居住的根本目的，容易侵犯到农民的宅基地权益③。王延强、陈利根调查发现，农民集中居住过程中宅基地流转有转权让利、保权让利、保全保利三种模式，认为宅基地的归属应以保全保利模式中的主客体为准，同时参照保权让利模式进行收益分配④。

征地过程中农民获得补偿是否充分是学术界关注的焦点问题。被征地农户意愿受偿价格存在差异，并受多重因素影响。陈艳华、林依标、黄贤金以问卷调查数据建立的 Logistic 回归模型计量发现，影响被征地农户意愿受偿价格的显著因素按贡献度从大到小排序依次为征地后用途类型、征地前农地用途、失地面积比例、对今后生活的顾虑、征地前人均

① 张金明、陈利根：《论农民土地财产权的体系重构》，《中国土地科学》2012 年第 3 期。
② 郭晓鸣、张克俊：《让农民带着"土地财产权"进城》，《农业经济问题》2013 年第 7 期。
③ 韩俊、秦中春、张云华、王鹏翔：《引导农民集中居住的探索与政策思考》，《中国土地》2007 年第 3 期。
④ 王延强、陈利根：《基于农民权益保护的宅基地权益分析——从不同流转模式对农户集中居住影响的角度》，《农村经济》2008 年第 3 期。

承包耕地面积、征地区位、对农业的依赖程度和人均地区生产总值①。陈莹、谭术魁在对武汉征地补偿及补偿费分配的调查中发现，存在同地不同价、征地补偿费被截留、补偿难以支持农民长远生计等问题②。

在对集中居住农民权益变化的原因分析上，曾令秋、杜伟、黄善明对土地使用权价格与所有权价格的理论分析表明，市场等价交换下差价是政府对土地投资形成土地资产的应得收益，但现行征地制度导致土地价格"剪刀差"则是国家通过行政强制手段对农民土地所有权益的剥夺，征地过程中农民的土地所有者利益未能按照市场化原则得到充分补偿③。王修达认为，土地原用途补偿、被征地农民生活水平不降低和土地市场价值补偿分别是征地补偿的最低标准、政策标准和最高标准，因此问题的核心在于各方面参与土地增值分配的方式和比例，政府通过限制农地直接进入市场的权利方式剥夺了农民的土地开发权，是一种强加于人的地价，解决征地补偿问题的根本在于变征地为土地的市场交易④。马新文则认为现行征地补偿制度有着明显的计划经济的特点，表现为否定各经济主体相对独立的经济利益，忽视了被征地农民相对独立的利益要求⑤。刘祥琪、陈钊、田秀娟、李果的研究表明，征地的货币补偿仍然与农村人均纯收入显著相关，但与非农人均第二第三产业生产总值的关系并不显著，而农民对相关政策的知晓度、征地补偿过程中的参与度都会直接影响征地的货币补偿水平⑥。林乐芬、金媛对江苏省镇江市的问卷调查显示，地方政府执行中央政府颁布的征地补偿政策，在时间和内容上均出现滞后或偏离，滞后或偏离的程度与被征地农户受偿满意度成反比，同时被征地农户家庭特征、被征地地区的经济发展水平和被征地块的特征

---

①　陈艳华、林依标、黄贤金：《被征地农户意愿受偿价格影响因素及其差异性的实证分析——基于福建省 16 个县 1436 户入户调查数据》，《中国农村经济》2011 年第 4 期。

②　陈莹、谭术魁：《征地补偿的分配模式与困境摆脱——武汉例证》，《改革》2010 年第 1 期。

③　曾令秋、杜伟、黄善明：《对土地价格"剪刀差"现象的经济学思考》，《中国农村经济》2006 年第 4 期。

④　王修达：《征地补偿安置中的寡与不均》，《中国农村经济》2008 年第 2 期。

⑤　马新文：《我国现行征地补偿制度剖析》，《同济大学学报》（社会科学版）2009 年第 3 期。

⑥　刘祥琪、陈钊、田秀娟、李果：《征地的货币补偿及其影响因素分析——基于 17 个省份的土地权益调查》，《中国农村经济》2012 年第 12 期。

因素等都会在一定程度上影响被征地农户的受偿满意度 [①]。

四 简要述评

整体评价，当前对城镇化农民集中居住过程中财产权还存在一些需要进一步深入研究的问题。一是农民集中居住的形成过程和机理不完全清晰，这将直接影响对农民集中居住所达到的效果与现实需求之间的判断。二是由于理论滞后于实践的特征显著，大多数研究从实践出发，对典型案例的观察和分析虽然达到了一定的深度，但存在较大的局限性。三是农民财产权既与农业产业、农村建设、农民发展紧密相连，又因集中居住而与城镇化密不可分，是集中居住的核心问题，也是最为复杂的问题之一，既有研究大多未能区分不同财产权在内容上、属性上的差异性，也未见对农民财产权变化水平做较为具体的分析，所得的结论和判断与现实观察和体验存在一定偏差。四是对集中居住农民财产权变化的深层次原因剖析上有待深入，鲜见以土地属性、市场水平、权利博弈等方面的论述和分析，由此得出的制度或模式完善的建议还有进一步探讨的空间。

第三节 城郊集中居住农民财产权变化
——基于 466 份问卷的分析

一 调查及数据说明

2013 年 5 月和 12 月中国社会科学院农村发展研究所"城镇化背景下集中居住区农民生活质量研究"课题组在东、中、西部开展入户问卷调查（附件问卷 1）。课题组先后在四川成都市温江区瑞泉馨城、河南省安阳市滑县锦和新城、河南省新乡市古固寨镇祥和社区、北京市房山区万紫嘉园社区、重庆市沙坪坝区丰文社区、重庆市沙坪坝区五里社区开展实地调查，获取有效样本 567 个。本节选用课题组在城郊农民集中居住区的 466 个有效样本进行分析。样本平均家庭人数和户籍人数分别为 3.82 人和 3.46 人，进入集中居住区年份为 2005—2013 年。

[①] 林乐芬、金媛:《征地补偿政策效应影响因素分析——基于江苏省镇江市 40 个村 1703 户农户调查数据》,《中国农村经济》2012 年第 6 期。

表 1　　　　　　　　　　样本基本结构

		频　次	占比（%）	
性别	男	187	40.13	
	女	279	59.87	
调查时年龄	16—29 岁	44	9.44	均值 49.65，最大值 84，最小值 18
	30—44 岁	119	25.54	
	45—59 岁	170	36.48	
	60 岁及以上	133	28.54	
婚姻状况	未婚	14	3.00	
	已婚	403	86.48	
	离异 / 丧偶	49	10.52	
户口性质	农业户口	183	39.27	
	非农业户口	283	60.73	
受教育年限	6 年以下	172	36.91	均值 7.87，最大值 20，最小值 0
	7—9 年	204	43.78	
	10—12 年	61	13.09	
	13 年及以上	29	6.22	
主要社会身份	国家干部	2	0.43	
	村社干部	8	1.72	
	一般村民	422	90.56	
	其他	34	7.30	
政治面貌	党员	52	11.16	
	团员	13	2.79	
	群众	401	86.05	
进入集中居住区年份	2005—2007 年	20	4.29	
	2008—2010 年	123	26.39	
	2011—2013 年	323	69.31	

二 农民财产权变化情况

（一）物权变化情况

（1）住房面积。集中居住前，受访者户均旧房建筑面积为 199.465 平方米，人均 46.35 平方米；集中居住后，户均住房建筑面积为 117.451 平方米，人均 32.68 平方米，分别比集中居住前减少 82.01 平方米和 13.67 平方米。

表 2　　　　　　　　　　　农户房屋面积变化情况

	N	最小值	最大值	平均值	标准差
旧房建筑面积	465	6.0	2000.0	199.465	173.8152
新房建筑面积	466	30.0	350.0	117.451	47.1093

（2）房屋估值。在 447 位有效回答中，集中居住前，房屋建造年代在 1979 年以前的为 71 位，1980—1999 年的为 287 位，2000 年以后的为 89 位，分别占有效回答的 15.9%、64.2% 和 19.9%，其中部分房屋进行过翻新。根据受访者评估，拆迁时户均旧房价值（重置价值）7.58 万元，最小的 0 元，最大的 50 万元。集中居住后，户均为建造或购买新房直接花费 12.43 万元。我们根据不同房屋类型（独栋、联排、多层、高层）在访问期的建筑成本做粗略估算[①]，集中居住区新房户均建筑成本为 17.98 万元，总体上低于旧房农户估值和建新支出之和。

（3）住房满意情况。受访者对住房状况满分为 10 的打分中给出了平均 7.32 的分数。其中 2 分以下 17 位，3—4 分 16 位，5—6 分 96 位，7—8 分 214 位，9—10 分 121 位。

（4）经营耕地情况。集中居住前，户均经营耕地面积 3.84 亩，最多 100 亩；集中居住后，户均经营耕地面积 0.04 亩。225 位受访者表示土地经营收入减少，户均每年减少 4889.1 元，最多的一户减少 11.5 万元 / 年。

（5）养殖及养殖产品。集中居住前，有 340 位受访者在庭院、承包地或

---

① 2013 年建筑成本的估计标准为：独栋和联排 800 元 / 平方米，多层 1500 元 / 平方米，高层 2000 元 / 平方米。

养殖小区中饲养牲畜，其中 261 位将部分或全部牲畜用于销售，年均净收入
3721.24 元，其中最多的年均收入 10 万元。集中居住后，无一家饲养牲畜。

表 3　　　　　　　　　　集中居住前后农牧业变化

	频数	极小值	极大值	平均值	标准差
集中前经营耕地面积（亩）	458	0	100	3.84	5.372
集中后经营耕地面积（亩）	466	0	3	0.04	0.277
集中前养殖业净收入（元）	261	0	100000	3721.24	8509.732
集中后养殖业净收入（元）	0	0	0	0	0

（6）补偿情况。在 446 个有效回答中，户均获得补偿金额（含补偿、
奖励、补助等，下同）9.44 万元，包括旧宅基地、拆旧房、建新房、附属
物、先搬迁奖励、困难补助等。

（二）集体财产权变化情况

城郊农民集中居住区的成因是城市扩大占用农村空间，村集体原有的
空间上的附属物发生了根本变化，农民拥有的共有财产也随之变化。调查
显示，集体产权变化主要有以下三种类型。

（1）伴随集中居住（安置），村集体消失，集体资产按照一定原则被
一次性分到成员手中。这一类情况最为常见，征地过程中产生的土地补偿
金往往按户一次性分配完毕，由于这类方式操作简便，被戏称为"分光吃
光、身体健康"。

（2）伴随集中居住（安置），村集体资产以新的形态出现。如成都温
江区，在农民集中居住过程中，采取了"两股一改"制度，即集体资产股
份化和集体土地股权化、改革完善农村集体经济组织形式和治理结构，将
过去集体共有的公益性资产和经营性资产变为适合城市发展的新的资产，
如农贸市场、店铺等，产生经营性收益。

（3）伴随集中居住（安置），原村集体被重新整合为社区，注入了新
的集体共有财产。

（三）用益物权变化情况

（1）承包耕地。集中居住前，受访者中 411 户有承包地，户均承包地

3.91 亩，最小值 0.2 亩，最大值 100 亩。集中居住后，受访者承包地全部被征用。

（2）宅基地 / 房屋占地（表 4）。集中居住前，受访者户均宅基地面积 299.426 平方米，人均 69.31 平方米；集中居住后，户均房屋占地面积 28.597 平方米，人均 9.33 平方米，分别比集中居住前减少 270.829 平方米和 59.98 平方米。值得注意的是，有 396 个受访者因入住高层或多层住宅，无法计算新房宅基地 / 占地面积，同时也未得到土地部门颁发的土地使用证，因此回答为 0，表明截至调查之时，这部分受访者没有获得宅基地或住房占地使用权。

表 4　　　　　　　　　集中居住前后宅基地面积房屋占地变化情况

	N	最小值	最大值	平均值	标准差
旧房宅基地面积（平方米）	462	0	2000.0	299.426	268.2843
新房占地面积（平方米）	466	0	220.0	28.597	68.8348

三　主要发现

（一）集中居住前后农民不动产权益得到较好保护

城郊农民集中居住前后不动产财产权发生根本性变化。

一是补偿款方面，基本能够弥补不动产的损失。从相关法律规定以及前述问卷调查统计情况可以看出，农民失去的房屋能够获得相应的现金或新区房屋作为补偿，补偿总数整体上能够弥补前者损失。但是由于未能准确区分补偿款的具体项目，因此只能从整体上的补偿金额看，补偿总金额与旧房宅基地面积、旧房建筑面积显著相关，与作为生活保障的重要方面，与承包地面积也呈现出了正相关关系，后三者数量越大，农户获得补偿总金额越高。

表 5　　　　　　　补偿金额与房屋宅基地、建筑面积、承包地面积的相关性

			补偿总金额
Spearman's rho	旧房宅基地面积	Correlation Coefficient	0.291**
		Sig.（2-tailed）	0.000
		N	251

续表

			补偿总金额
Spearman's rho	旧房建筑面积	Correlation Coefficient	0.377**
		Sig.（2-tailed）	0.000
		N	0 252
	承包地面积	Correlation Coefficient	0.140*
		Sig.（2-tailed）	0.030
		N	242

**：相关性在 0.01 级别显著（双尾）；*：相关性在 0.05 级别显著（双尾）。

二是居住空间方面，新房建筑面积与旧房建筑面积和农户户籍人数呈现了显著相关性，表明集中居住考虑了农户家庭现实居住需要；从受访者打分情况也能看出，集中居住房屋总体上能够满足农民生活需要。

表 6　　　　　　　新房建筑面积与旧房建筑面积、户籍人数的相关性

			新房建筑面积
Spearman's rho	旧房建筑面积	Correlation Coefficient	0.284**
		Sig.（2-tailed）	0.000
		N	465
	户籍人数	Correlation Coefficient	0.522**
		Sig.（2-tailed）	0.000
		N	466

**：相关性在 0.01 级别显著（双尾）；*：相关性在 0.05 级别显著（双尾）。

（二）用益物权损失导致农户生产经营收入锐减

土地经营方面，集中居住前，共有 369 位受访者经营土地，其中有 1/3 的受访者经营土地面积为 3.1—10 亩。

表 7　　　　　　　　　集中居住前土地经营情况

		频　数	占比（%）	有效占比（%）	累计占比（%）
有效值	0 亩	92	19.7	20.0	20.0
	3 亩以下	200	42.9	43.4	63.3
	3.1—10 亩	155	33.3	33.6	97.0

续表

		频　数	占比（%）	有效占比（%）	累计占比（%）
有效值	10.1—20 亩	12	2.6	2.6	99.6
	20.1 亩以上	2	0.4	0.4	100.0
	合计	461	98.9	100.0	
缺失	系统	5	1.1		
合计		466	100.0		

　　畜禽养殖方面，如前所述，集中居住前，有 261 位受访者获得养殖销售收入，其中养殖收入超过 3000 元的占 26.82%。集中居住后农民不再养殖的原因主要是缺乏养殖空间。

表 8　　　　　　　　　　　　集中居住前养殖收入情况

		频　数	占比（%）	有效占比（%）	累计占比（%）
有效	3000 元以下	191	73.18	73.18	73.18
	3001—6000 元	37	14.18	14.18	87.36
	6001—9000 元	13	4.98	4.98	92.34
	9001—12000 元	9	3.45	3.45	95.79
	12000 元以上	11	4.21	4.21	100.0
	合计	261	100.0	100.0	
缺失	系统	0	0.0		
合计		261	100.0		

　　集中居住后就业难以完全弥补农民的生产性财产损失。集中居住后受访者年均工作时间 144.5 天，其中干活时间在 3 个月以下的占一半。

　　值得注意的是，集中居住前经营耕地数量在 3 亩以上的受访者中，集中居住以后，有 70 名不干活，占总数的 41%（图 1）。其中有 26.6% 的受访者"担心自己找不到活"，29.6% 的受访者"担心即使有活干也赚不到足够的钱"。

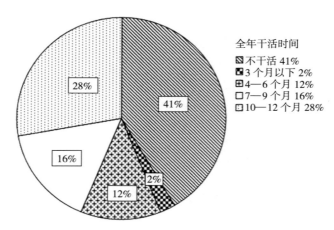

图1 集中居住前经营耕地3亩以上受访者就业现状

　　集中居住前有养殖净收入的受访者中，集中后平均干活时间为132天，其中完全不干活的达到49.8%，仅有39.8%的受访者干活时间超过半年（图2）。

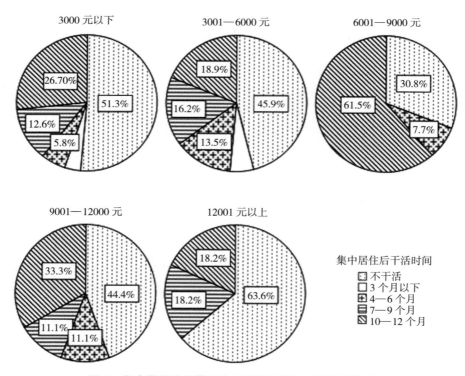

图2 集中居住前有养殖收入的受访者集中后就业情况

第四节　农村集中居住农民财产权变化
——基于 365 份问卷的分析

一　调查及数据说明

　　2012 年中国社会科学院农村发展研究所开展"土地综合整治与统筹城乡发展研究"，重点研究土地综合整治下农民集中居住的相关问题，在中部的河南省、东部的山东省和西部的四川省开展实地调查，并在河南省 14个县市中选择 25 个农民集中居住区（行政村）开展典型案例和入户问卷调查（问卷 2）。

　　选择河南省进行重点调查原因在于：作为农业大省和劳动力输出大省，河南省具有开展村庄整理的现实需求，并且开展了农民集中居住实践，建设模式多样、覆盖范围广、规模比较大、阶段性明显。河南省经济社会发展特征在全国具有较强代表性，对河南省开展深入研究有助于对全国农民集中居住这一问题形成较为全面客观的认识。同时，河南省国土厅、财政厅的大力支持和协调是在河南顺利开展调查的原因和保障。2005 年12 月河南省颁布《关于进一步促进城镇化快速健康发展的若干意见》，此时提出的城镇化重点在于以中心城市和非农产业发展带动城镇体系建设，但为集约利用建设用地，提出要"加强村镇建设管理，引导农民向城镇和中心村集中。加大对'空心村'和'迁村并点'的整治力度，研究城镇建设用地规模与乡村建设用地规模挂钩政策"。2006 年 3 月，河南省委、省政府颁布《河南省关于推进社会主义新农村建设的实施意见》，要求紧紧围绕"生产发展、生活宽裕、乡风文明、村容整洁、管理民主"的 20 字方针，用建设社会主义新农村统揽农村工作全局，在城镇化建设方面，突出产业支撑城镇化建设，以及将有条件的农民纳入城镇社会保障范围。同年 6 月，河南省人民政府颁布《河南省人民政府关于加快推进城乡一体化试点工作的指导意见》，提出在试点地区人口有序向城镇集中，到 2010 年城镇化率达到 50% 以上，即便是在基础较好的试点地区，这一任务也十分艰巨。这份文件中对推进城乡一体化提出了不少具体措施，例如加快推进农村基础设施和公共事业建设、深化户籍制度和用地制度改革以及相关的配套支持政策。值得注意的是，2006 年之前的这三份文件有一个共同的特点，就是将产业发展和基础设施建设作为城镇化的引领，城镇化是目标而不是前提，最终指向是缩小城乡差距和提高城乡居民生活水平，使农村和城市共享现代文明。这一发展思路成为今后几年的工作主线，直到提出中原经济区的概念。在这一阶段，农民集中居住更多的是自发行为，目标是改善农村人居环境，有调查显示，经过几年的建设，农村基础设施、村容村貌、农村社会事业等方面均显著改善，农村迁村并居水平有所提高，出现了一些农民集中居住享受较为完善的公共服务的农村社区。新时期土地要素紧缺已经成为河南省加快城镇化、工业化的瓶颈制约，由此开展了规模更大、覆盖全省的土地综合整治。2010 年河南省委八届十一次全会提出了中原经济区概念，2011 年国务院出台《关于支持河南省加快建设中原经济区的指导意见》，提出工业化、城镇化和农业现代化的"三化"协调发展的路子，当年 10 月河南省第九次党代会正式提出以城镇化为引领、推进"三化"协调科学发展的路子。此时，"城镇化"的外延被扩展，从发展的目标变成发展的因变量。除城乡一体化和新农村建设中被赋予的农民福利提升的责任外，城镇化还肩负着为工业化和农业现代化提供生产要素（重点是土地要素）的重担，而农村新型社区建设因能够在短期内满足上述两大需求而成为城镇化的切入点。应该说，相对于江苏省、浙江省、山东省、四川省而言，河南省的农村新型社区建设起步较晚，但力度空前。截至 2012 年 7 月底，已经启动农村新型社区试点 2300 个，初步建成 350 个，累计完成投资 631.5 亿元。

调查共获得 365 份有效农户问卷和 25 份行政村问卷。受访者户均 3 人，其中 305 户于 2005—2012 年搬入集中居住区，其中 2010—2012 年集中居住的占 71.8%。

表9　　　　　　　　　　　调查样本结构

		频 次	占比（%）	
性别	男	203	55.7	
	女	151	41.3	
调查时年龄	16—29 岁	15	4.2	均值49.9，最大值87，
	30—44 岁	105	28.8	

		频　次	占比（%）	
调查时年龄	45—59 岁	161	44.0	最小值 21
	60 岁及以上	84	23.0	
婚姻状况	未婚	6	1.7	
	已婚	345	94.5	
	离异 / 丧偶	14	3.8	
受教育年限	6 年以下	180	49.3	均值 7.87，最大值 20，最小值 0
	7—9 年	147	40.4	
	10—12 年	32	8.9	
	13 年及以上	5	1.4	
主要社会身份	国家干部	8	2.2	
	村社干部	24	6.6	
	一般村民	332	91.1	
	其他	1	0.1	
政治面貌	党员	42	11.4	
	团员	1	0.0	
	群众	322	88.6	
进入集中居住区年份	2005—2009 年	86	28.2	
	2010—2012 年	219	71.8	

二　农民财产权变化情况

（一）物权变化情况

1. 住房

与传统农村相比，农民集中居住区房屋外观和质量标准化，住房面积明显扩大，结构更加合理，房屋舒适度显著提升。

（1）人均住房建筑面积增加。通过集中居住区建设，农户住房情况有较大改善，多数农民的人均住房面积增加[①]。如表 10 所示，旧村庄农户人均建筑面积为 43.55 平方米，新社区农户人均建筑面积为 54.87 平方米，增

---

① 人均建筑面积=每户住房的建筑面积/户籍人口数，如有多处住房，将建筑面积加总计算。

幅为 25.99%。新社区和老村庄住宅面积相比较，在 277 个有效回答中，人均建筑面积增加的户数 170 户，占 61.4%；没变化的户数有 21 户，占 7.6%；减少的户数为 86 户，占 31%。

表 10　　　　　　农户在旧村和新社区人均住宅建筑面积比较（按户计算）

	有效回答数	极小值（平方米）	极大值（平方米）	均值（平方米）	标准差（平方米）
旧村庄农户人均住房建筑面积	292	1.50	300.00	43.55	35.41
新社区农户人均住房建筑面积	291	11.67	220.00	54.87	34.78

（2）房屋风貌及住宅结构改善。25 个行政村在新型社区建设中均进行了较为规范的规划，对于房屋风格、布局等通过专业设计队伍进行了设计，房屋外观往往统一，即便是一个社区内同时有高层、多层和独栋等多种建筑类型，也在色彩运用和建筑风貌上力求协调。新房均经过科学合理设计，功能齐全、结构合理，使太阳能、水冲式卫生间、液化气灶台等方便、清洁的现代生活有了合适载体。

2. 养殖情况

277 个有效回答中，集中居住前，有 132 户养殖牲畜和家禽，其中规模养殖户（存栏：大牲畜 20 头/只、家禽等 50 只以上）为 26 户，占 9.4%，存栏鸡（兔）100—1000 只的有 4 户，1000 只以上的有 3 户。除 2 家在养殖小区饲养外，其余均在自家庭院或周边散养。

集中居住后仅有 8 户养殖牲畜和家禽，规模养殖户减少为 4 家，1 家养鸡规模扩大 20%，3 家养殖规模不变，养殖地点也没有变化。

3. 经营土地情况

集中居住前，260 个样本共经营耕地 1421.70 亩，户均经营耕地 5.46 亩，最多的经营 70 亩；集中居住后，260 个样本共经营耕地 1717.18 亩，户均经营耕地 6.60 亩，最多的一户经营 400 亩耕地。集中居住后耕地规模化经营水平有所提升（见表 11）。

表 11		集中居住前后经营耕地面积情况			
	频　　数	极小值（亩）	极大值（亩）	平均数（亩）	标准差（亩）
集中前经营耕地面积	260	0	70	5.46	7.0507
集中后经营耕地面积	260	0	400	6.60	25.6969

4. 拆旧建新支出与补偿

287 个有效回答中，户均拆旧建新总支出（含拆旧房、建新房、装修、公共设施配套、过渡房等）约为 13.84 万元，最大值 41 万元，最小值 0.2 万元；其中 157 户得到补偿（含奖励或补助），户均获补偿款 4.1 万元，最大值 25.59 万元。其中仅有 17 位补偿款大于拆旧建新总支出，其余受访者在扣除补偿款后户均仍需为拆旧建新支出 13.1 万元。

（二）集体财产权变化情况

1. 耕地数量增加，同时建设用地数量减少

农户调查显示，农户承包地数量增加的同时规模经营水平有所提高，而且部分耕地质量提升、基础设施得以完善。村庄调查印证了这一判断，13 个村庄的节地率，最低的 23.1%，最高的为 87.3%，其中节地率在 50% 以上的村庄占一半以上，如果节约出的土地全部复垦，无论采取何种分配方式，都将增加集体生产性财产。例如，睢县龙王店社区将 10 个行政村、26 个自然村的 3370 户 13870 人集中居住，新社区规划占地面积 3301 亩，节约建设用地 1079 亩，户均可新增 0.32 亩耕地；兰考市董塘社区按照规划，集中居住后村庄占地将从 964 亩减少为不足 400 亩，新增耕地约 600 亩，户均新增 0.75 亩；舞钢市杨泉村集中居住后可节约耕地 220 亩，户均达 1.29 亩。

农村新型社区按照一定人口规模将农民集中居住，以公共财政为主、辅以多元化投入，为居住点提供包括规划设计、基础设施、公共事业设施等较为全面的公共产品，将公共资源向农村倾斜，这不仅符合以工补农、以城带乡的发展策略，更是城乡公共服务均等化供给、全面建设小康社会的基本要求。调查显示，河南省已建成的农村新型社区中，农民享受的基本公共服务和基础设施水平大幅提升，农民生活方式和居住环境显著改善。

2. 公益性集体资产增加

调查显示，当前农民集中居住区建设主要由政府发起，社区基础设施和公共服务设施几乎全部由财政投入，投资力度和覆盖广度前所未有。以舞钢市丰台社区为例，新社区的基础设施建设由政府投入，八台镇财政投入了1400多万元，其中贷款1000万元，镇财政投入400万元；舞钢市财政投入近300万元，均为各部门的专项资金，主要包括环境连片治理专项资金120万元；污水处理厂及配套设施资金50万元；扶贫项目中道路建设专项资金50万元、振兴路50万元、水厂30万元。而滑县锦和新城社区一期（暴庄等18个行政村）建设的公共投入将达到44.6亿元，其中，道路建设145千米，总投资44000万元；基础教育、文体设施建设78000平方米，总投资15600万元；医疗设施建设18000平方米，总投资2200万元；商业服务及社区服务建设62000平方米，总投资7400万元；基础设施建设14000平方米，总投资1400万元；金融设施建设6000平方米，总投资600万元；公共绿地建设50000平方米，总投资5000万元；建设污水处理厂2座，总投资8000万元。

（1）村级基础设施显著改善。相对于旧村普遍无规划、基础设施滞后的情况，农村新型社区实现了翻天覆地的变化，在道路、给排水、清洁能源等方面设施完善。对已经进入新型社区的农户调查显示，集中居住前后，门前通硬化道路的农户从20.7%上升为98%，用自来水的农户从18.3%上升到87.9%，使用水冲式厕所和卫生厕所的农户从2.7%上升为94%，使用煤气、电和沼气等清洁能源为主要做饭燃料的农户从20.4%上升为85.5%，随意丢弃生活垃圾的农户从86%下降为12.4%，随意排放生活污水的农户从80.9%下降为6%。大多数新型社区通过各种手段对社区进行绿化。这些举措从根本上改变了传统农村脏、乱、差的环境。

（2）集体公共事业设施得以完善。传统村庄由于居住分散、空心化严重，公共事业发展严重滞后。教育、卫生、体育等设施数量少、质量差，学生难以就近上学，村民难以享受便捷的医疗服务。农村新型社区由于人口规模化，大多数配套（或规划）了幼儿园、小学、卫生所等公共事业设施，同时，新社区往往投入大量资金用于清洁卫生和安保，相对于传统农村，农民在新社区能够享受到更加完善的公共服务。例如龙王店社区覆盖了10个行政村的13870人，建成后的社区将有行政服务中心1个（负责办理农民日常事务、社会保障手续等），警务区 1 个，幼儿园 1 所，初中学校和小学校各 1 所，卫生所 1 个，文化休闲广场 2 个。

公共服务质量提高。过去农民办事困难，要到乡里去，现在每个社区居民委员会（或村委会）有专门的办公场所，县乡社会保障体系也往往实现了社区办公，为村民提供"一站式服务"。如舞钢市枣园社区，设置"五室、三站、二栏、一校、一场所、一厅"①，社区居民可以不出社区就办理各项事务。

值得注意的是，不同农民集中居住区环境改善的水平存在较大差异。大体而言，多村合并的农村新型社区配套的公共设施较齐全。其原因如下：一是这类社区集聚了较多人口，多的近 2 万人，公共服务覆盖成本相对较低；二是这类社区往往由政府或企业发起，资金投入较大，如锦和新城、龙王店社区、祥和社区、中鹤社区等。单村整治的农村新型社区虽然基础设施也有所改善，但因发起人主要是村集体，公共投入大多需要向上申请，资金有限，所能提供的往往是最基本的公共产品，如硬化道路、给排水设施等。

（三）用益物权变化情况

1. 宅基地

305 个有效回答中，集中居住前，户均宅基地 296.04 平方米，最大值 1056 平方米，最小值 30 平方米，人均宅基地 55.95 平方米；集中居住后，（不含多层和高层住宅）户均占地面积下降为 173.36 平方米，最大值为 660 平方米，最小值为 100 平方米，人均占地面积 43.84 平方米；有 64 个样本入住多层和高层住宅，占地面积未纳入统计。

2. 生产环境

集中居住前，表示有农具堆放、粮食晾晒场所的受访者分别占有效样本的 95% 和 79.6%，集中居住后，这两项指标分别下降为 76.5% 和 70.4%。集中居住前，表示农田进行标准化改造和农田水利等基础设施健全的受访者分别占有效样本的 9.1% 和 58.3%，集中居住后，这两项指标有所上升，分别为 17.1% 和 61.8%。

---

① 五室：社区办公室、会议室、老年活动室、图书阅览室、警务室；三站：救助保障站、农业综合服务站、计生服务站；二栏：宣传栏、社区事务公开栏；一校：社区居民学校；一场所：室内文体活动场所；一厅：一站式社会管理综合服务大厅。

三　主要发现

（一）部分农民物权损失较大

农民集中居住过程中往往有补偿或奖励，但补偿或奖励的总体水平较低，不能弥补农户住房损失。如前所述，户均农户得到的补偿款仅为拆旧建新总支出的 29.6%，大多数农户仍需为拆旧建新额外支出十几万元。以河南省 2012 年农民人均纯收入 7524.9 元计算，这一支出是一个农户十余年的财富积累。

同时，农户旧宅和宅基地损失未得到足够补偿。有 199 户农户对其旧房进行估价，户均房屋价值 5.95 万元，其中有 120 名受访者获得补偿或奖励，户均补偿或奖励金额为 2.62 万元，仅为拆旧房估价的 44%。值得注意的是，农户对旧宅估价仅为房屋的估价，并未考虑旧宅基地的价值，因此旧宅价值是被低估的。

禽畜等生活资料损失。从农户养殖情况看，在搬入集中居住区后，农户往往没有庭院养殖，实地踏查也发现，大多数集中居住区房屋（包括独栋、联排、多层、高层）没有养殖用房，村社干部表示，为保持集中居住区的环境整洁，不允许农户搭建圈舍，进行养殖。

此外，用于商品销售的养殖业受到了不同程度的冲击，农民庭院养殖几乎全军覆没。

（二）集体产权中公益性资产增加

配套完善的集中居住区使集体共有财产中的公益性资产实现增值。耕地数量增加，部分地区农民来自土地的收入增加。农民来自土地的收入增加主要有三个原因：部分社区实施了土地整理项目，耕地质量显著提高；推动土地规模化经营，农民土地流转收入增加；耕地数量增加。此外，村庄公共设施加大投入几乎是所有集中居住区的共同特征，集体公益性资产显著增加。过去村社内部公共产品供给依赖于"一事一议"方式筹资筹劳，农民是基础设施和公共服务的主要承担者。但在农村新型社区建设中，社区内的公共设施则来自财政资金、社会投入以及农民自筹，无论哪种建设模式，农民自筹的比重均小于前两者。这意味着农民获得了更多的公共资源。

（三）集体经营性资产有减少的趋势

由于建设用地数量的绝对减少，使集体第二、第三产业发展缺乏足够载体，虽然部分集中居住区建设时考虑了村庄经营性资产的配置，但调查显示，大多数集体经营性资产是减少的。

（四）农民承包地财产增加

集中居住的同时伴随着村庄整理，农民旧宅基地、村集体建设用地、村内荒地等往往进行了复垦整理，使农村耕地面积增加，调查显示，大多数村会将复垦的农民旧宅基地以承包地形式交还农民使用，会增加大部分农民的承包地数量。同时，在承包地上进行的土地整理，也会提高土地综合生产能力。

（五）宅基地权利明显受损

集中居住区建设中存在损害农民合法财产权的现象，其中最为突出的是农民宅基地权属受损。《中华人民共和国土地法》（以下简称《土地法》）明确规定，宅基地等集体建设用地属于农民集体所有，符合"一户一宅"和面积不超过省规定标准的宅基地受国家法律保护。根据《河南省〈土地管理法〉实施办法》，符合条件的农民申请宅基地须经村民代表会议或村民会议讨论通过，集体土地收回土地使用权的，须由农村集体经济组织提出申请，批准后收回。可以看出，农村集体组织及成员拥有符合规定的宅基地等集体建设用地的合法权属，包括依法享有的占有、使用、收益和处分等权利。但在调查中发现，除少数几个较早开展村庄整理的村社外，在农村新型社区建设中，农村集体经济组织及其成员对于村内建设用地的使用、收益和处分基本没有发言权，村集体也难以通过让渡建设用地指标的使用权获得合理补偿。所调查的 25 个村社干部中无一能准确描述出"土地增减挂钩"的含义，甚至有部分村干部根本不知道这一概念。在这种情况下，集体经济组织成员对于集体建设用地的收益权基本无从谈起。

第五节 集中居住过程中土地财产权变化的宏观分析

问卷调查结果表明，城郊和农村集中居住农民的财产权变化主要围绕土地展开，包括宅基地及附着其上的房屋、承包地或经营土地、集体土地及附着其上的各类公益性和经营性资产，以及由于养殖空间存续而发生变化的养殖情况。因此，有必要对集中居住过程中土地财产的变化进行进一步分析。

一 三类土地中的博弈

从土地用途看，中国目前存在并行的三类土地：城市土地、农村土地以及二者之间过渡的拆迁土地，三者相互独立，形成了三种截然不同的供求关系和价格体系。城郊集中居住农民和农村集中居住农民财产权变化情况的巨大差异实际上反映的是三个土地市场的博弈。

（一）城市土地资本化的博弈

城市土地市场上只有一种产品——建设用地。虽然在某一特定区域，地方政府是建设用地唯一的且受法律保护的供给方，建设用地也不能以农村土地替代，但在全国范围内，每个地方都是独立的土地供给主体，需求者则不受区域限制，土地买卖双方众多，在"招拍挂"程序下，整个中国城市土地市场竞争是比较充分的。但国家出于战略需要每年制订城市建设用地计划，下达的建设用地指标数不会根据地方土地价格而变化，因此地方的土地市场价格取决于需求量，需求则取决于附着在地块上一定时期所产生的贴现值。

地方政府有三种方式来增加土地收益：增加土地供给量、降低出让土地的成本、提高地块的贴现值。

一是增加土地供给量。就每个地方来说，城市土地供给量并不是一成不变的。为尽可能多地获得土地指标，地方政府会千方百计向上争取土地指标，如加大项目包装力度、争取各种试点等，但这类方式获取的土地指标非常有限，还存在被上级"截留"的可能。此外，中国行政管理体制决定了上级政府有能力"截留"下级土地指标。在各地加快城镇化和工业化进程中，土地瓶颈制约十分显著，此时国土资源部出台城乡建设用地增减挂钩相关规定，就像铁皮房子开了一个口子，地方政府将此作为发展的重大"机遇"，追求"多快省"，增减挂钩在全国大多数省、区、市遍地开花。媒体报道不胜枚举，如泗洪县 2010 年完成增减挂钩指标土地共 7000 亩，实施占补平衡项目 58 个，涉及 20 个乡镇的 162 个地块。[①] 2014 年广西正在实施的城乡建设用地增减挂钩项目有 131 个，下达周转指标 4596.57 公顷，全区已先行使用周转指标 1284.89 公顷用于报批建新区建设项目用地。[②]

二是降低出让土地的成本。在城郊和工业园区地块，将土地视为为农民提供基本生计保障的生活资料而不是农产品必需的生产资料，采取以土地数量而不是生产价值为征收补偿标准，能够最大限度地控制征地成本，而且采取统一的标准也有利于土地征收工作的推进，降低与农民谈判的交易成本，因此城郊农民集中居住区的生活性财产基本能够得以保全，甚至有所提高。在增减挂钩项目中，在农村拆旧建新不涉及土地征收问题，也就不存在征收补偿费，项目实施中往往将农村新区建设与五花八门的支农项目结合，甚至将全县的支农项目整合集中投放在项目区，支农项目的重点在农村基础设施和公共服务，其中部分项目如扶贫、危房改造、改水改厨改厕、沼气项目等可以直接补贴给农户，但这些经费相对于建房支出来说总额较小，因此显得补偿不足。

三是提高地块的贴现值。经济持续增长是城市集聚人口、增加用地需求的核心，此外，公共产品的供给量和供给水平会对地块的贴现值产生重大影响，在城市主要表现为基础设施和公共服务的供给，例如地铁通车后沿线房价都会出现不同程度的上涨，武汉地铁"首末站"房价涨幅最高达 30%；[③] 2013 年北京五道口出现的均价 10 万元 / 平方米的"天价学区房"；[④] 工业园区除"三通一平""八通一平"外甚至还包括厂房等配套设施建设……因此，地方政府会更倾向于将公共财政投入城市和工业园区，以提高地块

① 郑风田：《土地增减挂钩宜暂时叫停》，《北京青年报》（电子版）2014 年 8 月 4 日，第 B09 版。
② 《广西城乡建设用地增减挂钩试点取得较好综合效益》，国土资源部官方网站，2014 年 8 月 29 日，http://www.mlr.gov.cn/xwdt/dfdt/201408/t20140829_1328458.htm。
③ 《规划与建成是否有差别 地铁通车后房价会跌吗？》，搜房网新闻，2016 年 2 月 18 日，http://newhouse.xian.fang.com/2016-02-18/19670581.htm。
④ 《北京部分学区房均价 10 万 家长称不愿输在起跑线》，腾讯新闻，2013 年 5 月 8 日，http://news.qq.com/a/20130508/000072.htm。

贴现值。

（二）农村土地权与权的博弈

农村土地在法律上"无市场"。法律禁止农村土地所有权、耕地承包权和宅基地使用权（可将承包权和宅基地使用权视为城市土地使用权）买卖、转让，土地非商品性和无交易使农村土地无"市场"可谈，自然也没有价格显示。但农村房屋属于物权范畴，所有人能够自行决定买卖，实践中存在农村房屋买卖的现象，房屋建造于土地之上，因此购买房屋的同时在实际上也取得了宅基地使用权，房屋交易现象虽然不鲜见，但也不普遍，而且大多数交易是在亲戚朋友之间完成的，因此对农村土地市场体系没有实质性影响。

另外，土地用途转变在农村则较为普遍，这表明，尽管法律上对农村土地权的转让有诸多限制，但农村土地市场实际上存在极大的需求和供给。一是不合理占用耕地建房情况比较多。前述河南集中居住区的调查显示，约13%的受访者有2—3处宅基地，户均宅基地面积296.04平方米，是河南省规定的户均宅基地不超过2.5分的标准。受访者表示一般情况下几百元到几千元不等就能获得一块宅基地，调查中还遇到农民未经审批直接在自家承包地上盖房的情况，由于执法难度很大，最后执法部门只有以"占用耕地私搭乱建"处罚了事。事实上，发达地区和城郊地区农民在耕地上建小产权房、厂房的现象更为普遍。二是农地非粮化的现象越来越普遍。区位较好（如城郊）的土地、规模流转经营的土地上种植经济作物几乎是必然选择，常年外出打工缺乏劳动力的农户有不少则选择在耕地上种树。

（三）拆迁土地权与利的博弈

拆迁土地是土地所有权由集体转为国家的一个过渡土地形式，它具有三个重要特点。一是交易主体是而且只能是国家和集体。理论上，国家和集体具有同等权利地位，可以就土地价格进行谈判，但"国家为了公共利益的需要，可以依照法律规定对土地实行征收或者征用并给予补偿"，且"征收土地的，按照被征收土地的原用途给予补偿"，并对补偿费用做了明确规定[①]，因此土地价格弹性趋于零。二是"集体"是由确定的集体经济组

---

① 《中华人民共和国土地管理法》（2004年修正）。

织成员组成，集体经济组织成员是土地的实际控制者，也因此成为实际受偿者，往往成为土地征收者直接的谈判对象。三是交易过程不可逆，权利只能由集体让渡给国家，而不能相反。因此，与城市和农村土地市场不同，一旦进入拆迁程序，就会呈现出十分复杂的市场关系，实际征收下来的土地价格往往高于甚至大幅高于法律规定的补偿费用。

第一，拆迁土地具有典型的阶段性特征。在城乡之间居民收入和公共服务存在巨大鸿沟的时代，获取城市户口是大多数农民的殷切希望，甚至不惜以土地为代价。据一位城郊集中居住的老人讲述，2000 年他所在的村民小组土地计划被征收，农民可按法律规定获得少量补偿，而集中居住区新建房价则需农户与政府按照 6∶4 的比例分担，被征地农民们早早地就把买房钱准备好，在登记的前一天晚上就到指定地点排队，唯恐自己家没被纳入征地拆迁范围。但这一局面在城乡差距的缩小过程而土地经济产出大幅增加的过程中逐渐消失了，"做工作"的难度越来越大。

第二，拆迁土地的供给意愿具有典型的群体特征。一般而言，计划修建新房的农户、以非农就业为主的农户、年轻人、五保户和低保户等更倾向于拆旧建新，而那些房屋较新、以农业经营为主要收入来源、"4050"人员等往往比较抵制拆迁。这个方面的研究较多，不多赘述。

第三，拆迁过程中存在特殊形式的"讨价还价"。理论上统一的补偿标准在实践中会有一定的议价空间。当前，在对因城镇化而消亡农村居民进行安置时，被征地农民一般能获得土地占用补偿、劳动力安置补偿（优先农业安置、留地安置、社会保障）和住房拆迁补偿（远郊和农村迁建宅基地、城乡接合部和城中村货币或安置房）三类补偿[①]。国家对征收耕地的补偿费用做了明确规定，"土地补偿费，为该耕地被征收前三年平均年产值的六至十倍。""安置补助费，最高不得超过被征收前三年平均年产值的十五倍。"[②] 但法律并未对征收其他土地的土地补偿费、安置补助费、附着物和青苗补偿标准做明确规定，给出了弹性的价格空间，由此产生了三种不同利益主体间的"议价"。一种是个人与集体的"讨价还价"。由于集体拥有土地所有权，土地占用补偿补给集体，再由集体发放给成员。此时

---

① 《国土资源部关于进一步做好征地管理工作的通知》，2010 年 6 月 26 日发布。
② 《中华人民共和国土地管理法》（2004 年修正）。

会产生个人与集体的议价，包括价格和分配方式的谈判。在价格方面，农户可就一些特殊规定进行谈判，60 岁以上老人失地可以直接领取失地农民养老金，45 岁以上人员可以获得购买养老金补助，所以往往与集体商量，先将年龄较大者转户口，曾经在一个花名册上看到全生产小组的集体成员最大的仅有 11 岁。此外，农户还能就贫困户补助等与集体谈判。在分配方式上，是采取一次性补偿还是分次补偿也是由集体和农户谈判决定，借用四川麻将术语，在成都有十分形象的表述："血战到底"和"血流成河"。所谓"血战到底"，是指被征地时征到哪家的地哪家农户可一次性获取全部补偿，相当于按空间进行补偿；"血流成河"，则是指由集体获取的征地款在全部成员间平均分配，直到土地被征完，相当于按股份进行补偿。浙江也有类似的分配方式，叫"定量定位"和"定量不定位"。一种是个人与政府的"讨价还价"。如将未成年子女和新增人口（媳妇、女婿等）作为劳动力获得安置费，将生产用房（看护房）等同于住宅获得房屋拆迁补偿，按照新标准计算青苗费等。一般情况下，如果要求的人数不多，地方政府往往会同意这些要求。另一种是集体与政府的"讨价还价"。由于土地征收的大量工作需要依托村集体，集体会尽可能地为自己争取利益，会在可能的范围内多计算被征房屋面积，甚至多计算劳动安置人口，为获得拆迁工作经费和奖励，对于这种行为，乡镇政府也会采取默许的态度。

二　土地财产的分配

前述分析表明，中国现存的三类土地呈现出一个共同的特征：形式上的计划管制和事实上的议价和竞争。三类土地之间交易的单向性使农村和城市土地市场更像是"生产—消费"关系——由农村"生产"土地再转给城市"消费"。值得充分关注的是，农村"生产"的土地与城市"消费"的土地虽然表现形式相同，但有本质区别。

土地具有自然属性和资产属性，可以作为居住、生活的载体，也是农业、工业必需的生产要素，同时在现代社会具有可交换的资产价值。从自然属性看，土地价格以其产出来计算，而产出则是土地与劳动力、资金、才能（经验和技术）等其他要素配置的结果；从资产属性看，土地价格则以供求关系决定，需求大于供给，价格上升，反之价格下降。农村土地市场建立在土地的自然属性上，倾向于农民生产生活的基本保障，集体是农村土地所有者，出于保障成员的基本生活和生产的目标，每一个成员都有权从集体土地上获取基本生产生活资料，同时也意味着一旦集体失去土地，每一个成员都没有权利从其他地方再次获取土地；城市土地市场则建立在土地的资产属性上，国家是城市土地所有者，将土地出让给其他主体时获取土地出让金，具有显著的利益最大化倾向，是一种市场经营行为，征地多、卖地多，"发展"就快。[①] 城市和农村两个土地市场在各自的基础和逻辑下运行，相安无事。但在联系"生产"和"消费"的拆迁市场上，土地两种属性之间的本质差异被有意无意地忽略了，由此导致了分配方面的诸多复杂矛盾。

（一）收入分配上呈现出两类"争利"

土地出让支出由两部分构成：一部分是成本性支出，包括征地拆迁补偿支出、土地出让前期开发支出、补助被征地农民支出；一部分是非成本性支出，即扣除成本性支出的出让收益的支出，包括城市建设支出、农业土地开发支出、农村基础设施建设支出、其他支出等。[②]

政府与民"争利"。数据表明，地方政府通过出让国有土地使用权获得了巨额收益，即便是在征地成本性开支快速攀升的2014年，扣除成本后土地市场上的收益依然达到了至少8387.67亿元，这部分"利差"完全由地方政府支配。进一步观察成本支出和非成本支出结构方面（见图3），2010年成本性开支和收益性开支金额分别为13277.35亿元和13344.77亿元，分别占总支出的50%。但到2014年，二者发生了重大变化，成本性开支占比攀升到当年总开支的78.3%，而收益性开支仅占21.7%。由于未得到土地出让支出进一步明细，无从得知征地拆迁补偿支出和补助被征地农民支出的具体科目，但这一结果表明，成本性开支增长过快，其中用于补偿被征地农民部分的开支增长尤其迅猛，印证了中国土地市场存在事实上的议价。地方政府的"得利"与事实上的"议价"实质上就是政府与农民之间的利益争夺。

---

① 黄小虎：《改革政府经营土地制度的时机已经成熟》，《中国房地产》2012年第11期。
② 《财政部国土资源部中国人民银行关于印发〈国有土地使用权出让收支管理办法〉的通知》（财综〔2006〕68号），2006年12月31日。

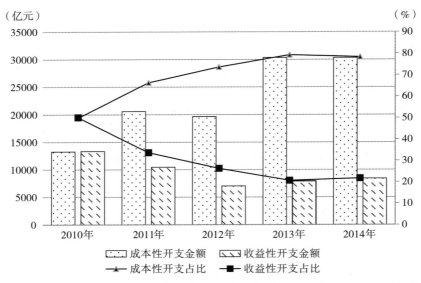

图 3　地方国有土地使用权出让金收入安排的支出结构情况（2010—2014 年）

　　城市与农村"争利"。在土地出让收益使用分配方面，2010 年到 2014 年，城市建设支出是农村基础设施建设支出的 6—9 倍（图 4），城乡之间投入的巨大差异是拆迁市场土地收益分配不合理的直接表现，是城市与农村"争利"的结果。

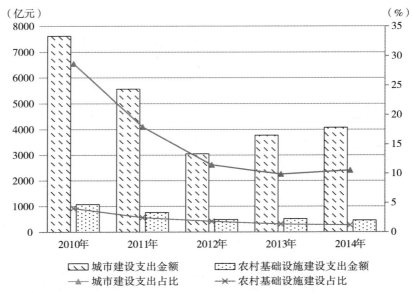

图 4　地方国有土地出让收益性支出中城乡建设投入情况（2010—2014 年）

（二）机会分配呈现出两种不公

收入分配问题更多地集中在土地征收过程中，即城郊农民集中居住区，而机会分配的不公平问题则在土地征收和土地指标增减挂钩上都存在，其影响更为深远。机会分配问题主要体现在城市和农村发展机会差距扩大，以及农村内部发展机会低水平同质化导致的发展权不公两个层面。

1. 城市和农村发展机会差距扩大

前述土地出让金收益的主要部分用于城市建设，这使得城乡之间原本就差别巨大的基础设施和公共服务的差距进一步扩大。此外，在城乡之间发展机会的分配不公更为直接地表现在非农产业发展所需的土地要素上。2014 年我国城市建设用地面积 49982.74 平方千米，比上年新增 2874.24 平方千米，而当年征用土地面积为 1475.88 平方千米（见图 5）。2005 年到 2014 年的十年间，我国新增城市建设用地面积 20345.91 平方千米，征用土地面积 15677.5 平方千米，前者是后者的 1.3 倍。[1] 可以判断，新增的国有建设用地面积主要用于城市发展，县及以下的农村地区获取非农发展用地十分有限。2015 年我们在四川 21 个重点镇开展调查，发现部分镇的非农产业发展能力比较强、潜力很大，已经成为就地就近转移就业的重要载体。2014 年 21 个重点镇中有 8 个镇非农产业增加值比重达 80% 以上，有 12 个镇非农产业就业人数占镇全域常住人口比重 30% 以上，超过 85% 的镇常住人口达 1 万人以上，其中有 5 个镇常住人口达到 5 万人以上。[2] 然而作为列入省上 3 年计划大力发展的重点镇，每年能够得到的建设用地指标仅为 60 亩（非计划单列），调查中发现 21 个重点镇中仅有 1 个镇在不断努力中得到了 60 亩指标，其他的都被上级政府"欠着"。在塔式行政级别下，在稀缺资源的获取上越下一级政府越处于劣势，土地指标的欠缺直接导致其基础建设、招商引资、集聚人口等方面能力的欠缺。

---

[1] 《中国统计年鉴（2015）》，国家统计局 2015 年版。
[2] 首批"百镇建设试点行动"评估课题组：《首批"百镇建设试点行动"评估报告》，四川省社会科学院，2015 年 6 月。

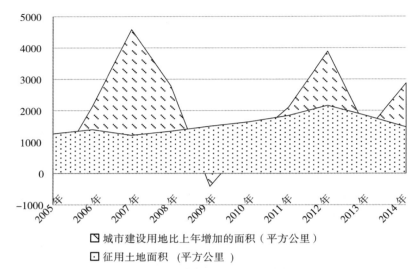

图5　我国城市建设用地面积增量和征用土地面积情况（2005—2014年）

图例：
- 城市建设用地比上年增加的面积（平方公里）
- 征用土地面积（平方公里）

　　此外，城乡之间发展机会的分配不公还间接表现在融资能力上。除获取土地出让金收入外，国有建设用地的另一个重要功能是地方建设融资抵押物。目前全国大多数市县成立了各种各样的城市建设投资公司，主要公国国有建设用地为抵押物，按照土地评估价值从金融机构获得土地抵押贷款，用于城市的基础设施和公益性项目建设。由此，地方政府通过征收（或增减挂钩）获得国有土地建设用地，进入土地储备中心，再通过地方融资平台运作，从银行获得土地抵押贷款用于城市建设，土地—财政—金融三个要素共同推进城市化发展，成为有中国特色的新城市化模式。[①]据国土资源部统计公报，截至2014年底，84个重点城市处于抵押状态的土地面积为45.10万公顷，抵押贷款总额9.51万亿元，同比分别增长11.7%和22.5%。全年土地抵押面积净增4.56万公顷，抵押贷款净增1.73万亿元，同比分别下降14.5%和2.4%（图6）。与此同时，农村无论是建设用地使

　　①　周飞舟、王绍琛：《农民上楼与资本下乡：城镇化的社会学研究》，《中国社会科学》2015年第1期；赵燕菁：《城市化、信用与土地财政》，中宏网，https://www.zhonghongwang.com/，最后访问日期：2013年5月14日。

用权还是耕地承包权都不得抵押。①这意味着，农村发展的资金来源只能靠积累而不能靠土地信用，其发展空间十分有限。

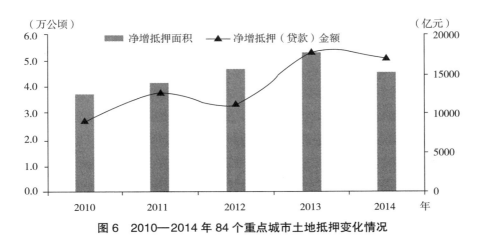

图6　2010—2014年84个重点城市土地抵押变化情况

资料来源：《2014年中国国土资源公报》，国土资源部官方网站，2015年6月16日发布，http://data.mlr.gov.cn/gtzygb/2014/201506/t20150616_1354558.htm。

2. 农村内部发展机会低水平同质化

如前所述，土地征用和土地指标增减挂钩过程中，更多的是以土地面积、农民所拥有的物权为标准进行补偿，而忽略了一个村或一个农民的资源禀赋。就是说，只要确定土地被征收或进入增减挂钩项目区，无论哪个村或哪个农民获得的补偿内容和金额是平均主义化的，而不论这个村或农民是否已经具有超出平均水平的发展，或者具有更为广阔的发展空间，从而抹杀了村庄发展的差异性，抹杀了农民个体发展的差异性。这在城郊地区表现更为突出。改革开放以来，借助区位优势，大多数城郊地区农村比远郊农村发展更快，是蔬菜、水果、花卉苗木、禽畜养殖等高附加值农业的优选地，经过数年积累，城郊地区往往形成较为完善的农业产业体系和产业规模，农民组织化程度较高、专业大户较多，产品市场竞争力较强，效益较为显著，其中部分已经成为现代农业示范区，所形成的品牌和市场

---

① 《中华人民共和国担保法》第三十七条规定："下列财产不得抵押：（二）耕地、宅基地、自留地、自留山等集体所有的土地使用权，但本法第三十四条第（五）项、第三十六条第三款规定的除外。第三十四条 下列财产可以抵押：（五）抵押人依法承包并经发包方同意抵押的荒山、荒沟、荒丘、荒滩等荒地的土地使用权；第三十六条（第三款）乡（镇）、村企业的土地使用权不得单独抵押。以乡（镇）、村企业的厂房等建筑物抵押的，其占用范围内的土地使用权同时抵押。"

在区域内具有较强竞争力。例如成都市龙泉驿区一直以来就有种植经济作物的传统，改革开放以来，借助区位优势和技术优势，已经成为中国水蜜桃之乡、全国无公害水果生产示范基地、全国农业科技示范区等，种植传统加上实用技术的成熟、管理能力的提升、品牌和市场网络的拓展，使水蜜桃、早熟梨、葡萄等水果成为全省乃至全国的优势产品，在农民持续快速增收方面起到了至关重要的作用。但是作为成都发展的东向桥头堡，龙泉驿区城镇化和工业化明显提速，土地被大量征收导致水果产业发展空间压缩，2008—2012 年的五年间，全区水果总产量从 35.25 万吨锐减为 20.90 万吨，减少 40%。在土地征收过程中，专业大户与普通农民、优势水果种植村和普通农村获得了几乎一样的补偿，往往在进入城市后变成了无非农就业优势的"失地农民"，这在前面两类问卷调查中都可见一斑。

第六节　集中居住农民财产权不可持续的深层次原因

一　同产不同权

城乡之间同样的财产却拥有截然不同的权利是集中居住区农民财产不可持续的根源。城市土地市场和农村土地市场建立在不同的土地属性基础上，其间由一个拆迁土地市场作为桥梁，把两个市场联系起来，在一定阶段发挥了资源集聚、效率快速提升的作用。但是，一些数据和实践表明，整个市场机制不健全、农村土地市场机制的缺失，以及拆迁土地市场的扭曲，在经历了快速积累后对中国城市和农村经济产生重大负面影响。

城市土地市场建立在土地社会属性基础上，以土地资本功能的充分利用为核心目标。与改革开放之初相比，当前我国城市土地基本通过资源竞争和自由交换来实现配置，其供求关系、价格形成、公平竞争、风险分担等机制相对健全，城市土地利用效率比较高，但从近年来的情况看，城市土地利用效率有下降的趋势。2014 年中国城市人口密度仅为 2419 人 / 平方千米，苏红建、魏后凯分析了若干年份中国地级以上城市的人口密度情况，发现 2011 年远低于最优城市人口密度值，高于最优城市人口密度的城市数量也从 2006 年的 59 个减少到 2011 年的 19 个。[①] 另一项研究表明，2004 年城市生产率对城市人口规模以及经济密度的弹性都低于 1996 年的水平，无论是用人口规模还是用城市经济密度衡量的集聚经济效应都随着时间的推移趋于减弱。[②] 土地城市化的速度在被诟病了数年后不仅没有被遏止的趋势，反而有进一步强化、蔓延的态势。盲目扩张城市土地而不是努力提高存量效率的后果正在逐步浮出水面，其原因正是在于地方政府能够且仅能够控制拆迁土地市场。

和城市土地市场一样，改革开放后的一段时期，中国处于工业化结构调整和产业扩张时期，资本相对稀缺使拆迁土地市场存在必然性，土地资源被倾向性地配置到城市，作为一种信用资产由政府垄断经营，这使大量的基础设施建设得以快速推进，形成了中国超过 200 万亿元的实质资产，土地随基建投资升值到约 100 万亿元，[③] 基础设施特别是交通基础设施对中国的经济增长有着显著的正向促进作用，在缩小区域经济发展差距方面发挥了重要作用。[④] 但是，在拆迁土地市场上，收入分配和机会分配不公日趋扩大，无论是整个农村还是被虚置的集体，抑或是实实在在的农民，都在这个市场上付出了巨大代价，与此同时造成了城市土地市场的过度供给和资源浪费。作为城乡土地要素交换的一个通道，拆迁市场无可厚非，但将土地作为普通商品而忽略并抹杀了其权属转换过程中的特殊性，实施单一标准的计划管制和极为个性化的议价竞争，农村土地市场的缺位是这一现象的根本原因。

当前农村土地制度的形成建立在深层次的经济社会和政治基础之上。改革开放之初中国经济濒临崩溃边缘，加上人民公社的解体，农民不仅没有社会保障，也失去了来自集体的庇护，以户为标准发包土地和分配宅基地具有实现土地生活保障功能的目标，家庭联产承包责任制是在当时的经济基础上的必然选择。同时，土地制度的形成还有其深刻的社会原因。20

① 苏红建、魏后凯：《密度效应、最优城市人口密度与集约型城镇化》，《中国工业经济》2013 年第 10 期，总第 307 期。

② 陈良文、杨开忠：《生产率、城市规模与经济密度：对城市集聚经济效应的实证分析》，《贵州社会科学》2007 年第 2 期。

③ 温铁军：《八次危机：中国的真实经验》，东方出版社 2013 年版。

④ 刘生龙、胡鞍钢：《交通基础设施与经济增长：中国区域差距的视角》，《中国工业经济》2010 年第 4 期。

世纪 50 年代，基于稳定和政治的需要，中国对公共关系进行了组织再造，人们被分配、安排、组织到行政、事业或者生产单位里，在城市主要是行政机构或工厂组织，在农村是人民公社和生产大队、生产队，这使得中国社会结构是单位式而不是阶层式。[①] 改革开放逐步确立的市场经济体制，不断冲破城市"单位"边界，而在农村，"单位"式社会结构特征却依然显著。一直以来，村集体是农民最重要的生活来源和生产资料——土地的供给者，是集体公共生产生活的组织者，是农村社会网络和社会资本的集大成者。村集体（包括行政村、小组、自然村等）不仅是村社内公共产品的所有者，甚至是一些私人产品的所有者。时至今日，农村经济社会基础产生了深刻变化，但农村集体化制度被延续下来，农民的经济权利、社会权利和政治权利依旧高度统一，形成了具有中国特色的农民财产权——具有经济和政治共同体属性的财产权。政治权利当然不能交易，与其捆绑在一起的经济权利自然被固化。因此，农村土地无市场的根源不在于没有需求和供给，而在于附着在土地上的三大属性（基于自然的生产属性、基于社会的生活属性和基于政治的稳定属性）缺乏清晰的界定，导致市场无法明确目标和建立价格机制，一方面阻止了土地作为生产要素的充分利用，另一方面在交易过程中会倾向于采取具有威权和话语权一方的解释，使缺乏话语权的一方权利受损。

二 赋权制度缺位

财产权需要法律赋予，其内容和对象需要法律保障。作为一项可让渡的权利，在有中国特色的社会主义国家中，财产权利由人民让渡一部分给国家，国家平衡强者与弱者的利益，对强者进行约束，对弱者进行保护，保障每一位公民的基本权利（柯华庆，2010）。2013 年，"赋予农民更多的财产权利"被正式写入中央文件，旋即在各地开展了大量的实践和创新，其中最为引人瞩目的是当年中央农村工作会议提出的、之后写入 2014 年 1 号文件的"落实集体所有权、稳定农户承包权、放活土地经营权"[②] 的"三

---

① 张静：《通道变迁：个体与公共组织的关联》，《学海》2015 年第 1 期；张静：《利益组织化结构：非同质内聚》，载张静《社会冲突的结构性来源》，社会科学文献出版社 2012 年版。

② 《关于全面深化农村改革加快推进农业现代化的若干意见》，2014 年 1 月 19 日，中国政府网，www.gov.cn/gohgbao/content/2014/content_2574736.htm。

权分离"，被认为是"我国农地产权制度的重大理论创新"①。与此同时，农村"三块地"土地征收、集体经营性建设用地入市、宅基地的制度改革也选择试点审慎展开。改革开放40多年来农村土地改革中最重要的制度安排使有意的制度模糊，其后果是强者攫取了模糊产权中的财富，②由此导致了一系列的经济社会矛盾，新一轮改革的目标是"赋权"，但赋权的方向和内容依旧没有明确。

中国农民财产权的特殊性在于农民作为人民（公民）和集体经济组织成员的双重性，形成了财产权由公民赋予国家和成员赋予集体的双重赋权格局，国家和集体又依据资源更有效率地利用原则将产权束分割给不同的主体。土地使用权归农民，因为家庭经营符合农业生产特性，使用时产生的收益归农民；土地处分权归集体，因为国家建设需要时与集体谈判比与个人谈判的交易成本更低，处分时产生的收益归集体。看起来很清晰的逻辑，在实践中则完全被异化。除了前述地方政府和集体谈判地位不对等外，还存在以下两个问题。

一是作为承包权延伸权利的经营权却拥有更多的财产性权利。进入21世纪以来，中国农业迎来了第二个黄金期，粮食产量实现"十一连增"，农民增收实现"十一连快"，为我国应对国际经济危机、加快推进工业化和城镇化夯实了基础。但是，当前我国农业持续稳定发展仍然面临严峻形势。

一方面开放性扩大所带来的外部竞争不断加剧，同时需求结构变化导致农产品供求矛盾以新的形势加剧。由此中国农业的发展出现明显的三大变化：农民内部分化进一步加深；农产品生产的专业化和优质化趋于加强；农业产业链表现为整链扩张的发展态势。这些变化的实质是，在我国整体上已进入工业化中期后半阶段的同时，农业部门虽然内生性的积极变革全面趋于加速，但总体上的不适应性却表现得极为明显。

农业部门对非农业部门发展的不适应性，使改变农业经营方式的需求显著加强。从现实看，这种改变是从两个方向展开的：一方面是农民自我调节的应对，主要通过扩大生产规模，采取集体行动的合作方式，克服小规模农业经营的局限性。但是，农户主要依靠自积累方式来推动生产规模

---

① 叶兴庆：《从"两权分离"到"三权分离"——我国农业产权制度的过去与未来》，《中国党政干部论坛》2014年第6期。

② 柯华庆：《法律经济学视野下的农村土地产权》，《法学杂志》2010年第9期。

扩大和发展合作经营，面临着很大的现实制约，中国小农户的先天不足和后天制约，加上政府支持有限，使农户的自我应对效果并不明显。现实中，专业大户、家庭农场和农民合作组织的发展总体迟缓，其产业扩张能力和带动能力明显不足。

另一方面，基于利益驱动的城市工商资本大举进入农业，所形成的公司农业模式以更快的速度扩张。由于拥有更强的资源整合能力、技术吸纳能力、市场拓展能力和质量控制能力，以及与政府更密切的利益关联，使公司农业表现出明显的比较优势。也因此得到地方政府更有效的政策支持，正日益成为不同区域农业转型的事实上的主导力量。但是，作为外部经营主体的农业进入者，公司农业大多表现出很强的短期化趋向。并因此引发出两个方面的潜在风险，即非农化和非粮化。公司农业基于降低经营成本而与农户形成的利益竞争关系，一方面可能让农民因沦为农业产业工人而影响农民收入的稳定性，大多数农民难以分享产业转换和升级所增长的利益。同时，还可能放大中国农业的不稳定的风险。所以，公司农业在存在明显比较优势的同时，也存在需要高度关注的局限性和潜在风险。上述变化在产品和要素交换具有区位优势的地区表现尤为突出，在城镇化加速推进过程中，进一步同时暴露出小农经营不适应性和公司农业局限性的双重矛盾。

农业除具有经济功能外，还同时具有社会功能、生态功能和政治功能等多种功能，构建能够充分发挥农业多功能特性的经营体系是农业和农村可持续发展的现实需要。农户经营的长期性和稳定性具有能够适应农业基本生产特征的独有优势，因此，中国农业稳定发展必须以家庭经营为基础支撑，必须建立在以农业为终生职业、具有共同价值取向的农户家庭群体的有机结合的基础之上。

在中国的现实条件下，以土地集体所有为基础的农村集体所有制，是实现农民共同富裕的制度保障，是中国农业农村现代化的基本制度支撑，既符合法理，又具有现实优势。构建现代农业新的发展模式，必须以农村集体产权制度为基础，以保护农民集体经济组织成员权利为核心，以明晰农村集体产权归属、赋予农民更多财产权利为重点，进一步发挥集体经济的优越性，进一步调动集体经济组织成员积极性。[①]

在这一基本认识下，农村土地承包权和经营权分离更可能是在现有制度框架下的过渡性选择。土地经营权流转和赋予农民更多财产权的相似之处都在于创新制度以充分利用资源，但在实践中土地经营权流转是以盈利为目的，当土地经营者和承包者分离后，公共财政低效化投入、土地经营者成为名副其实的寻租者、土地非粮化非农化趋势显著等弊端凸显，这对于土地的充分利用说不上有任何创新。

二是作为从事生产的农民基本生活保障的宅基地被等同为一般性建设用地。宅基地制度本质上是一种保障性住房制度，是"自由的土地、自用的建筑"。[②]中华人民共和国成立以来，农村宅基地从私有到共有私用，更多地强调集体对经济组织成员的生活保障功能，也就是说，宅基地是农民从事农业生产的保障性要素之一，因此有"一户一宅"、面积不得超过省（自治区、直辖市）规定标准的要求，与集体经营性建设用地存在本质区别。同时，除了农民生活保障外，宅基地还是庭院经济、生产性用房的主要承载，农民还能够以此获取生产性收益。但在实践中，宅基地被等同为一般的建设用地，在土地征收和城乡建设用地增减挂钩项目中，宅基地的生产性功能被忽视，造成农民的生产性财产损失。

农民拥有国家公民和集体成员的双重身份，但国家和集体却在赋权给农民时进行笼统化，如何"赋"、由谁来赋、对哪些农民赋、"更多的"是数量还是内容、哪些是"财产"，仍然缺乏明确的制度和法律界定。整个过程有意地模糊了国家、集体和农民之间的利益关系，模糊了作为土地所有权主体的构成要素和运行原则，模糊了产权代表和执行主体的界限和地位，[③]增加了所赋财产权的不确定性，成为集中居住过程中农民财产不可持续的关键。

① 《中共中央办公厅、国务院办公厅印发〈深化农村改革综合性实施方案〉》，2015 年 11月，中国政府网，www.gov.cn/gohgbao/content/2015/content_2955704.htm。
② 陈锡文：《农村土地制度改革不能突破三条底线》，《国土资源导刊》2013 年第 12 期。
③ 于建嵘：《农村集体土地所有权虚置的制度分析》，载蔡继明、邝梅主编《论中国土地制度改革》，中国财政经济出版社 2009 年版。

三 治理机制缺陷

在土地集体所有基础上建立的农村集体经济组织制度，与村民自治组织制度相交织，构成了我国农村治理的基本框架。[①] 与集体经济组织制度类似，村民自治制度同样是笼统的、残缺的。村民实行自治和实行民主自治是两个不同的概念。前者作为一个抽象的概念，长期以来被理解为"自然治理"或"自行管理"；后者则为自治加入了民主的限定，通常指按照少数服从多数的原则共同管理村庄事务。因为与千万农民直接对话的交易成本过高，我国封建社会采取了"皇权不下县"的治理方式，除了为赋税徭役而设的机构外，封建官僚体系几乎没有覆盖农村，因此农村持续了千年的自给自足状态。土地改革以后，同样是因为高昂的监督和管理成本，人民公社体制最终建立在以自然村为单元的生产队基础之上[②]，传统宗族或地缘形成的治理习惯依旧在生产生活中发挥重要作用[③]，实质上是"统一领导"下的"自然治理"。人民公社体制解体后，村委会被法律明确为村民自治组织，延续了以自然村为单元的组建习惯，血缘和地缘关系网的运用依旧是传统乡村治理中的重要手段。

从制度层面看，我国农村从村民自治到民主自治走了近30年的时间。改革开放后，一些地方农民自发形成了村委会或村管会等组织，进行自我治理，农民自我治理的创举迅速被国家认可，1982年修订的《中华人民共和国宪法》111条首次出现了村民自治的提法，村民通过选举产生的"村民委员会是基层群众性自治组织"；1987年又通过专门立法"保障农村村民实行自治，由村民群众依法办理群众自己的事情"，《中华人民共和国村民委员会组织法（试行）》第2条明确规定："村民委员会是村民自我管理、自我教育、自我服务的基层群众性自治组织"，第12条提到"村民委员会进行工作，应当坚持群众路线，充分发扬民主"；1998年正式施行的《中华人民共和国村民委员会组织法》（以下简称《村民委员会组织法》）第1

---

① 《中共中央办公厅、国务院办公厅印发〈深化农村改革综合性实施方案〉》，2015年11月，中国政府网，www.gov.cn/gohgbao/content/2015/content_2955704.htm。

② 有些自然村规模大，被分割成数个生产队；有些自然村规模过小，就被并到其他生产队里。但总体来说，组建生产队并未从根本上打破自然村格局。

③ 贺雪峰：《新乡土中国：转型期乡村社会调查笔记》，广西师范大学出版社2003年版，第26页。

条就明确立法目标是"发展农村基层民主",并进一步规定村民委员会"实行民主选举、民主决策、民主管理、民主监督";2010 年修订的《村民委员会组织法》将村民对村务的知情权、管理权、监督权、选举权等基本民主权利细化。

我国村庄治理机制是叠加了民主的自治,在村委会选举、村务公开等方面具备了民主的框架和表象,但内核却是自我治理,这使村庄运转和实践中存在弊端和不足,一些村庄活动和行为超越宪法和法律范围却得不到有效制止,一些村庄发展所需的公共事业日渐萎缩却无人过问,究竟是制度不完善,还是转型期的阵痛,抑或是中国农村根本不适合民主制度?

吴理财认为,我国农村治理体制的实际运作存在着"村治"流于形式、"乡政"合法性不足、农村治理陷入困局等突出问题,原因主要有"乡政村治"体制安排缺乏一定的政治社会基础、延续太多旧体制"惯习"、总体制度架构使其变形而不能发挥正常功能。[1] 孙秀林从 2003 年调查数据的模型分析得出结论,与过去的管理制度相比,村民自治制度使村庄社区享有一定的"自治"权力,这种以村民选举为开端的草根民主,使村民有能力对其利益的执行者进行选择、监督,从而使得村民可以维护自己所关心的事务。因此,村庄民主的实行,可以显著改变村庄治理结构,可以改变村干部在日常治理过程中的侧重点。[2] 郭正林在广东的问卷调查显示,影响村庄民主参与的因素开始呈现出非经济的特征,调查地区农民的家族文化观念有所淡化,在中国乡村这个特殊的文化环境中,那种企图以西方民主的发展轨迹来圈画中国乡村民主前景的人,有可能变成"大门口的陌生人"。[3] 党国英、胡冰川在 2009 年的一项调查表明传统乡村社会很难嵌入民主政治。一方面传统宗法关系维系的治理方式比民主政治成本低,"少数服从多数"这种民主政治原则的应用在传统村庄显得奢侈。另一方面,传统村庄没有民主政治需求。因此,当我们要求典型的乡村社会实现民主自治时,其实它并不需要民主政治;当我们发现它需要民主政治时,它已

---

① 吴理财:《中国农村治理体制:检讨与创新》,《调研世界》2008 年第 7 期。
② 孙秀林:《村庄民主、村干部角色及其行为模式》,《社会》第 29 卷,2009 年第 1 期。
③ 郭正林:《当前中国农民政治参与的程度、动机及社会效应》,《社会学研究》2003 年第 3 期。

经是一个市场化的城市社会。[①]

当前的村庄治理表现为两种权力的交织和扭曲。40 年时间为农村带来了民主的外壳，但并未改变"自然治理"内在，不完善的民主和不完整的自治使现代权力和传统权力交织在一起，村民自治在实践中成为高度依赖农村精英意愿和能力的怪胎。

在我们的多项调查中发现，伴随着我国转型期多方利益矛盾冲突愈加尖锐而产生，在资源资本化面前，现代权力和传统权力为村庄中的强势群体提供了追求更多利益的契机，两种权力纠缠为一体，不论是民主监督还是熟人监督都无计可施，越来越多的村庄变成了乡村精英团体的村庄，他们的道德水准和资源控制能力成为村庄治理好坏的决定性因素，而制度几乎对村庄没有什么影响，使村庄治理和发展走向充满不确定因素，也成为不稳定因素滋生的土壤。

村庄自治和民主政治缺乏适宜的土壤。调查发现，在农村新型社区建设中，有部分农户受到较大冲击但却选择了忍耐，其中不少是低收入的困难家庭，经济基础决定了他们在村庄中的社会地位，他们甚至缺乏与孝道协会这类传统治理组织谈判的能力。可以说，村民不是缺乏反抗的意愿，而是缺乏反抗的制度环境和非制度环境。

从制度层面看，法律规定了村民所享有的民主权利，但这些权利缺乏健康生长的土壤，即便是全部村民都明确知晓他们所拥有的民主权利，在实际运用中也必须付出成本，而这成本大大高于其承受能力。

村庄运行机理的"城市化"是村民难以反抗的非制度因素。贺雪峰在2001 年就观察到，当前中国中西部大部分农村传统的血缘和地缘关系在解体，"一个村民无力调用与其他村民的关系，其他村民也失去了调用与这个村民关系的能力。……无力应对共同的经济协作，无力对付地痞骚扰，无力达成相互之间的道德和舆论监督，也无力与上级讨价还价。这样的村庄秩序也因此难以建立，村道破败，纠纷难调，治安不良，负担沉重且道德败坏。"[②] 事实上，伴随着经济基础的深刻变化，以传统血缘和地缘为基

---

① 党国英、胡冰川：《中国农村究竟需要何种民主政治？》，《南方都市报》（评论周刊）2011 年 3 月 27 日。

② 贺雪峰：《新乡土中国：转型期乡村社会调查笔记》，广西师范大学出版社 2003 年版，第 6 页。

础的村庄运行机理正逐步被商品化和资本化的社会模式取代，农村内核逐步具备城市特征。第一，从经营方式看，当代中国的"小农"与历史上的"小农"是"形似而神不似"，其已经发生和正在发生本质性的变革，当代中国的小农是市场化和正在市场化的小农。2006年农产品总体商品化率已经达到65.6%，农户家庭消费的市场化率达到85.4%，种子、肥料、农药、技术等生产服务逐步形成了一个开放性的市场交换系统。[①]大规模的农村劳动力要素向城市流动，更加剧了农村经营基础的变革，当前的农村正在经历从自给自足向商品交换转变过程，具备了城市交易的本质。第二，从社会结构看，农村社会阶层分化和居民异质化已经成为现实。一方面，资源资本化使农村贫富差距持续扩大，根据《中国统计年鉴（2011）》，2010年高收入组的农村家庭人均纯收入是低收入组的7.5倍，收入水平和经济状况的分层决定了农户阶层的多元化。另一方面，精英劳动力要素加速向城市和非农产业发达地区流动，中西部农村几乎找不到"80后"及以下的青年人，农村"空壳化"和"老龄化"特征显著。同时伴随着农业规模化作业，越来越多的大户跨区域从事农业经营活动，而非农产业发达的地区如长三角、珠三角等甚至出现了外来人口是本村人口数倍的现象。此外，信息、技术等加速流动，进一步催化了农村社会结构和经济发展格局的整体变化。

人际关系更多地架构在利益纽带上而非宗族网络上、阶层分化、居住空间压缩这三大趋势打破了"自然治理"赖以生存的基础，皮之不存、毛将焉附？制度重建呼之欲出。农村基层民主制度建设正是在此时被广泛关注，但是少数服从多数的民主制度在我国农村有诸多不适应，在村民经济基础和社会关系分化的情况下，简单的少数服从多数可能会产生两种截然不同的结果：或者演变成多数人的暴政，直至成为公权滥用的借口，如C村；或者使决策无法执行，导致村庄公共事业无以为继，典型的如"一事

---

① 曹阳、王春超：《中国小农市场化：理论与计量研究》，《华中师范大学学报》（人文社会科学版）2009年第6期。

一议"。① 适用于自然治理方式的那个封闭的、同质化的、相对集中的村庄在市场经济和城市化的进程中正在无可挽回地一去不复返，但在非农产业吸纳劳动力、城市承载能力以及财政支付水平在一定时期无法取得质的突破的现阶段，在户籍、土地等制度约束下，村庄又未形成现代民主治理，在资本和权力的双重夹击下，集中居住农民财产权会遭受更加致命的损害。

第七节　保护集中居住农民财产权的机制建设

改革开放已经完成了第一个阶段的历史使命，一部分人已经先富起来，进入"先富带后富，最终实现共同富裕"的新阶段，承认并依据财产规则② 保护农民财产权是题中应有之义。保护集中居住区农民财产权并不是几千万失地农民的事，也不单纯地可能覆盖整个农村的"增减挂钩"，更不是某个地方在现有体制内实践和创新能够做到的，而是关系到中国城乡发展、关系到整个国家体制改革，必须通过顶层设计来保护和大力扶持体制机制创新。

一　建立农村土地市场

以物的充分有效利用为理念，以巩固集体所有、家庭联产承包的双层经营体制为前提，建立产权明晰、规则明确、信息透明、交易公平、国家宏观调控和市场自由竞争的农村土地使用权出让和经营权流转市场，构建

---

① 诸多研究表明，"一事一议"制度设计存在缺陷，实施过程中存在交易成本过高、无力制止"搭便车"行为等问题，实践表明，严格按照"一事一议"规程实施很难达到农村公益事业发展的目标。赵杰、黄维健、王惠平、吴孔凡、石义霞：《"一事一议"筹资筹劳的总体情况、存在问题和完善政策的建议》，中华人民共和国财政部网站，zgb.mof.gov.cn/zhengwuxinxi/diaochayanjiu/200806/t20080620.47410.html，2006；林万龙等著：《农村公共物品的私人供给：影响因素及政策选择》，中国发展出版社 2007 年版，第 140 页；张鸣鸣：《析"一事一议"的规则设计》，《理论与改革》2009 年第 4 期。

② 财产规则：法律经济学术语。依据法益的私人转移是否为当事双方所自愿，"卡—梅框架"区分了"财产规则"和"责任规则"。财产规则意味着国家允许和保护法益的自愿交易，交易双方自愿定价，自由让渡产权的转让，法律依照权利人意志保障其利益。柯华庆：《法律经济学视野下的农村土地产权》，《法学杂志》2010 年第 9 期；凌斌：《法律救济的规则选择：财产规则、责任规则与卡梅框架的法律经济学重构》，《中国法学》2012 年第 6 期。

高效率的资源管理方式，形成集体和个体共有共享的利益共同体。

完善土地登记制度是建立农村土地市场的基础。从效率角度出发，在依然保有7亿农民、以自给自足为主的农村，将土地处分权归集体、使用权归个人是一种更有效率也更为公平的权利束划分。土地使用者能够拥有土地产权时间越长，他能够拥有土地的信心越强，认真思考并选择最有效率的使用方式的预期越强，会直接形成生产投资决策。土地是不可再生性资源，其市场化不仅要面临宏观发展目标（如生态安全、粮食安全、城市化等）与个体发展目标之间的矛盾，在实践中土地转让也存在诸多风险，比如生活陷入绝境时的出售、被迫出售、信息不对称导致的不明智出售，土地持有者和土地购买者都可能遭遇骗局等。要控制风险，建立并完善土地登记制度、加强信息交换和共享是前提。[1] 我国现行的土地登记制度是一种法律登记制度，是权利登记制度和托伦斯登记制度的结合体，具有强制性登记特点，登记土地受法律保护，国土机关需实质性审查，登记具有公信力，同时颁发相关权利证书。2014年11月24日国务院公布《不动产登记暂行条例》（国务院令第656号，以下简称《条例》），要求包括集体土地所有权，房屋等建筑物、构筑物所有权，耕地、林地、草地等土地承包经营权，宅基地使用权，地役权等不动产权利按规定办理登记。不动产登记簿应当记载以下事项：不动产的坐落、界址、空间界限、面积、用途等自然状况；不动产权利的主体、类型、内容、来源、期限、权利变化等权属状况；涉及不动产权利限制、提示的事项；其他相关事项。且登记信息要实现共享和保护。[2] 在《条例》颁发之前，已有不少地方开展了农村登记确权颁证，如成都统筹城乡试验区的"确实权、颁铁证"，武汉农村综合改革试验区"确十权"等，但在登记过程中面临诸多困难，包括历史遗留的权属和边界纷争、土地违规使用问题、土地实测和登记面积不符、登记时间过长以及成本过高等。因此，可采取分阶段、有条件地土地登记，将土地登记建立在现实需求基础上，建立以政府监管执法引导、农民自觉登记为主、市场科学评估为协同的土地登记制度。

---

① John W. Bruce 2015年9月在成都关于土地登记制度的演讲。
② 《不动产登记暂行条例》（国务院令第656号），2014年11月24日发布，2015年3月1日施行。

允许土地承包权退出、出让和转让是建立农村土地市场的必然要求。以土地财产价值形态的支配和利用为出发点，将土地承包权明确为使用权、生产权、收益权等用益物权，从集体经济组织成员权中剥离。引导有稳定非农就业收入、长期在城镇居住生活的农户自愿退出土地承包经营权，[①]鼓励集体回购土地承包权。允许农户通过买卖、赠予或其他合法方式将土地承包权转移给他人，参照城市土地使用权出让和房地产转让相关法律规定，按照既定规则，将土地承包权在一定年限内出让或转让给土地使用者，土地使用者应向集体和原承包权人支付土地承包权出让或转让金，并依法缴纳相关税费。

推动农村土地资本化和股权化。深化农村土地管理制度改革，创新土地资产配置方式，清理核实农村集体未发包到户的土地、公共建设用地以及集体经营性资产、非经营性资产和资源性资产，分类实施股权量化，按照需要采取集体土地所有权作价出资（入股）、租赁、授权经营等方式处置，将收益或变现的资金用于集体公共产品供给。在四川郫县不少村庄探索建立集体资产管理有限公司，通过入股、特许经营、租赁等方式使集体土地资源进入工业园区、乡村旅游等领域，实现了土地资产的增值。2015年9月7日，唐昌镇战旗村一宗面积为13.447亩的集体经营性建设用地以每亩52.5万元的价格由四川迈高旅游资源开发有限公司竞得，出让金除缴纳相关费用外，将全部返还唐昌镇战旗资产管理有限公司，按比例作为村公益金、公积金、风险金以及村民共同分配。[②]探索建立完善土地银行和土地股份合作社制度，鼓励生产和管理专业化。

完善土地用途管制制度并依法严格执行。《土地管理法》中将土地划分为农用地、建设用地和未利用地，并要求编制好土地利用总体规划，县级和乡镇土地利用总体规划要根据土地使用条件，确定每一块土地的用途。但是在实践中低水平规划、规划虚置、随意修编、执法困难等问题几乎出现在每个乡村，在农地上大规模种植花卉苗木等经济作物、搭建生产性用房和临时用房等情况更为普遍。应进一步完善土地利用总体规划编制方式，在充分尊重地方资源禀赋和农民意愿的基础上，推动土地利用规

---

① 《国务院办公厅关于加快转变农业发展方式的意见》，2015年8月7日发布。
② 《四川集体经营性建设用地入市 在郫县敲响"第一槌"》，《四川日报》（电子版）2015年9月8日第1版。

划、城镇总体规划、经济社会发展规划、控制性详细规划和专项规划等多规合一，健全乡镇规划建设管理机构配置，严格规划执行监督。

二　健全财产赋权制度

所赋财产权的不确定性源于国家、集体、农民和其他经营者的利益关系被有意模糊，同时也是财产权利属性不明确的结果。应当明确国家、集体、农民和其他经营者的利益关系和权属内容。

一是国家应赋予集体更为明确和更为有效率的财产权。在财产规则下，国家通过立法对初始权利进行界定，法律对相应的权利持有人的意愿应给予充分尊重，权利持有人在法律边界内进行自由交易。[①]但在农村土地制度方面，集体所拥有的所有权是不完整的，只能以征收形式将所有权转让给国家，同时尽管法律规定农民集体所有的土地，"可以依法确定给单位或者个人使用"[②]，"可以由本集体经济组织以外的单位或者个人承包经营，从事种植业、林业、畜牧业、渔业生产"[③]。但在实践中集体土地要么由集体组织经营，要么被发包给集体经济组织成员。应赋予集体对其所有的土地和其他资源完全的处分权，包括决定土地及其他资源在不同主体之间转让的权利（如集体、政府或其他主体）、土地及其他资源经营形式和管理制度方面变更的权利（如股份经营、联合经营等）、土地及其他资源产权命运的重大变动（如转让、抵押）等。

二是明确集体和集体经济组织成员的利益关系。《宪法》规定"土地的使用权可以依照法律的规定转让"，《土地管理法》进一步明确了无论是由本集体经济组织成员还是本集体经济组织以外的单位或者个人承包经营，"发包方和承包方应当订立承包合同，约定双方的权利和义务"。但《农村土地承包法》第三条中规定"农村土地承包采取农村集体经济组织内部的家庭承包方式"，第十六条规定承包方"依法享有承包地使用、收益和土地承包经营权流转的权利，有权自主组织生产经营和处置产品"。不难理解，发包方与承包方的关系是合同关系，属经济范畴，但集体与个人的关系同时也是政治权利和社会权利关系，由此导致了农民的集体经济组织

---

① 柯华庆：《法律经济学视野下的农村土地产权》，《法学杂志》2010年第9期。

② 《中华人民共和国土地管理法》第二章第九条。

③ 《中华人民共和国土地管理法》第二章第十四条。

成员权和农民对土地的用益物权的矛盾——农户只能将土地承包权和宅基地使用权转让给本集体经济组织成员或退回集体。这两种情况往往都难以获得足够的补偿，导致土地的低效率利用。应当把集体经济组织与政治社会组织分开，明晰农民的经济成员身份和社会身份，并对集体资产进行定性定量。

三　构建现代治理格局

治理是不同主体管理相同事务的诸多方式的总和，是管理变化的过程，依赖于主体间持续的相互作用[①]，而主体间正式信息和非正式信息交换的及时性和充分性起到了决定性作用。当前中国农村正在从"熟人社会"进入"半熟人社会"。费孝通认为，中国乡村社会"是一个熟悉的社会，没有陌生人的社会。熟悉是从时间里、多方面、经常的接触中所发生的亲密感觉。这感觉是无数次的小摩擦里陶冶出来的结果"。"稳定社会关系的力量，不是感情，而是了解"。也就是说，信息交换是乡土社会关系的基础。熟人社会的信息交换具有两个十分重要的特点。首先，信息交换是即时的和持续的，无论是正式场合（如婚丧嫁娶、拜年拜寿）还是日常生活（如串门、赶集甚至村坝闲聊），都在就最新的信息进行交流，同时会勾起相关的各种历史信息。其次，信息交换的内容是滴水不漏的，甚至具有放大镜的特点，从公共资源的管理利用到私人物品的增减变化，从历史事件到现实发生，从国家大事到家长里短，从待人接物的看法到行为，甚至心理活动。在这种情境下，人与人之间才会形成基于"对一种行为的规矩熟悉到不假思索时的可靠性"的社会信用，能够对社区内他人行为做出准确预判，并采取相应的行动。这无异于奥斯特罗姆所称的内在化的规范和共同规范，[②] 个体在触犯社区规则或不合作时，前者会产生焦虑、内疚等情绪，后者是社区内他人对个体实施的惩罚，例如通过其他事项不合作等，二者共同作用使个体触犯规则或不合作所需付出的成本，大幅超出触犯规

---

① 全球治理委员会，1995 年定义。格里·斯托克指出："治理的本质在于，它所偏重的统治机制并不依靠政府的权威和制裁。'治理的概念是，它所要创造的结构和秩序不能从外部强加；它之发挥作用，是要依靠多种进行统治的以及互相发生影响的行为者的互动'。"

② ［美］埃莉诺·奥斯特罗姆著：《公共事物的治理之道——集体行动制度的演进》，余逊达、陈旭东译，上海译文出版社 2012 年版。

则的收益，"熟人"会选择约束自身行为。

熟人社会信息交换的效果是及时的和充分的。其原因在于两个方面：一是传统乡土社会构成较为单纯，信息发出、接收和利用的个体高度一致，利益相关者的关系是均衡的，由此形成了蛛网状而非波纹状或者线装的信息交换网络，每一个成员都是网上的一个节点；二是传统乡土社会是自给自足型，社会生产率较低，分工不明晰，成员对社区内公共资源和他人资源特别是权威人士（如家族老人、能人、乡绅等）高度依赖，成员具有信息交换的现实需求和基础。传统乡土社会中信息交换是以实实在在的时间成本和物质成本为代价的，同时作为信息发送方，成员要随时约束自己的言行，避免被"说三道四"，甚至"抓住把柄"，在这种几乎无隐私可言的熟人社会中，成员也会承受生产和生活以外的压力。因此，乡村社会可持续治理的机理在于信息交换的成果（及时度和充分度）足以覆盖其成本，也就是边际信息交换效应大于零，会形成持续的信息交换，社会治理得以持续。

但是改革开放以来的三种情况使原有的信息交换局面发生深刻变化。第一，利益关系复杂度与信息交换效率呈负相关。利益相关者结构发生变化，信息交换均衡被打破，例如政府、非政府组织或企业等进入一个相对封闭的乡土社会，就像蛛网上增加了一只蝴蝶甚至一块石头，这取决于新进入主体所掌握并拿出交换的信息量。第二，劳动生产率与信息交换效率负相关。劳动生产率的提高会使成员对公共资源或他人资源的依赖度降低，对信息交换的现实需求动力减少。第三，信息交换成本与信息交换效率负相关。信息交换成本增加，使足够多的成员逃离熟人社会。利益关系日趋复杂、劳动生产率持续提高是人类社会发展的必然规律，而信息交换成本会随着经济社会发展而持续增加。

要实现可持续治理的目标，需要重塑乡村治理格局，使传统治理制度融入现代治理，降低民主管理成本，提高少数弱势群体参与村务谈判能力，在多数村民获得权益的同时兼顾少数弱势群体的基本利益，符合自我治理、公平、协商、妥协和利益一致性等现代权力的核心理念。其中的关键在于以下五个方面。第一，要建立公共资产和增加可持续公共收入，为农民参与提供公共资源，推动村庄从传统宗族网络向"俱乐部关系"转变，增强村庄凝聚力。同时切实增强村庄发展能力，能够提高农民对村庄发展的预期，使村庄社会结构在一定时期保持稳定，形成长期合作博弈格局。第二，要创建有效率的组织形态，形成畅通的信息交换网络，例如在土地利用、公共资产管理乃至村庄管理等都应有代表不同利益相关群体的组织。第三，要完善治理机制，降低信息交换的交易成本，重点是通过协商讨论形成全部利益相关者一致同意的、可执行的制度，在制度执行过程中应以教育为目的而非惩罚性执行。第四，要丰富公共活动，提高信息交换频率。第五，要尽可能形成有利的外部环境和协调，扩大信息交换质量，重点是提高组织的外部协调能力，积极与地方政府、社会组织等沟通合作。

第八节　结论和思考

财产权源于对物的充分利用以支持人类发展的期望。契约社会中财产权体现公共意志对权利界定以及实现权利价值，使其在不同利益主体间分配，但在实践中往往面临寻租风险。对应三种身份，中国农民拥有三类财产权，其中与土地有关的财产权利存在法律边界模糊、保护缺位或者自相矛盾等问题，使农民财产权处于保护不充分或无保护状态，在城镇快速扩张中体现得尤为突出。在土地被征收或村庄整理过程中，集中居住农民的财产在不同领域和不同程度上都遭受了难以逆转的损失。城郊集中居住农民生产性财产受到根本冲击，农村集中居住农民除部分生产受损外，生活性财产的损失尤其显著，体现的是不同利益主体在三个不同的土地市场上的博弈。国家作为城市一级土地市场的唯一供给者和受益者，充分发挥土地的资本价值，会尽可能以增加土地供给量、降低土地供给成本、提高土地贴现值的方式获取收益，土地资源则来源于农村土地市场。现有制度框架下，农村并无土地市场可言，但土地的生产功能却随着经济社会发展而日益强化，土地供求关系和价格以其生产价值而定。由此形成了一个十分复杂的拆迁土地市场——形式上的计划管制和事实上的议价竞争市场。三个土地市场上不同利益主体的博弈导致了十分显著的收入分配和机会分配不均等问题，政府与民争利、城市与农村争利的矛盾尖锐。土地是自然属性和社会属性的集合体，只有充分发挥其生产功能和资本功能，才符合物的充分利用原则，为更有效地利用其中一项功能而有意忽略甚至抑制另一项功能，会导致严重的资源配置失衡问题。这种失衡因农村缺乏土地市场、法律赋权时的有意模糊和缺位、农村治理机制的重大缺陷被进一步放大，使集中居住农民财产权受损的矛盾愈加突出。试想一下，在当前三个土地市场框架下，城市土地市场出现饱和时，拆迁土地市场自然消失，而农村土地依然被固化，单纯的经营权流转无法解决资源资本化、投资价值化等问题，那时候的农村会是怎样一种景象？当前我国农村已经发生深刻变化，正在从自给自足向产业化转变，城乡要素也存在扩大交流范围、提高交流效率的现实需要，改革并完善农村相关体制机制正当其时。应当尽快建立"产权明晰、规则明确、信息透明、交易公平、国家宏观调控和市场自由竞争"的农村土地市场机制，推动农村土地资产化资本化，土地使用权可以在市场中更有效地配置资源；以物的充分利用和分配的公平公开为目标，明确政府、集体、农民和其他经营者财产权利边界和内容；推动传统治理向现代治理融合转型，形成符合自我治理、公平、协商、妥协和利益一致性等现代权力核心理念的治理格局。

城郊型农民集中安置区就业福利研究
——以自贡市自流井区舒坪镇为例

第一节　引言

城镇化是农业部门人口非农化的过程，福利增进是农村居民向城市主动转移的根本动力，以人口集聚提高要素流动效率，推动经济增长。中国的城镇化道路具有以下三个特殊性。一是以较为成熟的农业经济社会为起点，农业经济形态稳定，农村社会格局完整，城镇化既是城镇规模扩张也是农村消亡的过程，大多数新增建成区建立在原有农村空间上。二是城镇人口增速前所未有，城镇化与改革开放同时起步，距今不过 30 余年，从 1978 年到 2013 年，城镇人口增加 5.6 亿，年均增加 1596 万人，最近十年年均增加人数达到 2074 万人[①]。新增城镇人口中除了约 2.69 亿农民工外，[②] 还有超过 4000 万的失地农民[③]。三是市场和行政双重力量推进，市场在大规模的劳动力从农业部门向非农部门转移中发挥了决定性作用，与此同时，人口从农村向城市转移以及城镇空间规模扩张的规模和节奏则以行政力量控制。前两个特殊性表明，我国城镇化缺乏足够的空间和时间消化，直接导致了中国城镇化过程中出现了一类特殊的且规模庞大的城镇形态——农民集中居住区，而随着以政府主导的新一轮城镇化的展开，无论

---

① 数据来源于《中国统计年鉴（2014）》。如未特别说明，本文数据均来源于此。

② 《2013 年全国农民工监测调查报告》，2014 年 5 月 12 日，国家统计局网站，stats.gov.cn/tjsj/zxfb/201405/t20140512-55/585.html?_ag=1.143131381.1140186074.1400672114。

③ 根据《2011 年中国城市发展报告》，中国失地农民的总量已经达到 4000 万—5000 万人，而且仍以每年约 300 万人的速度递增，预估到 2030 年时将增至 1.1 亿人左右。

是新市民的"刚需"还是经济增长对土地要素的进一步需要，都会导致城镇对农村的替代，农民集中居住区的规模将持续扩大。

在对因城镇化而消亡农村的原有居民进行安置时，经过数年的探索和完善，当前被征地农民一般能获得耕地占用的一次性货币补偿（年产值标准和区片综合地价），多元安置（优先农业安置、留地安置、社会保障）和住房拆迁补偿（远郊和农村迁建宅基地、城乡接合部和城中村货币或安置房）等三类补偿①，基本达到了"被征地农民原有生活水平不降低，长远生计有保障"的目标。然而，需要引起足够重视的是，经济基础的深刻变化使农村居民呈现出典型的异质化特征，其中部分具有强烈的融入城市意愿和能力，同时还存在部分农民缺乏城镇化的能力和动力，也有农村居民有意愿但能力缺失或有能力但无意愿，在城郊地区居民结构异质化尤为显著。集中安置的农民转变为城市居民的主要诱因是行政推动而不是主动选择，判断其城镇化的真实意愿十分困难，但实践中安置区农民确实未能成为推动城镇化发展的积极力量，在部分地区甚至成为制约城镇健康有序发展的不稳定因素。无论从城镇发展质量还是从社会公平正义的角度，关注集中安置农民福利尤其是就业状况，使其成为推动城镇化的积极力量，具有至关重要的意义。

本文以自贡市自流井区舒坪镇农民集中安置区为典型案例，观察并描述安置农民在集中居住前后就业情况变化方向和程度，分析影响因素，进而提出完善相关制度建设和政策设计的对策建议。

第二节　选点概述

一　调查方法

此次调查分两个阶段，采取关键信息人访谈和问卷调查（问卷 3）相结合的方法。关键信息人访谈在 2013 年 12 月 16—19 日完成，问卷调查集中于 2014 年 9 月 16—18 日。

（1）访谈舒坪镇相关信息人，包括舒坪镇干部、两个集中居住社区干部、居民代表以及物业管理者进行深度访谈。

---

① 《国土资源部关于进一步做好征地管理工作的通知》（国土资发〔2010〕96 号），2010 年 6 月 26 日发布。

（2）与自流井区相关职能部门座谈，包括区社保局、就业局、发改局、财政局、经信局等部门相关负责人员进行深入交流。

（3）"一对一"的问卷采访问答。问卷调查在前期已经获得较为充分的访谈资料基础上开展，重点在于已经入住的集中居住区（久大社区和大田坝社区）的未就业人员。来自四川省社会科学院、四川大学的 10 名农业经济管理、产业经济学和社会学专业的研究生参与调查，共访问 184 户（每户采访 1 人），获得有效问卷 183 份。调查员接受了专业培训，在调查采访的过程中通过和受访者的深入交流，获得了相对更真实更全面的信息。

二　样本概况

183 个样本户平均户籍人口 3.41 人，其中户口已经转入本社区的户均 2.83 人，户均常住人口 3.45 人，户均劳动力 1.96 人。受访者平均年龄 53.64 岁，平均受教育年限为 5.39 年。需要说明的是，调查是在工作日的白天开展，已入住的家庭中约有半数不在家，在与镇和社区干部访谈了解到，这是由于劳动力大多外出就业导致的。样本基本信息如表 1 所示：

表 1　　　　　　　　　　　调查样本基本信息

项　目		频率（%）	频数（户）
性别	男	18.6	34
	女	81.4	149
婚姻状况	未婚	1.6	3
	已婚	83.1	152
	离异	4.4	8
	丧偶	10.9	20
健康状况	完全健康	59.0	108
	患慢性病等疾病	37.2	68
	残疾	3.8	7
主要社会身份	村干部	1.1	2
	组干部	1.1	2
	教师、医生等工薪人员	0.5	1
	离退休职工	1.6	3
主要社会身份	曾担任过村组干部	1.6	3
	无（一般农民）	94.0	172

项　目		频率（%）	频数（户）
政治面貌	党员	1.6	3
	团员	1.1	2
	群众	97.3	178

第三节　集中居住区就业环境及政策

一　建设背景和过程

舒坪镇位于自贡市主城区自流井区的南部，据市中心 7 千米。全镇辖 10 个村 1 个社区，人口 2.4 万。舒坪镇交通便利，自舒（自贡—舒坪）、贡舒（贡井—舒坪）、王舒（王渡—舒坪）、舒富（舒坪—富全）等 4 条公路交会于镇中心，内昆铁路穿境而过。舒坪镇是自贡市最大的物资集散中心和商贸窗口，年吞吐量 400 万吨左右的自贡南站（货运站）位于镇中心，包括四川自贡国家粮食储备库在内的各类仓储数十处，是自贡市的重点工业小区。

借助优越的区位和前期经济基础，舒坪镇早在 2005 年就明确自贡市综合物流中心和产业新城的发展定位。2008 年，根据《自贡市城市总体规划（2001—2020）》，自贡市启动自流井工业集中区开发建设，舒坪镇成为园区的核心区。2013 年结合自流井区和自贡高新技术产业园区自流井工业集中区经济发展实际情况，园区在原 4.29 平方千米基础上，新增 24.57 平方千米作为扩区发展，扩区后总面积为 28.86 平方千米，舒坪镇面积 22.34 平方千米，除少数几个村民小组外，镇域绝大多数纳入城市规划区。按照规划，舒坪镇将成为自贡市"综合物流中心暨产业新城"，成为城市新的增长极。工业集中区分为 A、B、C 三个功能分区，当前已经开工建设了一系列重大项目，如西南（自贡）无水港、普润产业博览城、大西洋焊接产业园和广西北部湾等，此外还入驻了 20 余家规模以上企业。目前舒坪镇有 400 余家法人企业，提供超过 3000 个就业岗位。

特殊的区位和优越的条件使舒坪镇一直以来都是区域人口集聚点，2005 年舒坪镇户籍人口超过 2 万人，人均耕地面积仅为 0.62 亩。2006 年在自流井工业集中区启动之前即同步推进农民集中居住区建设，2013 年

《自贡市城市总体规划（2011—2030）》获批后，舒坪镇加快了建设步伐，截至2013年11月底，共有7000余人被集中安置在2个建成社区，还有1个在建社区，项目竣工后，全镇集中安置农民将超过1万人。

二　就业情况

土地稀缺加上交通优势，改革开放以来，物流搬运、商品贸易和建筑装修是舒坪镇农民的三个主要收入来源行业，农业是辅助收入来源。集中居住区农民就业渠道主要有三类。第一类是大多数劳动力延续之前就业方式，男性主要在前述三类行业内就业，30—50岁女性以家政服务业为主。第二类是少数劳动力在园区内传统加工企业中就业。第三类是公益岗位就业，如社区巡逻员、城市保洁等。自流井工业集中区建设后，尽管就业岗位大幅增加，但舒坪镇劳动力就业方式和行业并无显著变化。原因主要是企业用工需求与集中居住区劳动力供给之间存在劳动技能、年龄等方面的结构性失衡。

三　就业公共服务情况

自流井区就业局提供多种形式的就业服务。

一是就业岗位发现和推介。一方面，直接面对用工企业和劳动力。每年1月举办"就业援助月"活动，春节期间为返乡农民工举办专场招聘会，5月举办民营企业专项招聘周，9月是高校毕业生就业月，新进企业或大项目的专场就业推介会，多种活动在一定程度上加强了不同类型的劳动力与用工企业之间的沟通衔接。另一方面，培育中介机构，当前自流井区有公办人力资源市场1个、就业中介机构16个，再就业对象推荐就业成功的中介机构可以获得200元/人的补助。

二是就业援助。一方面为就业困难对象（"4050"人员、征地失地农民、残疾人、低收入家庭、登记失业连续失业1年以上的人员）和持有失业登记证的劳动力提供公益性岗位，解决了上千人的就业，舒坪镇集中居住区部分居民农转非后获得如城市管理、保洁、治安等公益性岗位。另一方面作为就业困难援助对象，失地农民就业（自主创业）可以享受2—3年税收优惠政策（8000元/年），同时，就业困难对象所在企业可以领取社保补贴。

三是技能培训。主要通过与培训机构联合进行项目式培训、与企业联手进行专项技能培训以及送培训下乡等方式开展，从培训整体情况看，技能简单的低端培训如家政等效果比较好。

四是就业公共服务平台建设。在城市社区设有劳动保障协理员，从2008年开始启动就业信息平台建设，对城市居民就业、失业状况实施动态登记，效果较好。

第四节　基于问卷调查的集中居住区就业状况

一　就业

（一）家庭劳动力及就业情况

183户受访者中有153户家庭中有劳动力，占83.6%。这153个家庭共有劳动力359个，户均2.35个，其中有稳定就业劳动力224个，户均1.46个，稳定就业家庭占比62.4%，0就业家庭25个，占16.3%（见表2）。

表2　　　　　　　　　　有劳动力家庭的稳定就业情况　　　　　　　　单位：户

		其中稳定就业劳动力数量						总计
		0	1	2	3	4	5	
劳动力数量	1	8	17	1	0	0	0	26
	2	11	30	28	3	0	0	72
	3	6	11	10	8	0	0	35
	4	0	2	3	9	2	0	16
	5	0	0	2	1	0	1	4
总计		25	60	44	21	2	1	153

（二）受访劳动力就业情况

为方便计算，我们未区分性别，将年龄在18—59岁、身体健康的受访者作为劳动力计算。

1. 不同年龄组劳动力就业情况

183名受访者中有87位劳动力，年龄结构如表3所示。其中"4050"人员占73.6%（见表3）。

表3　　　　　　　　　　　　　　劳动力年龄结构

年　龄	次　数	百分比（%）	有效的百分比（%）	累计百分比（%）
18—29 岁	10	11.5	11.5	11.5
30—39 岁	13	14.9	14.9	26.4
40—49 岁	26	29.9	29.9	56.3
50—59 岁	38	43.7	43.7	100.0
总　计	87	100.0	100.0	

　　图1展示了不同年龄段受访者的就业情况。完全不就业的（0天）和全年就业（271—365天）的占比都较高。四组劳动力中，全年就业劳动力占比最高的为30—39岁组，随着年龄增长，就业时长逐渐减少，值得注意的是，这一年龄组完全不就业的劳动力占比也较高，为30.77%。18—29岁年龄组中完全不就业占比较高的主要原因是4位受访者均为女性，在家带孩子或备产而无工作。

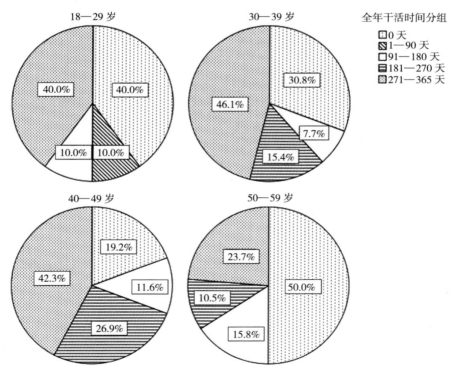

图1　不同年龄组劳动力就业时长比较

2. 不同性别劳动力就业情况

图 2 表明,男性在就业上与女性有显著差别。完全不就业的男性低于女性 26.36 个百分点,而全年就业的男性比女性高出 12.23 个百分点。这主要是由女性在家庭中的定位导致,大多数受访者并不具备专业技能,只能从事低端工作,同时做家务、接送孩子会占用大量时间,因此女性劳动力就业情况不理想是十分容易理解的。

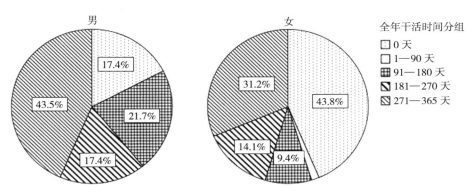

图 2 不同性别劳动力就业时长比较

3. 不同受教育组就业情况

高中及以上受教育程度的受访者就业情况较好。图 3 表明,初中和小学及以下受访者 0 就业和全年就业的情况接近,而高中及同等学历和大学及同等学力受访者情况接近(其间的较小的差异是由于样本量较小所导致,并不具备统计学意义)。

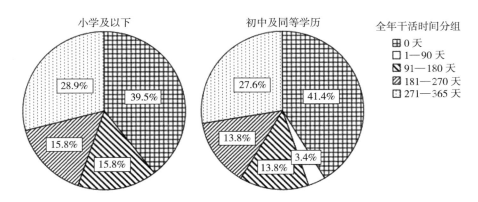

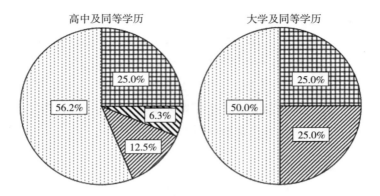

图3　不同受教育程度受访者就业时长比较

（三）受访劳动力就业途径

43% 的受访劳动力"自己到市场找工作"，26.6% 的通过"亲友介绍工作"，通过正规中介机构和政府（含社区）找到工作的受访者为 7.6%。

（四）受访劳动力就业满意度

受访劳动力中有 53 位对就业满意度进行打分，最低 1 分，最高 10 分，平均 4.576 分，标准偏差 2.4297 分（见图 4）。

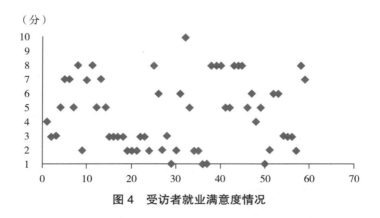

图4　受访者就业满意度情况

对就业满意度的可能影响因素进行相关性分析发现，就业满意度与受访者的就业时长显著相关，但与年龄、性别、受教育程度、劳动收入等并无显著关联。

（五）受访劳动力对就业的看法

87 名受访劳动力中有 20 名有专业技能，占 23%。对于是否担心找不到工作这一问题，有 53.8% 的受访者表示"担心"，同时，有 58.8% 的受访者表示，"即便找得到活儿，也担心赚不到足够的钱"。

二 实际收入

（一）家庭实际收入

1. 收入水平低于城镇居民可支配收入

2013 年受访者户均家庭年收入为 25005.60 元，人均 8505.15 元，远低于自流井区当年城镇居民 24230 元的人均可支配收入，也略低于 9600 元的农民人均纯收入。考虑到受访者在调查中往往倾向于隐瞒收入情况，初步判断集中居住后受访者人均收入水平处于自流井区城镇居民和农民之间。这与受访者对生活情况的主观评价基本一致（图 5 和图 6）。55.19% 的受访者表示与集中居住前相比生活变好了，但是只有 2.73% 的受访者认为自己比当地城里人过得好。

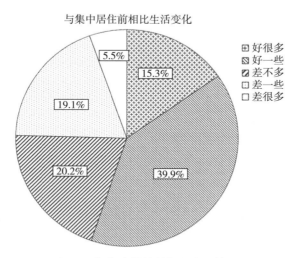

图 5　与集中居住前相比生活情况

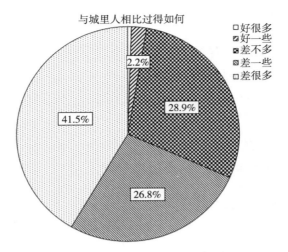

图6　与当地城里人相比生活情况

2. 收入变化方向不一

与集中居住前相比，受访者中有 49.2% 表示收入增加，25.7% 表示收入没变化，25.1% 表示收入下降。

进一步分析，48.9% 的受访者收入增加主要来源于转移性收入，33.3% 主要来源于工资性收入，14.4% 主要来源于非农经营收入。

表示收入减少的受访者中，63% 是农业经营收入减少所导致，由于非农经营收入和工资性收入减少的受访者分别占 17.4% 和 15.2%。

3. 支出增加

与集中居住前相比，83.48% 的受访者表示支出增加，其中超过四成的受访者认为支出"大幅增加"；有 2.3% 的受访者认为支出略有下降。支出增加的主要方向是生活开支和人情开支。结合收入变化情况，初步判断受访者实际占有的生活资料并未增加。

4. 劳动者收入

2013 年受访劳动力人均年收入为 15686.46 元，依然低于当地城镇居民收入。劳动者收入主要为非农就业的工资性收入，日均劳动收入62.14 元。

5. 社会保障

受访者养老保险和医疗保险参保率分别为 76.3% 和 92.9%，高于全省和自贡市平均水平。

对于集中居住前后养老保障水平变化情况，69% 的受访者认为有提高，其中约 1/3 认为有大幅提高，29.5% 的受访者认为没什么变化，只有 1.6% 的受访者认为养老保障水平略有降低。

医疗保障方面，受访者中有 67.44% 认为医疗保障水平提高了，27.24% 认为没变化，5.32% 认为降低了。认为医疗保障水平降低的受访者主要理由是医保缴费标准提高，性价比降低了。

总体而言，受访者的社会保障水平满意度最高为 10 分，最低为 1 分，平均 5.632 分。

第五节　思考和建议

一　将就业福利全面增进作为持续推进城镇化的根本手段

以经济集聚为城镇化的发展目标，把人口集聚后的就业福利全面增进作为提高经济运行效率的根本手段，将城市扩张与农村消亡作为一个系统整体看待，从战略高度加强对农民集中居住区建设的方向控制。将集中居住区农民就业福利纳入产业新城整体建设中，对集中居住区建设的原则、目标、关键环节、主要任务、就业配套政策、生活适应性支持政策等进行总体把握。

组织运行上，改变当前镇政府负责农民拆旧房和工业园区负责集中安置房建设的"分家"现状，应形成以政府为引导、农民为主体、"建管合一"的集中安置区建设模式，从源头推动农民生活和就业的双重适应。

二　构建农民集中居住和新型集体经济形态的可持续发展机制

应构建集中居住区的新型集体经济形态。一是统筹安排和全面部署农民集中居住区建设，通过市场机制发挥决定性作用，实现有效的土地资产化，形成明确的收益预期，由此成为农村集体和农民主动参与耕地确权量化、集体经济组织成员权确定等一系列农村产权制度改革的内在动力。

在此基础上，在推动全域城市化过程中，不应采取简单地以补偿个人的方式征用土地，而应在农村产权制度改革基础上，将土地资源转化为产权清晰的个人资产和集体资产，如建设集体所有的生产经营用房、支持集体建立股份制公司等。在这一过程中，提升集体经济组织公共产品供给和解决再就业难题等能力，恢复和重塑社区自治能力，使其成为成员基本生活保障的重要来源和化解社会矛盾的基层单元，构建城市近郊城镇化的安全阀。

三 打造"飞地"农业

针对非自我选择进城的集中居住区农民以及其他非农就业困难群体，应在适宜地区打造基础设施完善、以土地经营权有序流转为基础的农业产业园，并以适度规模划分，鼓励这部分劳动力进入。同时应完善相关金融支持政策。

四 建设集中居住农民生活适应性支持体系

一是建立民主化监督机制，推动社区自我管理和自我服务。在社区内形成以德高望重者、热心参与者等为主体的居委会（业委会、监委会）等，形成居民自我治理格局，在社区内形成居民广泛参与社会管理的民主机制。

二是建立政府购买社会组织服务机制，满足社区居民多元化公共服务需求。通过多种途径培育本土化社会组织，如老年舞蹈队、社区志愿服务队等；同时引入专业化社会组织，如量身定做就业培训服务以及更具针对性的居家养老服务等。

三是构筑数字化预判机制，推动社区动态平衡建设。随着改革深化，作为社会基本单元的社区必然会更加开放和动态，对社区整体及其有机构成系统的未来和发展做出有预见性的事先判断显得尤为重要。应建立完善的数字化信息系统，快速、准确地进行社区人口及资源统计分析，把握社区动态特征，为前瞻性地制定应对策略和措施提供参考。

农村新型社区建设的"成都实践"

第一节　引言

　　本书是在城乡关系发生重大变化，以及农村、农业、农民问题进入新的发展时期提出的。中国已经进入以城市为主体的发展阶段，正在从规模扩张的单一城市模式向城市群聚集和发展转变，行政边界、空间边界不断模糊，而功能边界和等级边界则会持续强化。在这一背景下，未来农村的经济效率和社会文化水平将对整个都市圈产生重要影响：农村不再是一个单纯的封闭式聚落，将构成城市群等级体系的基础性层级；农业也不是单纯的产业概念，其与现代服务业相结合与城市功能互补共荣。在高度城镇化基础上推进农业农村发展，应重视解决两个问题：一是提高农业投入产出效率和优化资源配置组合，通过优化村庄规模和空间布局、完善运行机制，发展现代农业；二是保护农民财产权利和民主权利，通过构建农村建设和管理过程中合理经济利益关系和实现政治参与，提高农民福利水平。作为一种全新发展理念下的农村空间组织形态，新型农民集中居住区是在乡村传承与城市文明、居民公共服务有效供给和农业生产需求之间的平衡点，是都市圈农村发展的主体形态。

　　建设国家中心城市背景下，成都致力于完善城市体系与提升城市功能互促共进，重塑城市空间结构和经济地理，形成分工合理、层级清晰、有机衔接的大都市城市体系。在这一过程中，农村人口规模持续减少，但受制于城市和非农产业承载水平，在较长时期内，农村总人口数量仍会高于农业产业需求。值得引起高度重视的是，如前所述，在大都市空间范围内，农村人口总量和村庄规模实际上取决于农业和现代服务业的融合水平。伴随产业集群发展和人口集聚水平快速提升，成都一些区位和交通条件优越、生态资源良好的村庄非但不会大面积消失，反而会因其在生态涵养、农产品供给、"乡愁"文化承载等功能而强化，乡村常住人口和流动人口也会随之增加。

21世纪初，成都市选择了城乡一体化发展道路，在国内率先启动了新农村建设。从2003年开始的"拆院并院"到后来的"小组微生"，成都用10年左右的时间实现了新农村形态上的升级，建立了一系列规范化和制度化的工作机制、形成了一套科学可行的新农村规划体系、构建了农民主动参与的民主决策程序、打造了一批风格各异宜居宜业的产业形态、盘活了大量的农村资源，取得了十分突出的成效，所形成的创新性经验具有较强的可操作性和复制性。

一　高度城镇化过程中"三农"新需求

城市与农村天然是矛盾的，二者不仅在土地、劳动力、资金、人才等生产要素上具有显著的竞争关系，在形态、功能和运行机理上也截然不同。城市建立在经济集聚的基础上，呈现出人口密集特征，内核是生产效率的持续提升，由此形成工业革命以来的立体城市形态。与之相反，农村建立在自然增长的基础上，呈现出资源密集特征，内核是人与自然的协同互动，为平衡人的社会需求和更好地实现生产需求，形成了小聚居与大自然相融合的扁平形态。工业化以来，城市以其无可比拟的效率优势，大幅提升了人均资源占有量和社会财富积累水平，以前所未有的速度和规模吸纳农村生产要素，深刻地改变了农村的经济基础，进而影响到农村的社会格局。

中国传统农村经济建立在自然增长基础上，社会基本形态是伦理本位[①]。城市和工业文明的大规模、快速发展为农村生产效率大幅提高、建立公共社会秩序提供了可能和借鉴。正如陈锡文指出，城镇化为国家制定强农惠农富农政策提供重要的经济基础，为农村人口的大规模转移提供了

---

① 梁漱溟指出，中国社会是伦理本位社会，社会家庭化"乃是此社会中每一个人对于其四面八方若远若近的伦理关系，负有若轻若重的义务，同时其四面八方与有伦理关系的人也对他负有义务"。梁漱溟：《乡村建设理论》，上海人民出版社2011年版，第33页。

就业、居住等方面的必要条件，当前农业农村形势好与城镇化有密切的联系。[①] 对于城乡关系的"天然"矛盾有了新的理解和期待。

《中共中央关于全面深化改革若干重大问题的决定》明确提出，要破解制约城乡发展一体化的主要障碍，应构建"新型工农城乡关系"，手段是健全体制机制，内容是以工促农、以城带乡、工农互惠、城乡一体，目的是让广大农民平等参与现代化进程、共同分享现代化成果。近年来，一系列重磅改革连续推出，既有对进城农民子女教育、医疗、养老等与公民权利有关的规定，更有城镇建设用地增加规模与吸纳农业转移人口落户数量挂钩机制、进城落户农民"三权"维护和自愿有偿退出机制、进城落户农民完全纳入城镇住房保障体系等"硬骨头""涉险滩"式的改革。

在高度城镇化基础上推进城乡一体化，改革的广度和深度大大拓展，两个方面的矛盾更加凸显。一方面，工农生产效率之间存在的鸿沟在拉大。尽管农业生产力的提升几乎伴随了整个人类发展史，但事实表明，农业与工业的单位时间的产出存在巨大差异。资料显示，如果不考虑人口增长，工业革命以前（1700 年）世界经济增长为 0，至工业革命以后，得益于非农产出的指数级增长，世界经济才有了突飞猛进的增长。[②] 在中国，改革开放以来，工农之间在投入产出效率和资源配置效率上的差异表现得尤为突出，近年来，在粮食产出规模取得连年增长的同时，农业低效化、农产品质量不高、农地非粮化和非农化等成为当前农业发展的主要矛盾。另一方面，城乡居民之间的福利仍然存在较大差距。一系列社会保障制度和政策的实施，使城乡居民在养老、医疗、教育等公共服务获得上的差距显著缩小，但诸多现象表明，城乡居民之间仍然存在福利上的较大差距。从收入水平看，2015 年城乡居民人均可支配收入之比为 2.73:1，比 2005 年的 3.22:1 有所缩小，但绝对差达到 19773.1 元，比 2005 年扩大了 12535 元。与此同时，财富积累上的城乡差距则伴随着近年来城市资本收益的快速扩张而迅速扩大，是城乡居民主要耐用消费品拥有量上存在较大差距的重要原因。同时，农村住房和居住环境、公共文化和社会活动等明显滞后于发

① 陈锡文：《解决好城镇化进程中的"三农"问题》，载高尚全主编《改革是中国最大的红利》，人民出版社 2013 年版，第 183—211 页。

② Thomas Piketty, Translated by Arthur Goldhammer, *Capital in the Twenty-first Century*, The Belknap Press of Harvard University Press, Cambridge, Mssachucetts, London, English, 2014, p.73.

展需要。更为重要的是，农村社会分化乃至不平等，已经成为维护稳定的潜在威胁，这其中既有资源利用和分配的问题（如宅基地浪费和紧缺并存），也有农村社会管理在城镇化过程中面临转型难题的原因。

导致前述两个方面问题的原因是多方面的，既有制度性因素，也有经济规律、社会文化等原因。从现阶段看，构建新型城乡关系应首先解决两个问题：一是提高农业投入产出效率和优化资源配置组合，通过优化村庄规模和空间布局、完善运行机制，发展现代农业；二是保护农民财产权利和民主权利，通过构建农村建设和管理过程中合理经济利益关系和实现政治参与，提高农民福利水平。

近年来，农业供给侧改革成为破解"三农"问题的重中之重，一系列相关政策措施密集出台。2017年中央一号文件直指前述两个问题，明确提出要"优化农业产业体系、生产体系、经营体系，提高土地产出率、资源利用率、劳动生产率"，要"在充分保障农户宅基地用益物权、防止外部资本侵占控制的前提下，落实宅基地集体所有权，维护农户依法取得的宅基地战友和使用权，探索农村集体组织以出租、合作等方式盘活利用空闲农房及宅基地，增加农民财产性收入"。本书立足提升农业生产效率和保护农民财产权利两大视角，将中共中央、国务院关于城乡关系、"三农"问题的一系列理论创新和改革实践，作为本书的基本理论框架。

二　成都市农村新型社区的发展历程

从时间上看，作为一个乡村基础坚实和体量庞大的国家，农村的建设和发展从来都是决策层和社会的聚焦点。改革开放以来，我国数次提出推进"社会主义新农村"建设。20世纪80年代，中央要求建设社会主义新农村，加强精神文明建设，指出"建设社会主义新农村，必须加强以党组织为核心的基层组织建设，加强思想政治工作，发扬自力更生、艰苦奋斗精神，坚持物质文明和精神文明一起抓，切不可一手硬一手软"。[1]1998年，党的十五届三中全会明确提出，到2010年中国特色社会主义新农村的目标是经济上不断解放和发展农村生产力，政治上保障农民依法直接行使民

---

① 中国共产党第十三届中央委员会第八次全体会议通过的《中共中央关于进一步加强农业和农村工作的决定》，1991年11月29日通过。

主权利,文化上全面推进社会主义精神文明建设,培养有理想、有道德、有文化、有纪律的新型农民。[①] 2005 年,党的十六届五中全会提出了建设社会主义新农村的重大历史任务,提出了"生产发展、生活宽裕、乡风文明、村容整洁、管理民主"的要求。[②] 2013 年党的十八届三中全会提出要"促进城镇化和新农村建设协调推进",涉及农业人口转移市民化、全面放开建制镇和小城市落户限制、城乡社会保障体系接入等重大改革。[③] 从对重大决策的梳理上不难看出,社会主义新农村建设内容一脉相承,涵盖农业经营、农民生活、农村社会发展、基层民主政治、资源环境等多个层面,其出发点和落脚点均为促进农业稳定发展和农民持续增收。进一步分析,每个阶段新农村建设各有侧重,立足于发展的历史阶段而提出不同的具体要求。当前的一个重大转变是,新农村不再是单纯的、孤立的农村问题,而是如何与城镇化协调推进。

从空间上看,新农村由居住和生产两个具有明确边界的空间构成。在居住空间上,强调基础设施建设齐全、公共服务功能完善、组织建设和社会管理健全,由此要求农户相对集中居住,村庄发展与交通条件密切相关。在生产空间上,具有明显的资源指向特征,农业生产经营相对集中,以产生规模效应。

从时间和空间两个维度出发,新农村的定位与思路主要体现在通过社会文化建设和生产要素调整,使新农村成为新时期文化集聚和农业经济集聚的载体,其具体表现形式是农村新型社区。经历了重点村和示范片两个阶段的社会主义新农村建设后,在总结农村灾后重建经验基础上,2010 年四川提出了新农村综合体这一新概念。《四川省"十二五"农业和农村经济发展规划》明确提出,新农村综合体是功能较为齐全的乡村聚落空间,是以农民为主体、产业支撑有力、功能设施齐备、环境优美和谐、管理科学民主、体现城乡一体化格局的农村新型社区。强调新农村综合体既具有乡村基本特征和功能,又吸纳城市发展的先进要素;既依托乡村行政区

---

① 《中共中央关于农业和农村工作若干重大问题的决定》,1998 年 10 月 14 日中国共产党十五届中央委员会第三次全体会议通过。

② 《中共中央关于制定国民经济和社会发展第十一个五年规划的建议》,2005 年 10 月 11 日中国共产党第十六届中央委员会第五次全体会议通过。

③ 《中共中央关于全面深化改革若干重大问题的决定》,2013 年 11 月 12 日中国共产党第十八届中央委员会第三次全体会议通过。

域，又呈现出开放性特征。

进入"十二五"时期以来，四川省开展了新农村综合体建设的大量探索，实践表明，作为一种全新发展理念下的农村空间组织形态，新农村综合体在乡村传承与城市文明、居民公共服务有效供给和农业生产需求之间寻找均衡点，具有较强的适应性和可复制性。

第二节　大都市圈农村新型社区发展的新认识

一　宏观环境变化下农村新型社区布局和运行的认识

（一）五大发展理念为农村新型社区建设指明新方向

我国经济发展已经进入新常态，呈现出的主要特点是：增长速度从高速转向中高速，发展方式从规模速度型转向质量效率型，经济结构调整从增量扩能为主转向调整存量、做优增量并举，发展动力从主要依靠资源和低成本劳动力等要素投入转向创新驱动。[1] 经济基础的变化会深刻影响社会格局乃至长远发展战略，党的十八届五中全会提出的创新、协调、绿色、开放、共享的发展理念是针对新常态开出的药方。不同于过去相对封闭的农村，农村新型社区是城乡关系的集中呈现，是中国经济社会的有机组成，适应新常态、把握新常态、引领新常态同样会贯穿农村新型社区建设和发展的全过程。

一是农村新型社区建设要以创新发展为核心，在房屋形态和建筑技术、治理制度和文化建设、产业组织和产业链条、人才发展和信息应用、政策创新和整合等方面坚持创新发展。二是农村新型社区建设要与农业供给侧改革和新型城镇化发展整体协调，在农业生产力总体布局优化的基础上布局新农村建设点，在城镇规模扩大和质量提升的前提下规划建设农村新型社区，使之成为区域经济网络上的重要节点。三是尊重自然，坚持生态优先，不仅在形态上与环境融为一体、在建设上不填湖少砍树，在利用上更要强调节约资源、集约利用，对土地资源尤其要取之有度、用之以

---

[1]　习近平1月18日在省部级主要领导干部学习贯彻十八届五中全会精神专题研讨班上的讲话全文。《人民日报》2016年5月10日。

利。四是在城乡一体化发展理念下谋划农村新型社区，打破城乡之间资源
要素流动障碍，构建机会均等的公共资源配置模式，形成具有现代文明内
核的农村新型社区。五是以增进农民福祉和推动人的全面发展为主要思想，
保护农民财产权利，注重农村、农业的精英人才培养，使农村新型社区成
为实现梦想的重要平台。

（二）城乡关系新阶段农村人口和村庄规模发生深刻变化

当前，中国宏观发展进入新时期。经济进入中高速运行的新常态，初
步形成"一带一路"对外开放格局和"长江经济带"以及京津冀协同发展
的区域布局，城镇化率超过50%，城镇成为经济建设和社会发展的主要空
间，进入"以人为核心"的城市规模扩大和质量提升共同推进的新阶段，
对农村人口规模产生直接影响。

农村人口规模持续减少，但农业人口与农业资源之间的矛盾仍会长期
存在。测算农村人口规模首先要考虑农业生产的需求，在我国主要是土地
经营规模的经济性和可行性。我国提倡土地适度规模经营，不同环境和不
同发展阶段对"适度"有不同的要求。按亩均700元纯收入估算，要达到
与城镇居民同等水平年收入，按平均每户2.8名劳动力[1]估算，户均土地经
营规模应在120亩左右[2]，在上海、成都等地的家庭农场的实践表明，这一
规模较为合理，既能满足农民收入要求，也是在当前农业生产条件的经济
规模。以此测算，我国约需1500万农户，仅为当前农业承包经营户的十
分之一。[3]还需考虑的是，农业老龄化是进入工业文明后不可避免的现象，
根据日本的情况，65岁以上农民占68%，这意味着未来农业所需劳动力数
量将低于前面的测算。

然而需要引起高度重视的是，农业人口规模受城镇承载能力和非农就
业水平约束。最近十年城镇化率以年均1.15%的速度增加，年均新增常住
人口超过2000万，其中过半数为农村流向城镇的转移人口。相关资料显
示，到2020年、2030年和2050年，全国常住人口城镇化率将分别达到

---

① 《中国统计年鉴（2013）》，中国统计出版社2013年出版。
② 按2015年城镇居民可支配收入3.12万元测算。
③ 陈锡文在《解决好城镇化进程中的"三农"问题》一文中测算，土地规模扩大到100亩，
需要约1800万农户，以2009年1.67亿纯农户计算，要转移出约90%的农户。

60%、70% 和 80% 左右①，意味着到 2050 年我国转移到城市居住的农户数约为 3000 万，届时留在农村的户数约为 7000 万。从非农就业水平看，我国就业弹性系数为 0.18 左右，根据美国、日本、德国等发达国家经验，我国国民经济增长对就业增长的拉动作用还有较大提升空间。按照保守估计，到 2032 年我国就业增长平均年递增率为 1.7%②，加上未来工作时长缩短的可能性③，城镇化率有进一步提速的可能。尽管如此，未来以城镇承载能力测算的农村户数仍大幅高于农业规模经营所需的户数。

在农村人口规模的基本判断下，村庄规模更多地受限于村庄产业结构。村庄是农村人口集聚的载体，我国村庄发展历史漫长。经济上，以家庭经营为主体，农业精耕细作，生产率随着人口增长缓慢提升。④改革开放以来，传统村庄在血缘和地缘的"熟人社会"基础上，形成了建立在集体所有制基础上的社会资本，家庭之间互帮互助（如农忙"换工"），在公共领域（如水利设施等方面）开展合作，共建共享。村庄规模受社区内公共产品供给能力和效率的约束。人口密度越大，公共产品供给单位成本越低；农户规模越大，公共产品供给交易成本越高。但是值得注意的是，人力资本具有显著的外部性，人口密度增加不仅有利于资源集约利用，破解资源要素约束，同时会产生服务业，包括生产性服务业和生活性服务业，服务业依赖于人口规模和密度来降低运行成本和提高效益。因此整体上看，村庄不存在人口规模瓶颈，其规模取决于村庄产业结构，服务业越发达的地方最优规模越大。综上，一般而言，传统农业型村庄因农业增长有限，其规模以"熟人社会"为限；具有现代服务产业形态的村庄，其规模以资源要素禀赋为限。

①《国家新型城镇化规划（2014—2020）》中指出，到 2020 年常住人口城镇化率达到 60% 左右；《2013 中国人类发展报告》（联合国开发计划署 2013 年 8 月发布）预测，到 2030 年，中国城镇化水平将达到 70%；《中国现代化报告 2013——城市现代化研究》（中国社会科学院中国现代化研究中心 2015 年 2 月发布）估算，2050 年中国城市化率为 77%—81%。
② 张晓山等：《构建新型城乡关系》，社会科学文献出版社 2014 年版，第 253 页。
③ 根据 2015 年农民工监测报告，日工作超过 8 小时和周工作超过 44 小时的农民工占比分别达到 39.1% 和 85%，超时劳动现象普遍。
④《21 世纪资本论》中提到，在世界经济发展史上，工业革命以前的经济增长率与人口增长率持平，农业产业本身无法带来经济增长。〔法〕托马斯·皮凯蒂著《21 世纪资本论》，巴曙松等译，中信出版社 2014 年版。

（三）城镇化战略对农村新型社区空间布局和形态提出新要求

城市群成为城镇空间布局的主体形态，城市和城乡之间产业分工与合作、交通与社会生活互相影响，城市—区域的网格化组织特征鲜明，城市共同体的新模式和新形态成为主要趋势，对农村新型社区布局形态提出新的要求。

已有的农村新型社区分布和居住形式主要有三类：一是集中于县（镇）行政或经济中心，依托非农产业园区或小城镇建设，采取多村土地整理方式，实施较大规模农民集中居住，居住形式一般为多层楼房；二是集中于交通便利的干道周围，大多为单个行政村或几个村民小组聚居，居住形式一般为独栋或联排农房；三是集中于特色景观，一般为行政村内有意愿和能力的农户聚居，目的是进行旅游等其他产业经营活动。村庄形态主要有五类：一是大聚居、大融合型，打破村组和宗族界限，形成了大型居住社区；二是小聚居、组团型，以原有村落布局为基础，形成几十户聚居为一个组团、多个组团共同发展的形态；三是圈层型，一个中心村周边分布若干小聚落；四是轴线型，村庄分布在道路或河道两边，呈带状发展态势；五是飞地型或双核心型，典型的如一个行政村既有山区也有平坝，则会存在平坝较大规模集中居住，山区同时存在另一个或多个聚居点。除地形地貌和资源禀赋外，新农村的村庄布局形态主要受以下几个条件约束。一是村庄建设主体和目标，由政府主导的多村合并型往往能够节约出更多的土地指标，因而更受地方政府欢迎；以农民为主体的单村或小组聚居由于增加了基础设施和公共服务供给，改善了农民居住条件，更受农民推崇。二是农户对居住成本的负担水平，一般而言，多层楼房需要支付的房屋建购成本较低，但对农民来说聚居后的生活开支，如物业、食品、水电气等会大幅增加。三是农业产业结构，集中居住会降低农业生产的便利性，对庭院经济和养殖业产生直接且显著的负面影响，以养殖业或小规模种植为主的农村更适合小聚居形式。四是村庄治理水平，具有较强治理能力的村庄会自觉开展小聚居型的村庄整理。

当前我国已经进入城市群聚发展阶段，但与欧美、日本等发达国家的"都市圈""城市带"的形成机理不同，我国城市间竞争转向城市群集聚发展更加强调宏观调控和规划发展，构建空间布局上"两横三纵"①、规模形态上大中小城市和小城镇协调发展的城镇化战略格局。这对农村新型社区发展的影响主要体现在以下两个层面。第一，伴随着有市场、有效益的劳动密集型产业优先向中西部轴线上的城市群转移，产业集群发展和人口集聚水平快速提升，在严格保护耕地和严格控制城市边界无序扩张的要求下，这些地区的村庄非但不会大幅消失，反而会因其在生态涵养、农产品供给、"乡愁"文化承载等功能而强化。农村新型社区在土地要素集约利用和基础设施有效供给上具有显著优势，在成渝城市群等重点开发区域应加大布局力度。第二，发达地区的实践和经验表明，伴随着城市群的成熟，利用经济信息、块状经济、山水资源、历史人文等独特优势，加快创建一批特色小镇（新形态的功能型社区），不仅符合经济社会发展规律，而且有利于破解经济结构转化和动力转换的现实难题。②这类功能区具有现代文明的内核和乡村景观的外形，是处于传统农村和现代都市之间的新形态，是在城市化和逆城市化之间的新选择。在国家大力推进创新创业的时期，综合区位、资源、人口、产业等因素变化，农村新型社区存在分化发展的趋势，有条件的村庄会成为一个多方共赢的创新空间和生活空间，一般的村庄也将成为文化传承与扬弃的重要载体。

（四）经济发展新常态下农村新型社区建设亟待动力转换

不同于传统的自然形成的村庄，农村新型社区建设是在快速城镇化背景下，以农村土地综合整治为核心、以推进基本公共服务均等化和建设新农村为内容的农民集中居住区建设，建设的基本立足点是地方政府和农民的利益调整。

农村新型社区建设的主要动力是城镇化过程中的土地增值收益。在国民收入分配格局扭曲的情况下，土地财政与土地金融成为地方政府谋发展的重要财源。③地方政府通过土地抵押获得贷款收购土地，通过出让土地获得土地出让金，土地开发后获得房地产税和建筑税，以此巨大的融资推进快速、大规模的城镇化，包括补贴企业税收减免和地价、提供城市基础

---

①　以路桥通道、沿长江通道为两条横轴，以沿海、京哈京广、包昆通道为三条纵轴。

②　李强：《特色小镇是浙江创新发展的战略选择》，《今日浙江》2015年第24期。

③　张晓山等：《构建新型城乡关系》，社会科学文献出版社2014年版，第10页。

设施和公共服务等。2015 年全国土地使用权出让收入 3.37 万亿元,土地出让支出中用于城市建设支出和保障性安居工程支出占比分别为 51.3% 和 12.0%;[①] 84 个重点城市土地抵押贷款总额为 11.33 万亿元。[②] 地方政府能够以低成本和垄断性获得农村建设用地,是如此大规模的财政收入和金融资金来源的基础,进而成为地方政府推动农村土地综合整治(村庄整理)的主要动力。

农村新型社区建设的资金主要有三个来源渠道。一是盘活农村资源和资产,土地是首要地位。将农村建设用地减少与城市建设用地增加挂钩,通过建新拆旧和土地整理复垦等措施,布局城乡用地。节余土地指标的增值收益主要用于补偿农民拆旧损失、支付土地整理复垦成本,这是建设过程中农民建购房屋、村内基础设施和公共服务供给的主要资金来源。二是整合财政资金,以新增建设用地有偿使用费、用于农业土地开发的土地出让收入、耕地开垦费和土地复垦费为主题,引导和整合相关涉农资金,用于基本农田建设和保护、耕地开发和土地整理、农村土地整治重大工程和示范工程等,[③] 以及农业土地开发和农村基础设施建设。三是社会资金,包括民间投入和农民自筹。

2015 年我国村庄现有用地 1401.3 万公顷,是耕地面积的 10.4%,据相关研究,全国仅空心村整治潜力就达上亿亩,[④] 以土地增值收益为主要动力的新农村建设机制具备理论上的可能。然而,另一组数据表明,2015 年全国土地出让支出 33727.78 亿元,其中用于征地拆迁补偿和补助被征地农民支出 17935 亿元,占总支出的 53%,而 2009 年仅分别为 5179.91 亿元和 42%,[⑤] 实践中的观察也能够印证这一结论:补偿支出占比越来越高,依赖土地增值收益推动新农村建设不可持续。

---

① 《2015 年全国土地出让收支情况》,http://zhs.mof.gov.cn/zhengwuxinxi/zonghexinxi/201604/ t20160401_1934261.html。

② 国土资源部:《2015 中国国土资源公报》,2016 年 4 月。

③ 《国务院关于严格规范城乡建设用地增减挂钩试点 切实做好农村土地整治工作的通知》(国发〔2010〕47 号),中国政府网,www.gov.cn/zhengce/content/2011-04/08/content_237.htm。

④ 《中国乡村发展研究报告——农村空心化及其整治策略》,刘彦随等著,科学出版社2011 年版。

⑤ 《2015 年全国土地出让收支情况》,财政部网站,CZZZ.mof.gov.cn/caijingziliao/caijingshuju/20170316.2558372.html;《全国土地出让收支基本情况》,财政部网站,www.mof.gov.cn/gkml/caizhengshuju/201004/t20100413.286852.htm

（五）农村新型社区建设需要构建新型乡村治理机制

乡村治理的目标是更真实的利益表达和更有效率的资源管理，本质是社会权威结构和社会秩序的建立。如前所述，不同于传统村庄自然形成过程，新农村建设是一种人为组织再造过程，不同程度改变了村庄治理的资源和社会基础。在城镇化过程中农村人口结构的巨大变化和农村市场化水平的大幅提升的背景下，传统农村社会治理面临新的挑战。

当前这种以政府主导、资本介入的方式推动的农村新型社区建设和农业的规模经营，客观上形成了农业的现代化和农村的社区化，但在这样一个农民被动参与城镇化的情况下[①]，农村新型社区治理机制并未做好充分准备。治理的权威机构如何产生且其权力如何制衡？公共资源特别是土地资源的管理和利用如何更有效率？公共产品供给的资金来源和建管主体是谁？农村多元化的经济和社会组织发育及其之间的协作如何开展？这一系列问题尚无成熟机制作答。

农村新型社区要既保留乡村的形态美和文化美，又同时具备城市经济活力和生产效率。这对村庄治理提出了四个方面的要求：一是集中居住社区资源要素配置应建立在市场经济基础上，形成高效生产体系，确保农民增收农业增益；二是公共资源如基础设施和公共服务，应建立在公共社会基础上，保障居民基本权益，确立社会平等关系；三是公共利益分配过程和结果公平，包括治理组织建构、协调和互动、个体和集体利益表达等，形成稳定的社会秩序；四是对传统制度安排和文化遗产的继承和发扬，使社区治理可持续。

二 建设国家中心城市突凸成都农村新型社区五大优势

经国务院同意，发改委和住建部联合印发的《成渝城市群发展规划》指导文件中，拟增设成都为国家中心城市，至此国家中心城市增至6个。这表明，一方面，未来成都的发展上升至国家战略，是整体发展的重要组成部分，在国家实施西部大开发战略和"一带一路"建设中发挥重要的积

---

① 周飞舟、王绍琛：《农民上楼与资本下乡：城镇化的社会学研究》,《中国社会科学》2015年第1期。

极作用，需立足宏观视角，从战略高度对成都发展方向、空间布局、体系建设、实施路径等进行科学审视；另一方面，成都在带动和辐射周边区域发展方面将发挥核心作用，肩负着四川乃至西部打造城市群区域合作格局、形成完善城镇体系、重塑新型城乡形态的重任。在高度城镇化基础上推进城乡一体化，同时宏观环境变化对新农村发展产生一系列深远影响的认识基础上，以建设国家中心城市为目标，成都发展的新形势为农村新型社区发展带来了一些需要高度重视的新优势和新机遇。

（一）统筹城乡发展示范区延续改革政策优势

过去十多年来，在统筹城乡发展方面的大胆改革、锐意创新是成都城市版图不断拓展、城市质量快速提升、推动城镇可持续发展的有力支撑和重要保障。深化全国统筹城乡综合配套改革试验区建设，聚焦农业转移人口市民化、农村产权流转交易、新型农业经营体系构建、城乡要素自由流动、城乡统筹规划、农村基层治理创新等方面的体制机制障碍，叠加在原有政策上，为农村新型社区建设提供大量的政策新优势。

（二）美丽中国先行区凸显价值优势

作为长江上游生态屏障的重要一环，依托丰富多样的生态要素，成都悠久深厚的历史文化遗存和山重水叠的独特景观，是建设有历史记忆、文化脉络、民族特点、景观风貌的美丽城市的独特优势。在美丽中国、绿色四川建设的时代背景下，凸显生产、生活、文化、生态融合发展的农村新型社区的意义更加重大。

（三）西部综合交通枢纽建设拓展经济空间

通道建设是城市空间拓展的关键，是区内区外两个市场、两种资源互连互通的必要条件。作为国家中心城市建设的重要职能，成都建设西部综合交通枢纽必然会为资源、人才、资金、信息等各类要素深度融合、加速集聚提供高效支撑。一方面，拓展经济空间，使成都新型工业和现代服务业发展上新台阶，为新农村综合体建设过程中的资源要素整合带来更多可能；另一方面，过去不具备区位优势的地方，如远郊县镇，在通达性大幅提升后，会因生态本地、资源要素等方面的坚实储备而形成后发优势，为这些地方农村新型社区建设提供更有力支撑。

（四）功能完备的城镇体系目标蕴含组合优势

建立健全功能完备、布局合理、大中小城市和小城镇协调发展的城镇体系是国家中心城市建设的题中之义。成都城市的圈层式布局转变为以成都平原经济区、大都市区、区域中心和功能区、产业园区和特色镇四个城市层级，形成分工合理、层级清晰、有机衔接的大都市城市体系，资源配置方式由过去的行政层级为主导转变为功能导向型，为处于基础行政层级的县城、建制镇的经济社会发展注入巨大活力，有利于打开新的发展空间，深刻影响农村新型社区的空间格局，转变建设的动力机制。

（五）提升核心功能带来农村人才红利优势

与前述城镇化发展态势的判断一致，成都市居住在农村的人口规模整体上将呈现出持续减少态势。然而值得重视的是，成都在发展农村经济特别是乡村旅游、农产品加工和物流等方面具有显著优势，与国家中心城市建设在吸引人才、获取人力资本红利上的乘数效应会产生叠加优势，在"大众创业、万众创新"有利形势下，对职业农民及相关从业人员形成巨大的吸引力。与此同时，随着工业化和现代化进程加快，特别是在成都建设国家中心城市的情况下，农村的其生态功能、休闲功能将更加强化，乡村生态环境、田园风光、历史文化与民俗、传统农耕生活方式的价值将越来越高，也将吸引越来越多的城市居民到农村旅游、居住、创业，城乡居民交错居住将成为新的居住形态。

三 "小组微生"[①]：成都农村新型社区建设新版本

经过多年发展，成都农村新型社区建设中形成的"小规模、组团式、微田园、生态化"模式，以城乡资源要素有序流动为重心，在推动塑造生

---

① "小"即为小规模聚居，要保持每个聚居点50—100户，建设"紧凑型、低楼层、川西式"的特色民居。"组"即为组团式布局，要求各聚居组团间距在50—500米，方便农民生产生活。"微"即为微田园，要做到房前屋后种植花卉苗木和蔬菜瓜果，建设"小菜园""小花园""小果园"，方便生活、美化环境。"生"即为生态化建设，要注重林盘、水系、田园等生态资源的保护与利用，保护和传承川西民俗文化，打造"林院相依、院田相连、田水相映"的川西生态田园风光。

态富集的乡村景观、改善农民生产生活质量、提高农业生产效益等方面成效显著。既是对原有"为集中而集中"的新农村建设模式的校正，也是对在高度城镇化基础上实现城乡一体化发展格局的重要探索和创新。当前，成都农村新型社区在发展理念、布局规模、运行机制等方面具备现实基础，已经进入一个全新的发展阶段。

（一）农村新型社区版本升级的关键期

作为大城市带大郊区的典型代表，自 21 世纪初成都先行先试，启动具有划时代意义的新农村建设。从 2003 年"三个集中"时期的"拆院并院"到"四态合一"① 时期的"小组微生"，成都用 10 年左右的时间实现了农村新型社区形态的不断升级。

"拆院并院"是村庄整治和城乡建设用地增减挂钩的具体体现，是在工业向集中发展区集中、农民向城镇集中、土地向规模经营集中的发展模式中形成的，其目标是盘活生产要素，理念的核心是农村城市化——农民市民化和土地城镇化。其间经历了数次实践探索，如"双放弃"，即农民自愿放弃土地承包经营权和宅基地使用权的，在城区集中安排居住，并享受与城镇职工同等的社保待遇，农民在城市实现非农就业、在城市拥有自己的住宅、能够享受城市公共服务。"拆院并院"在城乡差距持续扩大的背景下产生，无论是对改善城郊农民生活质量、满足农民市民化需求，还是对城市和工业生产要素和经济集聚，都具有重要的历史意义。但也同时暴露出不可持续性。一方面，"农民上楼"后带来的长远的、负面影响不容忽视，主要表现在生活成本骤升和庭院经济消失后导致的部分农民生计问题，非农就业不能满足农民期待，仍有农地的农民从事农业生产经营条件不足，农民集中居住社区社会管理成本高、效果不理想等。另一方面，"双放弃"过程中农民积极性高的地方往往区位、资源条件较差，土地特别是耕地的效益不高，相反其条件好的地方农民意愿不足，交易费用较高。随着经济社会发展以及城乡关系的深刻变化，这种"为集中而集中"的农村新型社区建设方式的弊端愈加凸显。

2012 年成都开始"小组微生"农村新型社区建设，五年多的实践得到

---

① "四态"：形态、业态、文态、生态。

干部群众和社会各界的普遍认同，成为城乡一体化建设的重要载体，被称为"新农村建设的 4.0 版本"。截至 2016 年，全市共建成"小组微生"新农村综合体 186 个，总投资 71.08 亿元；实现 2.63 万户 8.4 万人入住新居。"小组微生"新农村不仅延续了过去集中居住的农村形态在农地规模化利用、为城镇化提供土地指标、改善农村生产居住环境等方面的贡献，还优化了居住形态和村组布局，满足农民生产生活需求，受到农民的一致认可，同时挖掘了乡村生态潜力、文化潜力，赋予了农村新型社区更多的功能，拓展了更广阔的发展空间。

相比之前的新农村建设模式，"小组微生"农村新型社区在动力机制、运行机制和管理机制上有了重大改革创新，但其建设有前置条件的约束，如村社资源情况、治理能力、农民家庭状况等，村庄整理节约出建设用地指标越多、村级治理水平越高、农民房屋整体较为破旧或部分农民收入较高等村社在推动"小组微生"建设时阻力相对较小。此外，"小组微生"农村新型社区的发展还面临一些内生需求，包括进一步提升公共产品供给效率、功能从单一向多元转变、城乡社会双向流动提速等。高度城镇化基础上的城乡一体化发展的现实需要和国家中心城市建设等外部环境的重大变化，给"小组微生"农村新型社区提出了新的问题，需要将农村新型社区建设作为"新型城镇化发展战略"的有机组成部分，"小组微生"农村新型社区无论从规模还是从功能上，与城镇体系的联系紧密度仍有较大提升空间，在生态涵养、传统人文承载等方面的作用有待进一步发挥。

（二）成都农村新型社区发展的未来愿景

在建设国家中心城市背景下，"小组微生"农村新型社区将成为城市不可或缺的有机组成。因此，应通过科学规划合理布局，拓展农村新型社区建设广度；转变农村新型社区动力机制，提升新社区的治理水平，实现农业生产功能显著提升和农民财产权利有效保护，累积农村新型社区发展深度。

拓展农村新型社区建设空间。加大"小组微生"农村新型社区建设的覆盖面，实施按需布点，对有条件、有意愿、符合规划的村庄整理项目，纳入农村新型社区建设项目库。同时，针对部分未进入已建成的"小组微生"农村新型社区的农户，探索其进入的途径和方式。

挖掘农村新型社区发展潜力。农村新型社区不仅是农业自然增长的产物，更应是农业生产性服务业集聚的重要场所；不仅是农民居住和生产的空间，还应是各类有意愿的群体提升福祉、实现梦想的平台载体；不仅是城市生活的花园，也应是传统文明承继和现代文化融入的重要形态。

第三节　成都农村新型社区的发展现状、经验和问题

一　主要做法

（一）建立规范化和制度化的工作机制

成都市在推动"小组微生"农村新型社区建设中，制定出台多种政策措施，对规划、建设和管理进行详细设计，确保工作机制规范化和制度化。在此基础上，各区县进一步明确工作程序、组织方式等，通过多部门联合行动，优化各项政策文件，为新村建设提供了制度保障。例如，邛崃市成立多部门统筹的农村土地综合整治领导小组，制定出台政策措施，对农村土地综合整治、社会资金参与、项目规划和监理招标等具体事项都有明确的工作程序。蒲江成立全域幸福美丽新村攻坚行动工作领导小组，细化建设目标任务到相关县级部门和乡镇；建立常态化工作机制，定期由县委、县政府主要负责人主持召开工作现场会，检查督促工作开展情况；编制了全域推进新村建设的总体规划和实施方案，形成中等城市、小城市、特色镇和农村新型社区协同发展的城乡规划建设体系；进一步制定了社会化推进新村建设实施办法，编制项目建设规范化操作流程图，完善社会业主资格审查办法，设立项目投资保证金和民工工资保证金等风险防控等具体措施；同时，开展新村建设培训，指导村社区建立民主议决、项目监督、新村管理等制度，审查把关新村规划，提供专业建筑质量监管服务。

（二）以创新理念指导农村新型社区规划

强化规划引领作用，在实施"小组微生"农村新型社区建设过程中，始终坚持规划先行。由成都市规划管理局《成都市农村新型社区"小、组、微、生"规划技术导则（2015）》，就小规模聚居、组团式布局、微田园风

光、生态化建设等四个方面做出具体指导。把"小组微生"理念体现在具体的指标和规范中。

在规划选点上，由市规划、国土、建设、交通、水务、防震减灾、乡镇政府等部门共同现场踏勘核实后，综合考虑防灾避险与安全第一、节约集约用地与少占耕地、宜聚则聚和宜散则散，生态优先和保护文化本底等多方面要素。在编制规划过程中，各区县普遍采取农民全程参与和专业机构规划设计相结合的方式，体现"多规合一"的村庄规划和"四态融合"的新居设计。规划设计单位结合点位区位条件，在统筹考虑基础设施建设、公共服务建设、绿地景观建设、产业发展情况等基础上，按照"小组微生"规划要求，同步规划建设功能集成配套的基础设施及标准化的社区公共服务和社会管理设施，构建"10分钟生产生活圈"，提高农民现代生活品质。

（三）确保农民参与新村建设和管理全过程

农村新型社区建设注重发挥农民群众主体作用，让农民全程参与农村新型社区建设，从是否参与到户型设计、施工队伍选择、质量安全、收益分配、社区管理等都由农民民主商议、自主决定，政府做好规划建设的指导和服务，既让农民成为农村新型社区建设的"决策者"和"参与者"，又让农民成为建成后的社区管理主人，真正实现"还权赋能"。

首先，在建设初期，由农民自己来算账、来设计。培育村集体资产管理主体，将农村新型社区建设资金怎么来、怎么用、怎么还等核心问题交给群众自主讨论，从而在机制上确保农民真正的参与。同时，将新村点位布局、户型设计、风貌形态等规划方案交给群众商议，专业设计机构再根据农民的意愿和诉求进行修改完善，最后由农民自主选择。村集体资产管理主体有多种形式，如邛崃在项目区成立"土地整理项目议事会"和"土地整理项目监事会"，在安置点成立"建房议事会"和"建房监事会"，组成人员均由参与项目的农户投票选举产生；郫都区则通过组建集体资产管理公司参与村庄土地整理。

其次，建设过程由农民群众做主、把关。建筑施工单位采取参与农户代表现场投票、唱票的公开比选招标方式确定。新居建设过程中，各个组团均有农户推选的群众代表组成工程质量监督小组，对施工过程进行全程监督，确保建设质量。例如，蒲江实行以村民为主"统规代建"的新村建设模式，工程质量由群众监督和政府职能部门专业监督双重把关，项目验收由政府与村民联合开展，重点验收"小组微生"规划是否走样、1+21公共服务配套是否到位、建筑质量是否符合要求等，发现问题及时整改，提升新村建设质量满意度。

最后，在小区后续管理方面，按照农民自我教育、自我管理、自我服务、自我监督的原则，实现从村落管理到院落管理的转变。例如，郫都区在各安置点成立相对独立的小区管委会（业委会），主任由村支部书记兼任，成员分别在新村建房议事会和村民议事会选举产生，并分组团选举产生"院落委员会"。同时，向农户发放新型社区生活手册和管理导则等资料，从现代生活技能、文明习惯养成、社区物业自治管理等方面对农民进行培训，实现社区的"自我管理、自我服务"，逐步引导农民的生产生活习惯向城市居民转变。都江堰棋盘社区是灾后重建发展形成的，社区集中安置的农户多，体量较大，一度面临小区管理困境，特别是集中居住后，在传统的宴请风俗中出现不断攀比的现象。为此，社区在党小组和业委会的协同工作下，制定了"社区群宴管理制度"，受到小区住户的普遍认可（见专栏7）。

专栏6　向峨乡棋盘社区群宴管理制度

一、农村群宴的举办者以及承办农村群宴食品加工的厨师是农村群宴食品安全的第一责任人，对其举办或者承办的农村群宴食品安全负直接责任，各自承担农村群宴食物中毒及食源性传染病事件的相关法律责任。

二、农村群宴的举办者以及承办农村群宴食品加工的厨师对食品原料应进货验收，符合食品安全要求的，方可使用。

三、农村群宴的举办者以及承办农村群宴食品加工的厨师应自觉遵守《四川省农村自办群体性宴席食品安全管理办法》和《向峨乡人民政府关于贯彻落实〈四川省农村自办群体性宴席食品安全管理办法〉进一步加强农村群宴管理工作实施方案》的各项规定，自觉接受乡人民政府、社区村委会、乡卫生院（社区卫生服务中心）的现场监督和技术指导，依法承担食品安全责任。

四、弘扬中华民族勤俭节约的美德，杜绝攀比浪费。农宴每桌餐标不超过 300 元。参加农宴人员送礼不超过 100 元。

五、爱护公物，宴席后将社区提供的农宴餐具完璧归还。一旦损坏，照价赔偿。

六、爱护公共环境，宴席后必须打扫清洁卫生，社区按照农宴每桌 15—20 元收取卫生、水、电费用。

七、丧事宴席做两顿（大夜和中午），喜事宴席只做一顿（中午）。

八、农村群宴的举办者以及承办农村群宴食品加工的厨师承担农宴期间用火、用电、用气安全责任。

向峨乡棋盘社区群宴管理服务队

（四）同步打造产村相融的产业形态

成都"小组微生"农村新型社区建设更加注重产业发展，强调产村协同规划，引导乡村建设与产业的良性互动。成都市各区县把新村建设与提升第一产业和培育第三产业结合起来。

首先，在新村周边因地制宜规划建设农业生产基地、产业园区，发展适度规模农业种养殖业。重点培育发展家庭农场、专业合作社，推进土地适度规模经营，促进农业生产经营方式转变。例如，郫都区安龙村突出有机蔬菜、微型盆景特色产业，组建了"安龙蔬菜"和"小微盆景"合作社，启动了有机蔬菜基地和精品盆景展示园项目建设；青杠树村组建了粮经专业合作社，启动了 800 亩的优质粮油和有机蔬菜基地建设。邛崃市临济镇郑湾安置点结合郑湾传统的支柱型产业，引进嘉林生态农场，大力发展"三黑一红"（"黑猪"、"黑茶"、"黑鸡"和"脆红李"）产业，带动 500 余户农户实现增收。都江堰棋盘社区主动创新基层组织管理机制，以适应社区与产业的协调发展，由社区党总支（原村两委）统领，分为物业管理与服务党支部和合作社党支部，下设细化功能（见图 1）。

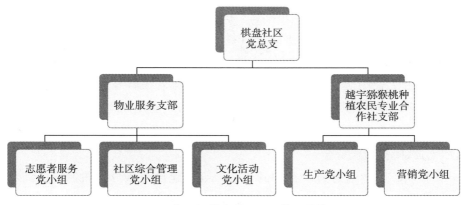

图1 都江堰棋盘社区组织管理结构

其次，结合乡村旅游发展，挖掘农村旅游资源要素，促进道路沿线农村新型社区和乡村旅游融合发展，推动一、三产业联动。依托优美的生态环境和设施完备的农民新居，引导农民规范发展以赏田园风光、品农家美食、住农民新居、体农事生活为主题的乡村旅游；鼓励和支持农民采取自主开发、作价入股等方式，利用节余的集体建设用地发展一、三互动产业项目，带动集体经济发展和促进农民就业增收。例如，邛崃夹关镇周河扁成立乡村主题酒店联盟，将安置房中富余的部分转化为经营性物业推向乡村旅游市场，联盟采取"企业投资、农户投资、共同投资"三种投资方式，并就服务标准和流程、营销推广、销售价格、客户接待等方面实行统一标准。郫都区青杠树村把体现川西民居特色与改造周边湿地环境结合起来，充分挖掘旅游产业潜力，按照国家AAAA级旅游景区标准进行整体打造，利用整理节约出的集体建设用地启动了天府水乡国际乡村俱乐部等高端休闲项目和香草湖生态湿地建设；安龙村利用预留给集体经济组织的集体建设用地，与投资企业合作启动了安龙书院、成都院子等高端休闲项目建设。

（五）盘活资源以实现多渠道筹集建设资金

"小组微生"农村新型社区建设过程中，在现行的政策和法律框架下，引导农民运用农村产权制度改革成果，探索切实可行的融资机制和项目整合机制，推动项目运作。

首先，通过组建村集体资产管理公司，采取产权融资、农民自筹、社会资金参与等方式，探索以市场化手段实现建设项目资金平衡的路径和办法。产权融资是利用参与农户入股并经变更登记后的集体建设用地使用权，向成都农商银行直接抵押融资，然后通过整理节余的集体建设用地流转收益或指标收益来偿还融资本息，实现资金平衡。农民自筹是根据土地资源、成本测算以及户型选择等，由农民补足部分房屋建设资金。社会资金参与是利用整理节余的就地使用集体建设用地预期收益，采取投资企业预付保证金方式筹集建设资金。

其次，明确政府财政补助的界线，细化建设投入分担机制。以新型社区规划红线为依据，红线以内的基础设施配套建设纳入土地综合整治成本，由集体资产管理公司投资实施；红线外的基础设施"大配套"建设由县财政以补助形式解决，从挂钩指标落地后的土地出让收益或集体建设用地初次流转收取的基础设施和公益设施配套费中实现平衡。社区公共服务建设投入由财政性资金补助解决，设施设备配置投入由县、镇、村分担的方式解决，同时引进社会资金建设农资和日用品营销点。

最后，强化政策支持，整合涉农资金打捆投放在示范区域，加大县级专项财政投入力度。例如，郫都区统筹农林、住建、水务、交通、环保、文旅等相关部门，积极向上争取林盘院落改造、基础设施建设、产业发展等方面相关政策和涉农资金，尽可能向"小组微生"建设区域倾斜，在符合要求前提下打捆使用，形成推进合力。统筹实施"小组微生"农村新型社区的交通路网、供水排水、能源电力、广播电视、光纤宽带、安全防范等基础设施建设。

二 主要成效

（一）呈现了国家中心城市背景下的城乡新形态

成都市正处于城市化发展升级的关键时期，从中西部中心城市向国家中心城市迈进。成都市的一个重要特点是大城区带大农村，城市化的升级离不开城乡形态的升级。成都市的城市发展理念强调"四态合一"，"小组微生"农村新型社区建设正是在这一城市发展理念下对城乡新形态的重要探索。一方面，"小组微生"从农村的形态来定义农村，要呈现田园风貌，要记得住乡愁，而不是简单地把城市小区移置到农村，修建脱离乡土生产和生活的聚居楼盘；另一方面，"小组微生"在农民不离土、不离乡、不上楼的前提下，能够充分地享受到城市文明所能提供的公共服务和生活水平，传统农村相对落后的面貌正在发生质的转变。

（二）打造了一批体现"小组微生"理念特色村落

经过近几年的试点和推广，各区县培育了一批特色村落，把"小组微生"理念实实在在地呈现出来，并探索形成了不同的模式。一是以郫都区青杠树村为代表，发掘旅游资源，做大做强，把新建村落打造成为都市市民休闲度假、体验乡村风情的旅游热点，已通过 AAAA 级旅游景区验收，2016 年前 11 个月共接待游客 12 万余人次。二是以邛崃周河扁农村新型社区为代表，依托灾后重建项目，引入第三方对农村新型社区的建筑形态和风格进行重点打造，极大地提升了川西民居的创意空间，成为"小组微生"民居设计的标杆；同时，引进社会资本，与农户签约成立乡村主题酒店联盟，并带动周边农户发展旅游住宿，形成多元多态的集群效应。三是以蒲江明月村为代表，发掘农耕文化和非物质遗产，构建开放式和开创性的村落形态。明月村依托自然环境和邛窑历史文化资源，发展乡村文创产业，着力打造文化新村、产业新村、创业新村，引进文创院落项目，发展家庭旅舍，吸引各类文化艺术家为"新村民"。四是以都江堰向峨乡棋盘社区为代表，构建了以基层党组织为核心的院落治理和生产管理的创新机制，社区居民的生活幸福感显著提高。

（三）探索了推进农村公共服务有效供给的途径

"小组微生"农村新型社区建设在避免农民大规模集中"上楼"的情况下，探索了推进农村公共服务的有效途径。在新村建设中同步配套完善基础设施和公共服务设施，确保入住农民用上了自来水、天然气、光纤和宽带，标准化幼儿园、便民服务站、金融服务网点等一应俱全，享受到与城市居民同等的基础设施和公共服务，提升农民生活品质。各区县都在探索因地制宜的配套标准，有"1+26"配置标准、"1+8+N"公共服务和社会管理标准化设施配套标准、"1+23+N"公共服务标准（周河扁"小组生"安置点）等等。小区内设游步道、座椅、文体器材，极大地方便了当地群众的生产与生活，切实共享城乡社会建设的文明成果。不少新村综合体不断创新公共服务的配套方式，引进社会资本投资，配置生态停车场和便民设施，达到满足当地群众的公共服务和乡村旅游接待需求的目标。

（四）优化了农村新型社区社会治理机制

农村新型社区建设既是居住方式的改变，也是农村社会关系和社会形态的转变，需要优化和完善社会治理机制，适应新的变化。通过"小组微生"项目的试点示范，农村社会治理呈现出良好的局面。一是构建了"村两委＋村两会＋合作社"新型农村治理机制，实行决策、执行、监督三分离的管理模式。广大群众享有项目建设的决策权、参与权、建议权、监督权和受益权，新型社区管理成为群众实现自我约束、自我管理、自我发展的大宅院，最大限度地激活幸福美丽新农村建设的内生原动力。二是构建了一套行之有效院落治理机制。通过民主选举"幢长""单元长"，采取评选奖励、"比学赶超"等措施，营造良好的社区氛围，培育村民自我服务能力。同时，引入高效运行物业管理机制，通过村民自筹、经营活动收取、村公资金补贴"三条渠道"筹集物业管理资金，提高了社区在公共事务方面的管理能力。三是打造了一支基层党建队伍。充分调动和发挥社区党员的能动性和代表性，在日常工作中体现先锋模范作用，带领群众共同建设好自己的家园。

（五）构建了促进城乡要素双向流动的机制

"小组微生"农村新型社区建设进一步促进了城乡要素的双向流动，构建了土地、资本、人口等要素流动的优化机制。一是土地资源的流动呈现出多样性。"小组微生"推动了农村宅基地整理，优化了村落布局，实现了建设用地的高效利用。整理节约出的集体建设用地既可以以指标的形式在交易所挂牌，换取新村建设资金，也可以留给集体经济组织开发利用，发展产业，壮大集体经济，做强新农村综合体的产业支撑，还可以满足本地城镇规划的需要，推动镇域城镇发展。二是资本流动呈现出多样性，建立了农民自筹、社会资本投入、银行融资、政府出资等不同的融资渠道。三是人口流动呈现出多样性，不再是劳动力由农村向城市的单向输出，而呈现出人口、人才、人力资本双向流动的趋势。很多居住在新村的农民不再是长年外出的农民工，而是合理分配家庭劳动力，既有不错的务农收入，也有就近非农就业的收入；同时，美丽新村在养老、休闲、农旅、文化等方面也吸引了越来越多的城市居民来不定期居住。

三　主要经验

（一）村庄科学规划是关键

"小组微生"农村新型社区建设之所以在短短几年就收到立竿见影的效果，就在于抓住了规划的牛鼻子。一是通过规划技术导则切切实实地呈现出"小组微生"的理念，从总体上为新村建设定下基调。二是科学选点。确保安置点遵循生态重建的要求，将居住与发展有效结合起来；在选点上避开良田，避开地质灾害点，尽量利用坡地和林盘及原宅基地。三是规划设计中注重功能配套，留出发展空间。例如配套水、电、气、视、讯（通信）等生活设施和生态停车场等，也为乡村旅游发展预留空间。

（二）农民主体是根本保证

农民是新村建设的直接利益者，新村建设必须体现农民的主体地位。"小组微生"项目执行过程中，充分尊重农民意愿，是否参与由农民自主决定，不搞行政强迫命令，从而破解了农民被动参与、积极性不高的问题。以前的农村新型社区建设是政府帮农民算账，即使农民不出一分钱但也总觉得有"猫腻"、自己吃亏了；现在让农民自己算成本账、收益账，即使要自筹部分资金也心甘情愿。在制度设计上尊重农民的首创精神，建立了农民全程参与的民主化操作机制，从户型设计、施工队伍选择、质量安全、收益分配、社区管理等都由农民民主商议、自主决定，政府只需做好规划、用地管控和指导服务。探索出项目资金多方共管、工程质量全程监管、社区管理自主自治等监督管理新机制，真正实现了"还权赋能"，做到了"新村怎么建，农民说了算"。

（三）产权制度改革是基础

"小组微生"建设中积极引导农民运用产改成果，多渠道筹集资金，着力破解新村建设资金瓶颈和产业发展困境。一是鼓励自愿参与农户以确权的集体建设用地（宅基地）使用权入股或委托经营方式，规范组建村集体资产管理公司，作为新村建设的实施主体和融资主体。二是盘活农村各类产权资源，发展农村产业。各区县实践中开展了多种形式农用地产权交易，例如引进企业，以土地经营权大证折价入股，建设现代农业园区；由集体经济组织将农户手中的承包土地、宅基地以及林地等统一进行规模化预流转，再通过成都市农村产权交易所挂牌引进企业投资。

（四）基层党建是治理核心

"小组微生"农村新型社区把原来散居的农户集中在一个社区或院落居住，会有不同村民小组、自然村甚至行政村的农户参与进来，人们的生活和生产方式又发生了巨大的变化，因此日常管理中存在利益矛盾不可避免。成都市各区县以基层党建为抓手，强化社区党总支的引领功能和核心作用，形成议事会决策、监事会监督、社会组织参与的多元治理机制。同时，把基层党建延伸到社区生产领域，在农民专业合作社中成立党支部，充分发挥党组织成员在产业发展方面的引领作用，做到产业发展功能与居住生活功能相协调。

（五）文化更新是重要保障

"小组微生"理念是对农村传统文化和习俗的扬弃，既要移风易俗，又不忘传承文化。一方面，要引入城市文明，移风易俗，转变原来不科学或者不能适应公共社会的生活方式和生活习惯。另一方面，新农村建设不是把城市小区简单地照搬到农村来，不是建立一个山寨版的城市院落，而是要体现乡土风情、田园意境，要保护和传承农村好的风俗。例如农村的社会关系比城市更为亲密，更加注重人情往来，这是乡土社会的优势，但是进入新村后，凡事都办宴席，形成攀比风气，成为干部群众生活的负担。例如集中居住后，农户的人情开支大幅增加，既有邻里居住空间拉近的原因，也有攀比风气的影响，成为干部群众生活的负担，甚至出现有的农户不堪重负而外出居住的现象。向峨乡棋盘社区的经验是积极引导，成立群宴管理服务队，制定相关群宴管理公约和规定，在保留宴席的社交功能的情况下，形成良好的风气，得到村民拥护。

四　存在的问题和潜在风险

成都市在推进"小组微生"农村新型社区建设方面做出了有益探索和创新，促进了城乡资源要素的流动，塑造了新型乡村形态、改善农民生产生活，在经济社会方面取得了显著成效。但是作为一个新事物仍需要不断发展和完善，在具体项目实施过程中也存在一些亟待解决的问题和潜在的风险。

（一）存在问题

在推进"小组微生"农村新型社区建设工作中，由于受特定条件下时间紧、任务重的影响，在规划布局、建设和后期管理等方面存在一些问题。

第一，缺乏城镇与农村的整体规划设计。"小组微生"农村新型社区与城镇发展之间的有机联系尚未建立，主要表现在规划布局与国家中心城市建设的衔接不足。选点主要是由各地根据各区县自行上报，各区县再把任务分解到乡镇一级，实际工作往往是根据现有条件自行设定，成熟一个推一个。在总体规划布局中，缺乏基于国家中心城市建设目标的考量，也缺乏可依据的指标体系。结果可能造成对交通区位、产业带、城镇化布局的综合性考虑不够。此外，还容易形成项目点之间重复建设，导致发展目标不明确，产业形态初步呈现出单一化同质化倾向，比如几乎所有"小组微生"聚居点都要搞绿道、建乡村酒店。

第二，规划形态受到原有土地利用规划的约束。由于"小组微生"的模式注重保留原有自然机理，讲究自然融合，需要充分利用原有的林盘、农田、水系等资源，容易出现建设的聚居组团与原有土地利用规划存在一定的错位。在具体项目实施过程中，往往需要进行土地利用规划调整。但是土地利用规划由国土部门统一制定，不仅规定了土地整理的总体规模，也确定了该区域用地范围线，且国土土地利用规划调整周期为3年，因此，这种规划与实际用地不一致的情况严重制约了项目实施。

第三，资金压力较大。对农户而言，"小组微生"农村新型社区建设的一次性投资较大，当前建成的"小组微生"农村新型社区186个，实现2.63万户8.4万人入住新居，总投资71.08亿元，平均每个农村新型社区投资 3822 万元，户均 27.03 万元，如果加上农户装修房屋、购买家具等为搬迁而做的投入，这一金额还将扩大。对地方政府而言，存在三个方面的问题。一是财政资金整合受到现行制度约束，集中使用的操作难度较大。由于财政项目资金普遍采用申报制，一旦申请下来，必须按照原设计执行，缺乏一定的灵活性，不利于把相关财政支持项目集中到"小组微生"点位上实施。二是受宅基地整理复垦的验收程序复杂、项目"落地"时间较长等影响，建设中的融资成本和财务成本存在不同程度的增长。有的"小组微生"项目 2012 年启动，2013 年农民新居建成、农户全部入住。但是复垦验收滞后，仍有部分节余指标到 2016 年未能"落地"，导致贷款资金尚未结清，贷款利息负担较重。三是土地整治成本增加。由采用院落组团式建设，与集中安置相比呈现出人均占地面积较大、基地设施配套建设费较高、项目设计建设周期较长等情况，提高了土地整理的总体成本。

第四，"小组微生"农村新型社区的后期管理面临新情况和新问题。首先，不同于城市小区，新村建设还没有建立维修基金提取机制，目前已有建成的新村出现维修需求，如何筹集维修金是一个不可回避的问题。其次，部分新村社区的物业费用收不上来，物业管理开支往往需要从村公资金里出，由于大多数社区不完全等同于行政村，这笔开支并不符合村公资金管理规定。最后，部分新村社区存在多村合并的情况，村两委和业委会之间存在管理职能不清的问题。

（二）潜在风险

随着"小组微生"农村新型社区建设的全面推进，一些在试点过程中隐藏的问题可能会暴露出来，对些，各级政府必须有充分的认识，高度重视。

一是农村建设用地指标异地挂钩，本地可整理节约出来的集体建设用地明显减少，如果没有预留出足够的用地指标，未来经济发展可能受到制约。对于实现"小组微生"全域发展的区县，尤其需要关注这个问题。

二是新村建设点的产业发展存在不同程度的趋同或定位不明确问题，农民长远利益和生计受到影响。尽管在项目实施过程中，规定 5% 的村集体预留指标用于发展集体经济，但是由于产业发展目标不明确，这个预留指标很难发挥预期的作用。通常情况下，宅基地整理后实行一次性补偿分配，福利保障少，缺乏长远的利益共享机制。

三是"小组微生"农村新型社区建设缺乏可持续的动力机制。相对于原来大集中聚居点建设的模式，"小组微生"采取院落组团式建设，建设起点高、标准高，人均占地面积较大，建设成本也高。在已建和正在建设的项目点中，由于基础条件较好，项目进展较为顺利，但是，在项目后期推进中，剩下的点位往往存在建设用地节余率低、土地整治成本高、农民不愿意承担较高自筹费用的情况。

四是由于农村产权交易仍有诸多限制，农民大量投入的新居可能形成财产固化，制约了资本要素在农村和城镇之间的流动，从而提高了农业转移人口城镇化的成本。随着城市和农村人口双向流动的加速，必然会出现新村房屋如何处置的问题。但是，目前关于宅基地退出和农村房屋产权交易的相应政策尚处于探索期，宅基地和宅基地上房屋的权属和交易规则还不明确，农户新居的退出和处置问题缺乏政策指引。虽然"小组微生"为农民规划好了田园式村落，但是农民一旦有向城镇迁移的意愿，必然会有处置宅基地和农房的需求。如果处理不好这个问题，不利于农民实现应有的财产权，进而提高城镇化成本，制约城乡人口的双向流动。

第四节　相关对策建议

在高速、高度城镇化背景下，以农业增效、农村美丽、农民福利增进为发展取向的农村新型社区，不仅对成都市，而且对全国来说都是崭新课题。经过多年实践，成都市农村新型社区建设积累了大量经验，其创新点得到了国家和省上的认可，在更大范围发挥了示范带头作用，但也暴露了不少问题。要做到与快速扩张的城市发展不冲突、与现代产业体系有机融合，要做到群众基础更扎实、避免经济损失和社会风险，要做到形态更加优美、内涵更加丰富，"小组微生"农村新型社区的建设和发展还需要更为坚实的经济、社会、文化和生态基础，需要挖掘和发现农村新型社区真正体现比较优势和长远价值的方面，需要以更加宽广的视野、无私无畏的担当乘势而上，使"小组微生"农村新型社区真正成为成都国家中心城市建设的有生力量。

一 重塑农村新型社区发展理念

正如 2016 年 4 月习近平总书记在安徽凤阳县小岗村调研时的重要讲话，"中国要强农业必须强，中国要美农村必须美，中国要富农民必须富"。在以城市为主体的发展阶段，不能单纯地把乡村视为经济社会发展的"短板"，过度关注空心化和衰败等问题，甚至将其简单地视为生产要素供给者，掠夺乡村土地、生态、资金等资源，而应重新审视并强化乡村在新型城市层级序列中所承载的经济多元、社会稳定、文化传承以及生态环境多样发展等方面的功能，将其作为现代城市体系的重要形态和有机组成，探索、挖掘和发展农村新型社区的潜在能力，激励农村新型社区自身的创新精神。

二 制定农村新型社区发展整体方略

核心问题是继续坚持和深化以人为本的发展理念，把真正了解、适应和满足农民现阶段和长远发展需求作为价值取向，集聚多部门以及专业人才团队，充分融入现代规划、信息数据分析等技术，制定"小组微生"农村新型社区建设和发展的整体方略。加强农村新型社区规划与城市总体规划、产业规划等之间的衔接，避免城市和产业在空间上和功能上的冲突；制定具有前瞻性和可行性的农村新型社区建设立项标准，摒弃以单一指标标准（如节地率或村干部动员力），更要避免非客观条件导致的重复建设、整体搬迁、全覆盖。

三 优化村庄发展形态

构建疏密相宜的城乡空间格局应在效率和公平两个维度上满足安全性、可达性、适宜性、感知性等需求：新农村综合体应保护和实现居民身体健康、财产安全、环境多样；新农村综合体的居民能够到达的市镇和获得的服务、信息应是多样化的，同时能够便捷地开展农业生产和相关经营活动；新农村综合体符合居民行为习惯，是居民开展经济社会活动的有力支撑；新农村综合体在形态上和距离上能够被清楚地感知，符合居民和外来者的价值观。

一是打造多样化村庄规模形态。在城镇规划范围内和紧邻场镇的区域，按照统筹推进新型城镇化要求，距离现有城镇、农村新型社区2千米范围内的散居农户，按"入城型、入镇型、入现有安置点型"农村人口转移方式分梯次科学引导"进镇入点"。在现代农业产业区，尤其是基本农田保护区、水源涵养地等，合理控制聚居规模，建设"紧凑型、低楼层、川西式"的特色民居，防止盲目求大、片面讲集中，做到经济美观、方便适用、节约用地。在有条件的地区，采取大小组团和散居相结合的方式，通过"建改保腾"，将新村建设、旧村改造、林盘院落保护等有机结合，形成"大组团＋小组团＋散居"的村落格局，打造新老村民和谐共处的新聚落。

二是展现优美地理景观形态。尊重乡村自然肌理，充分利用自然地形地貌，处理好山、水、林、路与居住组团的关系，利用原有的院落林盘、农田、水系等资源，新村绿化尽量保留原有树木、竹子，新增绿化尽量选用乡土作物，保留生态本底，使建筑环境和自然环境相协调，突出基本功能需求、地域特色、视觉美感，展现"院在田中、院田相连"的川西田园风光。按照川西林盘保护原则进行规划设计，有效保护原有生态院落。在新村聚居点总平布局规划设计上，尊重原有川西林盘生态环境，注重实现场景的保护利用，使建筑群落与周边环境相生相融，同时突出风貌差异，避免单调重复和夹道布局，着力刻画独特多样的民居建筑群落风貌。同时，展现"微田园风光"。有条件的农村建筑，根据群众意愿规划出前庭后院，让农户在房前屋后和新村其他可利用空间，因地因时种植蔬菜、水果等，形成"小菜园""小花园""小果园""林盘院落"，保持房前屋后"瓜果梨桃、鸟语花香"的微田园风光。

三是注重多元协调的房屋建筑形态。立足资源条件和发展优势，鼓励有条件的地方和农户大胆采用新材料、新技术，将传统文化、地理景观与现代审美有机结合，形成多样化、个性化的住宅风格。重视建筑群体的有机组合和内在的理性逻辑安排，建筑单体形式虽然千篇一律，但群体空间组合应千变万化，相邻建筑高低错落，充分利用房前屋后种植的花卉林木、注重外墙建筑色彩使用，形成风貌有致的民居和村庄聚落。同时，应注重完善房屋整体功能。在房屋的设计中，确保农民生活和生产所需的功能空间齐全和布置合理，如除了布置确保生活所需的功能空间外，还应布置必要的农机具停放空间、农副产品储存空间、农作物晾晒空间和室外活动空间等，以适应新农村住宅生活和生产双重功能的需要。同时，在房屋景观设计中还应充分尊重当地的传统文化，在将整个房区作为一个整体的景观体系进行设计时，把保留所在地的乡土知识和传统文化看作是构建自然景观与现代人工环境交融的基础，以满足邻里交往等社会需求。

四　着力培育多种产业形态

一是满足农业产业适度规模发展的需求。"小规模、组团式、微田园、生态化"新农村综合体不是单一的集中居住，而是具有产业支撑的产业发展载体，建设要突出特色效益农业，专业化、集约化、标准化发展；推进产业化经营，开发农业的多功能，与文化建设结合起来，积极发展乡村旅游。

二是满足不同社区产业发展的衍生配套设施需求。农村新型社区公共服务配套设施宜按照因地制宜、按需设置、区域共享的原则进行配套，除按照相关规范标准配套外，还应结合社区职能分类增加衍生的配套设施，如农业型新型社区应结合群众需求配套晒坝等生产用地需求、同时预留农业产业链延伸过程中有可能衍生的农业社会化服务站等用地需求；旅游型新型社区应结合社区规模和游客流量配套旅游集散中心、停车场等公共设施；综合型新型社区结合社区和产业规模配套小型物流基地等设施。

三是发展庭院经济。农村新型社区建成后，应顺应农民生活习惯，鼓励农民在前庭后院种植花卉苗木和蔬菜瓜果，建设"小菜园""小花园""小果园"，既能节约成本、方便生活，又能美化农村人居环境。

五　凸显文化价值形态

一是注重保护与重塑相结合。建立完善传统村落名录，制定传统村落保护发展规划，改善传统村落基础设施和公共环境，建立保护管理信息系统，推动传统村落数字化工作，保护传统村落的文化遗产。加强历史文化名城名镇名村、历史文化街区、名人故居保护和城乡特色风貌管理，深入开展美丽宜居村镇建设，深入挖掘城市历史文化价值，提炼凸显文化特色的经典性元素和标志性符号，合理应用于村落规划设计，重塑建筑之魂，重现建筑之美。

二是注重文化与产业相结合。大力开展传统村落保护，延续村落的传统建筑、选址、格局、风貌以及自然和田园景观，传承风土人情、风俗习惯，把小镇融入自然之中，把传统风格和现代生活有机结合起来，体现小镇在保护生态和传承传统方面的特殊价值。把农村传统文化保护开发与乡村旅游相结合；发展文化旅游、文化休闲、民俗体验、观光农业等特色型农村文化产业链条，将城镇化建设与农村文化传承有机结合，推进乡村文化多样化发展。

六 建设动态研究体系

建成"小组微生"农村新型社区大数据库，整合并完善现有各项规划数据、资源空间地理信息、农村住宅和用地信息、农业产业布局和模式、专家人才等重点领域数据，成立成都"小组微生"农村新型社区大数据创新研究实验室，以市场化方式运作，开展具有国际影响力和国内一流的农村动态研究以及交流合作项目，如不同建设模式和治理形式对居民健康的影响、新村建设和发展对国家中心城市碳排放的效应等。

七 加强组织和资金保障

建立"小组微生"农村新型社区主动融入国家中心城市建设联席会议制度，由市政府分管领导统领，以市级相关部门为主要成员，加强对新农村综合体布局和运行的指导和管理，定期不定期召开工作推进会，督促检查工作实施和进展。建立"小组微生"农村新型社区建设专项奖补资金，对规划科学、推进得力、效果显著的项目给予较大力度的奖补，促进规划、建设、管理、发展各项工作。推出"难题清单制度"，搜集整理在人才体系、产业体系、技术信息、行政监管等领域阻碍农村新型社区发展的重点难题和制约因素，加强信息共享，提高联席会议成员单位的资源整合和工作协同。对经济、社会、文化、生态等效益突出的"小组微生"农村新型社区项目可采取"一事一议"制度，优先支持。

参考文献

专 著

［澳］斯蒂芬·巴克勒著：《自然法与财产权理论：从格劳秀斯到休谟》，周清林译，法律出版社 2014 年版。

［英］艾伦·麦克法兰著：《英国个人主义的起源：家庭、财产权和社会转型》，管可秾译，商务印书馆 2013 年版。

［美］埃莉诺·奥斯特罗姆著：《公共事物的治理之道——集体行动制度的演进》，余逊达、陈旭东译，上海译文出版社 2012 年版。

傅崇兰、白晨曦、曹文明等著：《中国城市发展史》，社会科学文献出版社 2009 年版。

张晓山等著：《构建新型城乡关系——新农村建设政策体系研究》，社会科学文献出版社 2014 年版。

徐勇、赵永茂主编：《土地流转与乡村治理——两岸的研究》，社会科学文献出版社 2010 年版。

顾朝林等著：《中国城市地理》，商务印书馆 2013 年版。

秦晖：《共同的底线》，江苏文艺出版社 2013 年版。

巴曙松、杨县领：《城镇化大转型的金融视角》，厦门大学出版社 2013 年版。

［美］爱德华·格莱泽著：《城市的胜利》，刘润泉译，上海社会科学院出版社 2012 年版。

［美］刘易斯·芒福德著：《城市发展史——起源、演变和前景》，宋俊岭、倪文彦译，中国建筑工业出版社 2005 年版。

［美］布赖恩·贝利著：《比较城市化——20 世纪的不同道路》，顾朝

林等译，商务印书馆 2008 年版。

[美] R.E. 帕克、E.N. 伯吉斯、R.D. 麦肯齐著：《城市社会学——芝加哥学派城市研究》，宋俊岭、郑也夫译，商务印书馆 2014 年版。

[英] 詹姆斯·塔利著：《论财产权：约翰·洛克和他的对手》，王涛译，商务印书馆 2014 年版。

[美] 查尔斯·K. 罗利编：《财产权与民主的限度》，刘晓峰译，商务印书馆 2007 年版。

贺雪峰：《城市化的中国道路》，东方出版社 2014 年版。

周其仁：《城乡中国（上）》，中信出版社 2013 年版。

崔红志等著：《村庄整治效果和影响的实证研究》，社会科学文献出版社 2015 年版。

甘超英主编：《作为制度根源的财产权——中德比较》，北京大学出版社 2014 年版。

新玉言主编：《国外城镇化——比较研究与经验启示》，国家行政学院出版社 2013 年版。

[美] 詹姆斯·C. 斯科特著：《国家的视角——那些试图改善人类状况的项目是如何失败的（修订版）》，王晓毅译，社会科学文献出版社 2012 年版。

辜胜阻：《新型城镇化与经济转型》，科学出版社 2014 年版。

论　文

田孟：《"合村并组"的政治逻辑与治理困境》，《华南农业大学学报》（社会科学版）2019 年第 3 期。

李丽莉、张忠根：《农村公共产品供给的影响因素与经济效应——国内研究进展与深化》，《西北农林科技大学学报》（社会科学版）2019 年第 1 期。

饶静、郭鸿雁、董晓婕：《综合土地整治和乡村振兴：平台、工具以及关键因素——以四川省 D 镇综合土地整治项目为例》，《中国农业大学学报》2018 年第 4 期。

田鹏：《"乡土连续统"：农民集中居住区实践样态研究——基于后乡土社会理论视角》，《南京大学学报》（社会科学版）2018 年第 2 期。

冷博峰、冯中朝、李谷成：《新型农村社区居民住房满意程度及其影

响因素分析——基于 14 省（区）1639 个样本的调查》，《中国农村观察》
2018 年第 1 期。

闫文秀、李善峰：《新型农村社区共同体建设何以可能？——中国农村
社区建设十年反思与展望（2006—2016）》，《山东社会科学》2017 年第 12 期。

杜金华、陈治国：《城市化、土地财政与城市公共产品供给——基于
全国 70 个大中城市的实证分析》，《经济问题探索》2017 年第 8 期。

赵呈晨：《社会记忆与农村集中居住社区整合——以江苏省 Y 市 B 社
区为例》，《中国农村观察》2017 年第 3 期。

何军、王恺、陈文婷：《中国农业经营方式演变的社区逻辑——基于
山西省汾阳市两个农村社区的案例分析》，《中国农村观察》2017 年第 2 期。

刘桂峰、王丽红、赵阳：《经济发达地区农户集中居住意愿实证
研究——基于北京郊区 703 个农户的调查》，《农业经济问题》2015 年
第 4 期。

杨亚楠、陈利根、郁晓非：《新型城镇化过程中农民集中居住研究进
展》，《人文地理》2015 年第 2 期。

周飞舟、王绍琛：《农民上楼与资本下乡：城镇化的社会学研究》，
《中国社会科学》2015 年第 1 期。

魏程琳、史源渊：《农民集中居住的实践类型、困境与对策——基于
江苏 P 县的实证分析》，《华中农业大学学报》（社会科学版）2015 年第 1 期。

耿卓：《农民土地财产权保护的观念转变及其立法回应——以农村集
体经济有效实现为视角》，《法学研究》2014 年第 5 期。

谢立斌：《论宪法财产权的保护范围》，《中国法学》2014 年第 4 期。

祝天智：《边界模糊的灰色博弈与征地冲突的治理困境》，《经济社会
体制比较》2014 年第 2 期。

刘剑文、王桦宇：《公共财产权的概念及其法治逻辑》，《中国社会科
学》2014 年第 8 期。

夏峰：《农民土地财产权的长期保障走向：物权化改革与对应收入》，
《改革》2014 年第 3 期。

杨成：《农民土地财产权与农民集中居住的良性推进》，《河北法学》
2014 年第 4 期。

伽红凯、王树进：《集中居住前后农户的福利变化及其影响因素分

析——基于对江苏省农户的调查》,《中国农村观察》2014 年第 1 期。

李越:《农民集中居住研究综述》,《农业经济》2014 年第 1 期。

李海梅:《城镇化进程中征地运行机制分析与重构——基于结构功能主义的视角》,《经济体制改革》2013 年第 4 期。

韩文龙、刘灿:《农民土地财产权的内涵及实现机制选择——基于案例的比较分析》,《社会科学研究》2013 年第 4 期。

刘祥琪、陈钊、田秀娟、李果:《征地的货币补偿及其影响因素分析——基于 17 个省份的土地权益调查》,《中国农村经济》2012 年第 12 期。

张金明、陈利根:《论农民土地财产权的体系重构》,《中国土地科学》2012 年第 3 期。

王卫国:《现代财产法的理论建构》,《中国社会科学》2012 年第 1 期。

赵海:《农民集中居住模式调查——对江苏昆山市的调查分析》,《调研世界》2012 年第 11 期。

张翔:《财产权的社会义务》,《中国社会科学》2012 年第 9 期。

林乐芬、金媛:《征地补偿政策效应影响因素分析——基于江苏省镇江市 40 个村 1703 户农户调查数据》,《中国农村经济》2012 年第 6 期。

马贤磊、孙晓中:《不同经济发展水平下农民集中居住后的福利变化研究——基于江苏省高淳县和盱眙县的比较分析》,《南京农业大学学报》(社会科学版)2012 年第 2 期。

叶继红:《城市新移民社区参与的影响因素与推进策略——基于城郊农民集中居住区的问卷调查》,《中州学刊》2012 年第 1 期。

白莹、蒋青:《农民集中居住方式的意愿调查与分析——以成都市郫县为例》,《农村经济》2011 年第 7 期。

陈艳华、林依标、黄贤金:《被征地农户意愿受偿价格影响因素及其差异性的实证分析——基于福建省 16 个县 1436 户入户调查数据》,《中国农村经济》2011 年第 4 期。

孙远东:《社区重建抑或国家重建:快速城镇化进程中农民集中居住的公共治理》,《苏州大学学报》2011 年第 5 期。

叶继红、庄晓丹:《城乡一体化进程中农民集中居住问题研究述评》,《贵州社会科学》2011 年第 1 期。

柯华庆：《法律经济学视野下的农村土地产权》,《法学杂志》2010年第9期。

杨继瑞、周晓蓉：《统筹城乡背景的农民集中居住及其制度重构：以四川为例》,《改革》2010年第8期。

吴靖：《中国征地问题研究综述与思考》,《经济学动态》2010年第7期。

韩清怀、王海军：《论市场机制在宅基地使用权流转中的限度》,《经济问题》2010年第6期。

陈莹、谭术魁：《征地补偿的分配模式与困境摆脱：武汉例证》,《改革》2010年第1期。

郑风田：《"集中居住"应以农民需求和意愿为本》,《城乡建设》2009年第9期。

马新文：《我国现行征地补偿制度剖析》,《同济大学学报》（社会科学版）2009年第3期。

李明月、胡竹枝：《失地农民安置意愿及其影响因素：广州个案》,《改革》2008年第5期。

菲利普·基弗 斯蒂芬·科纳克、王少国、王岚编译：《不平等与经济增长之间的链接：两极分化、政治决策与财产权》,《经济社会体制比较》2008年第3期。

王延强、陈利根：《基于农民权益保护的宅基地权益分析——从不同流转模式对农户集中居住影响的角度》,《农村经济》2008年第3期。

王修达：《征地补偿安置中的寡与不均》,《中国农村经济》2008年第2期。

郑风田：《推进农民集中居住应尊重农民意愿》,《农村工作通讯》2007年第11期。

郑风田、傅晋华：《农民集中居住：现状、问题与对策》,《农业经济问题》2007年第9期。

王鹏翔、黄娜：《推进农民集中居住的深层思考》,《浙江经济》2007年第6期。

周沛：《农村居住集中化过程中农民住房保障与福利研究》,《社会科学研究》2007年第4期。

吴建瓴:《土地资源特征决定模式选择——关于成都市"推进农民向城镇集中"的调查与分析》,《经济体制改革》2007年第3期。

韩俊、秦中春、张云华、王鹏翔:《引导农民集中居住的探索与政策思考》,《中国土地》2007年第3期。

钱忠好、肖屹、曲福田:《农民土地产权认知、土地征用意愿与征地制度改革——基于江西省鹰潭市的实证研究》,《中国农村经济》2007年第1期。

黄小虎:《房地产、城市化与土地集约利用》,《中国土地》2007年第1期。

叶建亮:《公共产品歧视性分配政策与城市人口控制》,《经济研究》2006年第11期。

陈俊红、吴敬学、周连第:《北京市新农村建设与公共产品投资需求分析》,《农业经济问题》2006年第7期。

曾令秋、杜伟、黄善明:《对土地价格"剪刀差"现象的经济学思考》,《中国农村经济》2006年第4期。

吴汉东:《论财产权体系——兼论民法典中的"财产权总则"》,《中国法学》2005年第2期。

陈波翀、郝寿义:《征地补偿标准的经济学分析》,《中国农村观察》2004年第6期。

黄祖辉、汪晖:《非公共利益性质的征地行为与土地发展权补偿》,《经济研究》2002年第5期。

凌启鸿:《中心村建设必须持之以恒》,《江苏农村经济》2000年第11期。

马俊驹、梅夏英:《财产权制度的历史评析和现实思考》,《中国社会科学》1999年第1期。

赵海林:《农民集中居住的策略分析——基于王村的经验研究》,《中国农村观察》2009年第6期。

姜永荣:《科学划定"两区"与江苏省可持续发展》,《中国土地科学》1997年第4期。

毛如柏:《关于江苏省"两区"划定工作情况的调查报告》,《城市发展研究》1997年第3期。

后 记

　　本书是国家社科基金青年项目"新时期农民集中居住区公共产品有效供给机制和政策研究"（项目编号：13CJY116）的主要成果。

　　课题负责人为张鸣鸣，曾旭晖参与了第五章第一节的撰写，高杰参与了第九章、专题研究三的撰写，丁延武参与了专题研究二的撰写，谭明芬、杨理珍参与了专题研究三的撰写。

　　对本书存在的不足甚至可能出现的错误，真诚地欢迎读者批评指正。

张鸣鸣

2019 年 12 月